William Shakespeare

Schauspiele was ihr wollt - Die lustige Weiber zu Windsor

William Shakespeare

Schauspiele was ihr wollt - Die lustige Weiber zu Windsor

ISBN/EAN: 9783743643451

Hergestellt in Europa, USA, Kanada, Australien, Japan

Cover: Foto ©ninafisch / pixelio.de

Weitere Bücher finden Sie auf **www.hansebooks.com**

Willhelm Shakespears
Schauspiele.

Neue verbesserte Auflage.

Fünfter Band.

Mit Allerhöchstem kaiserlichem Privilegio,
und
Hoher obrigkeitlicher Erlaubniß.

Straßburg, bey Franz Levrault, der königlichen
Intendanz und bischöfl. Universit. Buchdr.

1778.

Der

H. Dreykönigsabend

oder

Was ihr wollt.

Personen.

Orsino, Herzog von Illyrien.
Sebastian, ein junger Edelmann, und Bruder der Viola.
Antonio, ein Seecapitain, und Sebastians Freund.
Valentin }
Kurio } Edelleute zur Aufwartung des Herzogs.
Sir Tobias Rülps, Oliviens Oheim.
Sir Andreas Fieberwange, ein abgeschmackter Ritter, und Oliviens Liebhaber.
Ein Schiffscapitain, Violens Freund.
Fabian, in Oliviens Diensten.
Malvolio, ihr Haushofmeister.
Der Rüpel, Oliviens Bedienter.
Olivia, ein Fräulein von großer Schönheit und großem Vermögen, in die der Herzog verliebt ist.
Viola, in den Herzog verliebt.
Maria, Oliviens Kammerjungfer.
Ein Priester, Matrosen, Officianten, und anders Gefolge.

Der Schauplatz ist eine Stadt an der Küste von Illyrien

Was ihr wollt.

Erster Aufzug.
Erster Auftritt.

Der Pallast.

Der Herzog. Kurio. Hofleute.

Herzog. Ist Musik die Nahrung der Liebe, so spielt fort; gebt sie mir in Uebermaaß, damit mein Appetit *) vor Ueberfüllung krank werden, und so sterben möge = = Diese Melodie noch einmal! = = sie hatte einen so sterbenden Fall! = = O! sie schlüpfte über mein Ohr hin, wie der sanfte Südwind, der über ein Veilchenbette hinsäuselt, und Wohlgeruch

---

*) Man sieht bald, daß hier die Rede von der Liebe ist; und Warburton's Einschaltung des Worts *Love*, die sich auf keine Autorität gründet, ist daher überflüssig.

stiehlt und giebt.*) Genug! nichts mehr. Die Musik ist nicht mehr so anmuthig, als sie vorhin war. O Geist der Liebe, wie rasch und launisch bist du! weit und unersättlich, wie die See; aber auch darinn ihr ähnlich, daß nichts da hineinkömmt, von so hohem Werth es auch immer sey,

---

*) Unter den Schönheiten dieser reizenden Vergleichung ist ihre passende Schicklichkeit nicht die geringste. Denn wie ein Südwind, der über ein Veilchenbett hinfährt, den Wohlgeruch der Blumen wegweht, und denselben zu gleicher Zeit seine sanfte Anmuth mittheilt, so nimmt die sanfte rührende Musik, die hier beschrieben wird, zwar die natürliche, sanfte Ruhe der Seele hinweg, sie theilt ihr aber auch zu gleicher Zeit ein neues Vergnügen mit. Vielleicht ist es auch eine Anspielung auf eine andre Eigenschaft der Musik, da nämlich einerley Töne Schmerz oder Vergnügen zu erregen im Stande sind, nachdem der Gemüthszustand des Zuhörers beschaffen ist. – Warburton. – Vermuthlich hatte der Dichter keine von beyden Anwendungen des Auslegers im Sinne; die letzte gewiß nicht. Er sagt von dem Südwinde, daß er Wohlgeruch stiehlt, nämlich den Veilchen, und giebt, nämlich der Gegend umher; und dieß scheint mir eben keine ganz treffende Beziehung auf das Verglichene, die Musik, zu haben, sondern nur, wie das dem Dichter gewöhnlich ist, ein Zusatz des Gleichnisses zu seyn.

das nicht in einer Minute von seinem Werth herab und zu Boden sinke; so voll von Phantasie, daß sie allein äußerst phantastisch ist.

Kurio. Wollen Sie auf die Jagd gehen, gnädigster Herr? –

Herzog. Wornach, Kurio?

Kurio. Nach dem Hirsch.

Herzog. O! ich jage schon den edelsten, den ich habe. Ach! als ich Olivia zum erstenmale sah, da dünkte mich, sie reinige die Luft von einem giftigen Nebel; von diesem Augenblicke an ward ich in einen Hirsch verwandelt *) und meine Begierden, gleich wilden, hungrigen Hunden, verfolgen mich seither = = (Valentin kömmt.) Nun, was für Nachricht bringst du mir von ihr?

---

*) Eine Anspielung auf die Fabel vom Aktäon, welche Shakespear als eine Warnung gegen zu große Vertraulichkeit mit verbotener Schönheit anzusehen scheint. Aktäon, der Dianen nackend sah, und von seinen Hunden zerrissen wurde, ist das Bild eines Menschen, der, bey dem Anblicke eines Frauenzimmers, die er nicht gewinnen kann, seinen Augen, oder seiner Einbildung freyen Lauf läßt, und dessen Herz durch unaufhörliches Verlangen zerrissen wird. Johnson.

Valentin. Gnädigster Herr, ich würde nicht vorgelassen. Alles, was ich statt einer Antwort erhalten konnte, war, daß ihr Kammermädchen mir sagte, die Luft selbst sollte in den nächsten sieben Jahren ihr Gesicht nicht unbedeckt sehen, sondern, gleich einer Nonne, will sie in einem Schleyer herumwandeln, und alle Tage einmal ihr Zimmer rund herum mit bittern Thränen begießen; alles dieß aus Liebe zu einem verstorbenen Bruder, dessen Andenken sie immer frisch und lebendig in ihrem Herzen erhalten will. *)

Herzog. O! Sie, die ein so fühlendes Herz hat, daß sie einen Bruder so sehr zu lieben fähig ist, wie wird sie lieben, wenn Amors goldner Pfeil die ganze Heerde aller andern Zuneigungen, außer dieser einzigen, in ihrer Brust getödtet hat! wenn Leber, Gehirn, und Herz, drey unumschränkte Thronen, und ihr ganzes sanftes Gemüth, von einem und demselben Herrscher besetzt und erfüllt

---

*) Das Original enthält hier eine fortgeführte Metapher, und wäre wörtlich so zu übersetzen: „um mit ihrem Thränensalze die Liebe eines verstorbenen Bruders einzusalzen, die sie gerne in ihrem traurigen Andenken frisch erhalten und aufbewahren möchte.„

sind! -- Folgt mir in den Garten. - verliebte Gedanken liegen nirgend schöner, als unter einem grünen Thronhimmel, auf Polstern von Blumen.

(Sie gehen ab.)

Zweyter Auftritt.

Die Straße.

Viola. Ein Schiffscapitain. Etliche Matrosen.

Viola. In was für einem Lande sind wir, meine Freunde?

Schiffscapitain. In Illyrien, gnädiges Fräulein.

Viola. Und was soll ich in Illyrien machen, da mein Bruder in Elysium ist? -- Doch vielleicht ist er nicht ertrunken. Was meynt ihr, meine Freunde?

Schiffscapitain. Es ist ein bloßes Glück, daß Sie selbst gerettet sind.

Viola. O! mein armer Bruder! -- Aber hätte denn er dieses Glück nicht auch haben können?

Schiffscapitain. Das ist wahr. Und wenn die Hoffnung eines glücklichen Vielleicht Sie beruhigen kann, Fräulein, so versichre ich Ihnen:

Wie unser Schiff strandete, und Sie und diese wenigen, die mit Ihnen gerettet wurden, an unserm treibenden Boote hiengen, da sah ich Ihren Bruder, selbst in dieser äußersten Gefahr noch vorsichtig, sich an einen starken Mast binden, der auf der See umher trieb, = = Muth und Hoffnung lehrten ihn dieß Mittel = = und auf diese Art schwamm er, wie Arion auf dem Rücken eines Delphins, durch die Wellen fort, bis ich ihn endlich aus den Augen verlor.

Viola. Hier hast du Geld für diese gute Nachricht. Meine eigne Rettung läßt mich auch die seinige hoffen, und dein Bericht bestärkt mich hierinn. Bist du in dieser Gegend bekannt?

Schiffscapitain. Ja, mein Fräulein, sehr wohl. Der Ort, wo ich geboren und erzogen wurde, ist nicht drey Stunden Wegs von hier entfernt.

Viola. Wer regiert hier?

Schiffscapitain. Ein edler Herzog, den Eigenschaften und dem Namen nach. *)

---

*) Ich weis nicht eigentlich, ob der Adel seines Namens darinn bestehen soll, daß er Herzog ist, oder daß er Orsino heißt. Die Orsini sind allerdings eine der ersten Familie in Italien. = = Johnson.

Viola. Wie heißt er?

Schiffscapitain. Orsino.

Viola. Orsino? -- = Ich erinnere mich, daß ich von meinem Vater ihn habe nennen hören; er war damals noch unvermählt.

Schiffscapitain. Das ist er auch noch, oder wars noch vor kurzem; denn es ist nicht über einen Monat, daß ich von hier abgereist bin; und damals murmelte man nur einander in die Ohren -- Sie wissen, wie gerne die Kleinern von dem schwatzen, was die Großen thun. = daß er sich um die Liebe der schönen Olivia bewerbe.

Viola. Wer ist diese Olivia?

Schiffscapitain. Ein tugendhaftes Mädchen, die Tochter eines Grafen, der etwa vor einem Jahre starb, und sie unter der Fürsorge seines Sohns, ihres Bruders, hinterließ, der auch, erst kürzlich, gestorben ist. Und man sagt, sie sey darüber so betrübt, daß sie, seinem Andenken zu Liebe, die Gesellschaft, ja so gar den bloßen Anblick der Menschen verschworen habe.

Viola. Wüßt' ich nur ein Mittel, in die Dienste dieses Fräuleins zu kommen, ohne unter den Leuten für das, was ich bin, eher bekannt zu werden, als ich es meinen Absichten zuträglich finde.*)

Schiffscapitain. Das wird schwer halten; denn sie läßt schlechterdings niemand vor sich, so gar den Herzog nicht.

Viola. Du hast das Ansehen eines rechtschaffenen Mannes, Capitain; und obgleich die Natur manchmal den häßlichsten Unrath mit einer schönen Mauer einfaßt, so will ich doch von dir glauben, daß dein Gemüth mit diesem deinem äußerlichen redlichen Schein übereinstimme. Ich bitte dich also – – und ich werde dir deine Mühe reichlich belohnen – – verhehle, was ich bin, und hilf mir zu einer Verkleidung, die meinen Absichten beförderlich seyn kann. Ich will mich in die Dienste dieses Herzogs begeben; stelle mich ihm als einen Kastraten vor; deine Mühe soll dich nicht gereuen. Ich kann singen; ich spiele verschiedne Instrumente; und bin also nicht ungeschickt, ihm die Zeit

---

*) Mich dünkt, Viola macht hier, mit sehr geringem Vorbedacht, einen ziemlich großen Plan. Sie ist durch Schiffbruch an eine unbekannte Küste geworfen, hört, daß der Herzog unverheyrathet ist, und beschließt sogleich, die Dame zu verdrängen, in die er verliebt ist. Johnson.

zu verkürzen. Das Uebrige sey dem Laufe der Zeit überlassen; nur beobachte du deinerseits ein gänzliches Stillschweigen über mein Geheimniß.

Schiffscapitain. Seyn Sie sein Kastrat und ich will Ihr Stummer seyn. Wenn meine Zunge was ausplaudert, so lassen Sie mein Auge nicht länger sehen!

Viola. Ich danke dir -- Führe mich weiter.

(Sie gehen ab.)

Dritter Auftritt.

Ein Zimmer in Olivia's Hause.

Sir Tobias. Maria.

Sir Tobias. Was zum Henker heißt denn das, daß meine Nichte den Tod ihres Bruders so gewaltig zu Herzen nimmt? Ich weis gewiß, Kummer ist ein Feind des Lebens.

Maria. Auf meine Ehre, Sir Tobias; Sie müssen des Abends zeitiger nach Hause kommen. Ihre Nichte, mein gnädiges Fräulein, hat gegen Ihr spätes Ausbleiben viel zu erinnern.

Sir Tobias. Mag sie doch!

Maria. Schon gut. Aber Sie müssen sich doch fein ordentlich verhalten, fein --

Sir Tobias. Was fein? = = Ich will nicht feiner seyn, als ich bin. Diese Kleider hier sind gut genug, um darinn zu trinken, und diese Stiefeln hier, ebenfalls. Sind sie es nicht, so mögen sie sich an ihren eignen Riemen aufhängen!

Maria. Das Zechen und Trinken wird Sie noch ganz herunter bringen. Ich hörte mein Fräulein noch gestern davon reden; und auch von einem närrischen Junker, den Sie einmal Abends mit nach Hause brachten, um ihr Freyer zu werden.

Sir Tobias. Wer? = = Sir Andreas Fieberwange?

Maria. Ja, eben der.

Sir Tobias. Das ist ein so großer Mann, als irgend einer in ganz Illyrien.

Maria. Was thut das zur Sache?

Sir Tobias. Ey! er hat dreytausend Dukaten in einem Jahre.

Maria. Freylich, und wird auch nur ein Jahr lang alle diese dreytausend Dukaten haben. Er ist ein Erzgeck und Verschwender.

Sir Tobias. Pfui! daß du so redest. Er spielt die Gambe, und spricht drey oder vier Sprachen

Wort für Wort auswendig, und hat alle guten Gaben der Natur.

Maria. Die hat er freylich; er ist natürlich *) genug! -- Außerdem, daß er ein Narr ist, ist er auch ein großer Zänker, und hätt' er nicht die Gabe eines Zaghaften, um seinem Triebe zum Zanken Einhalt zu thun, so glauben alle vernünftigen Leute, daß er gar bald die Gabe eines Grabes erhalten würde.

Sir Tobias. Wahrhaftig, das sind Schurken und Verleumder, die so von ihm sprechen. Wer sind sie?

Maria. Eben die, die noch hinzusetzen, daß er sich alle Abend in Ihrer Gesellschaft betrinke.

Sir Tobias. In lauter Gesundheiten auf das Wohl meiner Nichte. Ich will darauf so lange trinken, als meine Kehle einen Durchgang, und Jllyrien noch was zu trinken hat. Der ist ein Pinsel und ein Gimpel, der nicht auf meiner Nichte Gesundheit trinken will, bis sich sein Gehirn auf der Zehe herumdreht, wie ein Kräusel. He!

---

*) Abermals das Wortspiel mit *natural*, welches auch einen Narren bedeutet.

Mädchen, *castiliano volto!* *) denn hier kömmt Sir Andreas Fieberwange.

Vierter Auftritt.

Die Vorigen. Sir Andreas.

Sir Andreas. Sir Tobis Rülps! = = Wie gehts, Sir Tobis Rülps?

Sir Tobias. Besser, Sir Andreas!

Sir Andreas (zu Maria.) Gott grüß dich, schöne Hexe.

Maria. Und Sie auch, Sir.

Sir Tobias. Nur hinan, Sir Andreas, nur hinan!

Sir Andreas. Wer ist das?

Sir Tobias. Meiner Nichte Kammermädchen.

Sir Andreas. Schöne Jungfer Hinan = =

Maria. Mein Nam' ist Maria, Sir.

Sir Andreas. Schöne Jungfer Maria Hinan= =

Sir Tob.

---

*) Die gewöhnliche Leseart ist *Castiliano vulgo*, ohne allen Sinn. Nimm eine Kastilianische Miene an, will sagen, sieh ernsthaft und feyerlich aus, nicht, wie Theobald meynt, artig und höflich. = = Johnson.

Sir Tobias. Du verstehst mich unrecht, Ritter. Hinan, heißt so viel, als: tritt ihr näher, wirb um sie, sprich sie an, greif sie an.

Sir Andreas. Nun wahrhaftig! ich möchte sie doch nicht hier in dieser Gesellschaft angreifen. Also ist das die Bedeutung von hinan?

Maria. Leben Sie wohl, mein Herr.

Sir Tobias. Läßt du sie so gehen, Sir Andres, so kannst du niemals mehr mit Ehren den Degen ziehen.

Sir Andreas. Gehst du so weg, Mädchen, so möcht' ich niemals mehr den Degen ziehen können. Schönes Kind, denkst du denn, daß du Narren an der Hand hast?

Maria. Sir, ich habe Sie ja nicht bey der Hand.

Sir Andreas. Freylich nicht; aber du sollst mich dabey haben; hier ist meine Hand.

Maria. Nun, Sir, Gedanken sind zollfrey. Bringen Sie doch ihre Hand in die Molkenkammer, und lassen sie trinken.

Sir Andreas. Warum das, mein Schatz? was will die Metapher sagen?

(Fünfter Band.)

Maria. Sie ist trocken, Sir. *)

Sir Andreas. Das will ich hoffen. Ich bin kein solcher Esel, daß ich meine Hand nicht könnte trocken halten. Aber was ist das für ein Spaß?

Maria. Ein trockener Spaß, Sir.

Sir Andreas. Bist du voll von dergleichen?

---

*) Johnson gesteht, daß er eben so wenig, als Sir Andreas, wisse, was dieser Spaß eigentlich sagen wolle. Vermuthlich, setzt er hinzu, soll es eine Hand bedeuten, worinn kein Geld ist, oder sie will ihm, nach den Regeln der Chiromantie, zu verstehen geben, daß es nicht die Hand eines Liebhabers ist, indem man eine feuchte Hand gemeiniglich für ein Zeichen einer verliebten Gemüthsart zu halten pflegt. — Kenrick hat in seinem *Review* p. 94. diese Stelle in ein besseres Licht gesetzt. Er zeigt, daß die Redensart : „seine Hand in die Molkenkammer bringen, und trinken lassen, sprüchwörtlich, und solchen Frauenzimmern, die sich anbieten wollen, gewöhnlich ist, um zu gleicher Zeit einen Kuß und ein Geschenk zu fodern. Weil Sir Andreas dieß nicht so gleich verstand, so schließt sie auf seine Kälte und Kargheit, und nennt seine Hand trocken; indem man die Feuchtigkeit der Hand für ein Zeichen der Freygebigkeit, sowohl in Liebes- als Geldsachen zu halten pflegt. So sagt Othello zur Desdemona : „Gib mir deine Hand! Diese Hand ist feuchte — das beweist Fruchtbarkeit und ein freygebiges Herz; u. s. f.

Maria. Freylich, Sir, ich habe sie an allen meinen Fingerspitzen. - - Zum Henker, itzt laß ich Ihre Hand gehen; ich bin leer. *) (Sie geht ab.)

Sir Tobias. O Ritter! dir fehlt ein Stutz-glas voll Kanariensekt! - - Wenn hab' ich dich je so zu Boden gesehen?

Sir Andreas. Niemals in deinem Leben, denk' ich, wenn du mich nicht, vom Kanariensekt zu Boden geworfen, gesehen hast. Mich dünkt, zuweilen hab' ich nicht mehr Verstand, als ein Christenmensch oder ein gemeiner Mann hat; aber ich bin ein großer Rindfleischesser, und das, glaub' ich, thut meinem Verstande Schaden.

Sir Tobias. Ganz gewiß.

Sir Andreas. Wenn ich das wüßte, so wollt' ichs verschwören. Ich will morgen zu Hause reiten, Sir Tobis.

Sir Tobias. *Pourquoi*, mein theurer Ritter?

Sir Andreas. Was ist *Pourquoi*? Heißt das: thuts, oder, thuts nicht? - - Ich wollt' ich hätte die Zeit auf die Sprachen verwandt, die ich mit Fechten, Tanzen, und Bärenhetzen zugebracht habe. O! hätt' ich mich nur auf die Künste gelegt!

---
*) barren, welches auch unfruchtbar heißt.

Sir Tobias. Dann hättest du einen schönen Kopf voll Haar gehabt.

Sir Andreas. Wie so? wäre mein Haar dadurch besser geworden?

Sir Tobias. Ganz gewiß; denn du siehst, es will von Natur nicht kraus werden.

Sir Andreas. Aber es steht dir doch gut genug; nicht wahr?

Sir Tobias. Ganz vortrefflich! es hängt wie Flachs an einem Spinnrocken, und ich hoffe noch zu sehen, daß eine Hausfrau dich zwischen ihre Knie nehmen und es abspinnen wird.

Sir Andreas. Wahrhaftig, ich will morgen nach Hause, Sir Tobis. Deine Nichte will sich nicht sehen lassen, oder, wenn sie es auch thäte, so wett' ich doch vier gegen eins, sie will mich nicht haben. Der Herzog selbst, hier in der Nähe, bewirbt sich um sie.

Sir Tobias. Sie will den Herzog nicht. Sie wird sich nicht über ihre Sphäre hinaus verheyrathen, weder in Betracht des Ranges, noch der Jahre, noch des Verstandes. Ich habe sie darauf schwören gehört. He, Kerl! es ist Leben darinn!

Sir Andreas. Ich will noch einen Monat hier

bleiben. = = Ich bin der närrischste Kerl von der Welt. Zuweilen find' ich mein Vergnügen an nichts, als an Maskeraden und Schwärmereyen.

Sir Tobias. Bist du zu dergleichen Possen-spielen geschickt, Ritter?

Sir Andreas. So gut als Einer in ganz Illyrien, wer es auch seyn mag, der nicht vornehmer ist, als ich. Indeß will ich nicht, wie ein alter Mann, Vergleichungen machen. *)

Sir Tobias. Was ist dein Verdienst in einer Galliarde, Ritter?

Sir Andreas. Wahrhaftig, ich kann Kapriolen schneiden **) = = und ich glaube, den Rücksprung mach' ich gewiß so gut, als irgend einer in ganz Illyrien.

---

*) Eine Satyre auf die gewöhnliche Eitelkeit alter Leute, die vorigen Zeiten den gegenwärtigen vorzuziehen = = Warburton.

**) Im Englischen bedeutet das Wort caper (Kapriole) auch die kleinen Beeren, die wir auch im Deutschen Kappern nennen. Daher macht im Original Sir Tobias noch das Wortspiel: And I can cut the mutton to't; d. i. „Und ich kann das Schöpsenfleisch dazu schneiden."

Sir Tobias. Warum bleibt denn das alles so verborgen? Warum hängt vor allen diesen Gaben ein Vorhang? Setzt sich etwa leicht Staub darauf, wie auf Frau Mall's Gemählde? Warum gehst du nicht in einer Galliarde zur Kirche, und kömmst in einer Courante wieder nach Hause? Mein ordentlicher Gang selbst sollte beständig eine Kapriole seyn. Ich würde so gar nie anders mein Wasser abschlagen, als mit einem Pas. - - Was meynst du? Ist dieß eine Welt, worinn man seine Tugenden verstecken muß? Ich sollte denken, nach der herrlichen Figur deiner Wade zu urtheilen, sie müßte unter dem Gestirn einer Galliarde gemacht seyn!

Sir Andreas. Freylich, sie ist stark; und sie nimmt sich in einem bunten, gestammten Strumpfe besonders schön aus. Werden wir einige Nachtschwärmereyen haben?

Sir Tobias. Was sollten wir anders machen? Wurden wir nicht unter dem Taurus geboren?

Sir Andreas. Taurus? - - Das sind ja die Seiten und das Herz. *)

---

*) Dieß bezieht sich auf die medicinische Sterndeutung, welche noch itzt in den Kalendern vorkömmt,

Sir Tobias. Nein, Sir, es sind die Beine und die Waden. Laß mich deine Kapriolen sehen — Ha! höher! — ha! he! — unvergleichlich!

(Sie gehen ab.)

Fünfter Auftritt.

Der Pallast.

Valentin. Viola, in Mannskleidern.

Valentin. Wenn der Herzog fortfährt, Ihnen so zu begegnen, Cäsario, wie bisher, so werden Sie vermuthlich in kurzem große Schritte thun. Er kennt Sie kaum drey Tage, und Sie sind schon kein Fremder mehr.

Viola. Sie müssen entweder seiner Laune oder meiner Aufführung nicht viel gutes zutrauen, wenn Sie die Fortsetzung seiner Gunst in Zweifel ziehen. Ist er denn so unbeständig in seiner Zuneigung, mein Herr?

Valentin. Nein, das ist er gewiß nicht.

(Es kommen der Herzog, Kurio, und Gefolge.)

---

nach welcher die Beschaffenheit der besondern Theile des Körpers dem herrschenden Einflusse der Gestirne zugeschrieben wird. — Johnson.

Viola. Ich danke Ihnen ‒ ‒ Hier kömmt der Herzog.

Herzog. Hat keiner von euch Cäsario gesehen?

Viola. Hier ist er, gnädigster Herr, zu Ihrem Befehl.

Herzog (zu den übrigen.) Geht ihr ein wenig auf die Seite ‒ ‒ Cäsario, du weist bereits nicht weniger, als alles; ich habe dir das Buch meines Herzens entfaltet. Geh also zu ihr, mein guter Jüngling, laß dich nicht abweisen; stelle dich vor ihre Thür, und sag ihr, du werdest da wie eingewurzelt stehen bleiben, bis sie dir Gehör gebe.

Viola. Gnädigster Herr, wenn sie sich ihrer Betrübniß so sehr überläßt, wie man sagt, so ist nichts gewissers, als daß sie mich nimmermehr vorlassen wird.

Herzog. Du mußt ungestümm seyn, mußt schreyen und eher die Gränzen aller Höflichkeit und Anständigkeit überschreiten, als unverrichteter Sache zurückgehen.

Viola. Und gesetzt, ich werde vorgelassen, gnädigster Herr; was soll ich denn sagen?

Herzog. O! dann entdecke ihr die ganze Heftigkeit meiner Liebe; rühme ihr meine ungemeine

Treue. Es wird dir ganz wohl anstehen, ihr mein Leiden vorzumahlen; sie wird es von einem jungen Menschen, wie du bist, besser aufnehmen, und mehr darauf Acht geben, als wenn ich einen Unterhändler von ernsthafterm Ansehen gebrauchte.

Viola. Ich denke ganz anders, gnädigster Herr.

Herzog. Glaube mirs, mein lieber Jüngling: denn wer dich einen Mann nennte, würde deine glücklichen Jahre belügen. - - Dianens Lippen sind nicht sanfter noch rubinfärbiger, als die deinigen; deine Stimme ist wie eines Mädchens Stimme, zart und hell, und dein ganzes Wesen hat etwas weibliches an sich. *) Ich bin gewiß, du bist unter einem Gestirne geboren, das dich in solchen Unterhandlungen glücklich macht - - Etwa vier oder fünf können ihn begleiten; oder ihr alle, wenn ihr wollt. Denn ich selbst befinde mich am besten, wenn ich wenig Gesellschaft um mich habe. Geh also; sey glücklich in deiner Verrichtung, und du sollst eben so glücklich leben, als dein Fürst, und alles, was mein ist, dein nennen können.

---

*) Eigentlich: für dich würde in einem Schauspiele eine Frauenzimmerrolle gehören; denn diese wurden damals von jungen Mannspersonen gespielt. Johnson.

Viola. Ich will mein Bestes thun, gnädigster Herr = = (für sich.) Ein beschwerlicher Auftrag! Ich soll ihm eine andre anwerben, und wäre lieber selbst seine Gemahlinn!

(Sie gehen ab.)

Sechster Auftritt.

Olivia's Haus.

Maria. Der Rüpel.

Maria. Höre, entweder sage mir, wo du gewesen bist, oder ich werde meine Lippen nicht so weit aufthun, daß ein Haar hindurch gehen kann, um dich zu entschuldigen. Mein Fräulein wird dich wegen deines Außenbleibens aufhängen lassen.

Rüpel. Nun! mag sie mich doch immer aufhängen lassen! Wer in dieser Welt gut gehangen wird, darf keine Farben *) fürchten.

Maria. Beweise das.

Rüpel. Er wird keine mehr sehen, die er fürchten dürfte.

Maria. Eine gute, dürre Antwort. Ich kann dir sagen, wo das Sprüchwort vom Farbenfürchten seinen Ursprung genommen hat.

---

*) Colours heißen auch die Fahnen; und darauf bezieht sich das Folgende.

Was ihr wollt.

Rüpel. Wo denn, liebe Jungfer Maria?

Maria. Im Kriege; und das kannst du in deiner Narrheit dreiste weg sagen.

Rüpel. Nun, Gott gebe denen Verstand, die welchen haben, und die, welche Narren sind, lasse man ihre Talente brauchen.

Maria. Und doch wirst du dafür gehangen werden, daß du so lange ausgeblieben bist, oder man wird dich fortjagen. Ist das nicht eben so schlimm für dich, als hängen?

Rüpel. Zum Henker, ein gutes Hangen hindert eine schlechte Heyrath; *) und was das Wegjagen betrifft – – ha! im Sommer kömmt man leicht unter.

---

*) Dr. Grey gedenkt bey dieser Stelle (Notes on Sh. I. p. 224.) der Spanischen Gewohnheit, daß ein Dieb, der gehängt werden soll, dadurch gerettet werden kann, wenn ihn irgend eine gemeine Weibsperson zum Manne verlangt. Zugleich erzählt er die bekannte Geschichte von einem Missethäter, dessen Begnadigung ein Frauenzimmer auf den Fall erbeten hatte, wenn er sie heyrathen wollte. Er saß schon auf dem Wagen, um ausgeführt zu werden; man zeigte ihm seine bestimmte Braut; und kaum sah er sie, so rief er; fahr zu, Kutscher!

Maria. Du bist also entschlossen?

Rüpel. Noch nicht zu Einem ganz; sondern zu zweyerley.

Maria. Damit, wenn eins bricht, das andre doch noch halte, oder, wenn beyde brechen, deine Plunderhosen herunterfallen.

Rüpel. Wahrhaftig, recht gut gesagt, sehr gut! = = Nun, fahre nur so fort! = = Wenn Sir Tobis sein Trinken lassen wollte, so wärst du ein so witziges Stück von Evens Fleisch, als irgend eins in ganz Illyrien.

Maria. Stille, Schurke; nichts mehr dergleichen! Hier kömmt mein Fräulein. Entschuldige dich auf eine gescheide Art; daran wirst du am besten thun.

(Sie geht ab.)

Siebenter Auftritt.

Olivia. Malvolio. Der Rüpel.

Rüpel. O Verstand! sey so gut, und hilf mir den Narren machen = = Die gescheiden Leute, welche sich einbilden, dich zu haben, zeigen sich doch am Ende als Narren: und ich, bey dem es ausgemacht ist, daß ich dich nicht habe, kann für einen weisen Mann gelten. Denn was sagt Quinapalus? Besser ein witziger Narr, als ein närrischer Witzling! = = Guten Tag, Fräulein.

Olivia. Schafft mir den Narren weg!

Rüpel. Hört ihrs nicht, Kerls? schafft mir die Frau weg!

Olivia. O geh! du bist ein trockner Narr; ich habe deiner genug; und zu deiner Albernheit wirst du noch ungesittet.

Rüpel. Das sind zwey Fehler, die sich durch Trinken und guten Rath verbessern lassen. Denn, gebt dem trocknen Narren zu trinken, so ist der Narr nicht mehr trocken; sagt dem ungesitteten Menschen, daß er sich bessern soll, und bessert er sich, so ist er nicht länger ungesittet; kann ers nicht, so mag ihn der Henker bessern! alle Dinge in der Welt, die man ausbessert, werden geflickt. Tugend, die sich vergeht, ist nur mit Sünde geflickt; und Sünde, die sich bessert, ist nur mit Tugend geflickt. Wenn dieser einfältige Schluß die Sache ausmacht, gut; wo nicht, was ist zu thun? Gleichwie kein andrer wahrer Hahnrey ist, als Elend; so ist Schönheit eine vergängliche Blume. Die gnädige Frau sagte, man sollte den

Narren *) wegschaffen; also sag' ich noch einmal, — schafft sie weg.

Olivia. Sir, ich befahl, daß man euch wegschaffen sollte.

Rüpel. Misverstand im höchsten Grade! – – Gnädiges Fräulein, cucullus non facit monachum; das heißt: mein Gehirn sieht nicht so buntscheckig aus, als mein Rock. Liebe Madonna, wollen Sie mir erlauben, Ihnen zu beweisen, daß Sie eine Närrinn sind?

Olivia. Wie willst du das machen?

Rüpel. Gar geschickt, gute Madonna.

Olivia. Nun, so beweis' es denn.

Rüpel. Ich muß darüber katechisiren, Madonna, wenn Sie mir antworten wollen.

Olivia. Gut, Sir, weil ich sonst eben keinen Zeitvertreib habe, so wollen wir doch euern Beweis hören.

Rüpel. Gute Madonna; warum trauerst du?

Olivia. Um meinen Bruder, guter Narr.

───────────────

*) *Fool* ist im Englischen beydes männlichen und weiblichen Geschlechts; folglich ist der Misverstand leichter.

Rüpel. Seine Seele ist also vermuthlich in der Hölle, Madonna?

Olivia. Ich weis, seine Seele ist im Himmel, Narr.

Rüpel. Desto mehr sind Sie eine Närrinn, Madonna, dafür zu trauren, daß Ihr Bruder im Himmel ist. Schafft mir die Närrinn weg, ihr Herren.

Olivia. Was denken Sie von diesem Narren, Malvolio? – – Verbessert er sich nicht?

Malvolio. Ja; und wird sich verbessern, bis ihm die Seele ausgehen wird. Zunehmende Jahre bringen den vernünftigen Mann ins Abnehmen, und verbessern hingegen den Narren.

Rüpel. Gott send' Ihnen ein frühzeitiges Alter, Herr, um Ihre Narrheit desto frühzeitiger zu ihrer Vollkommenheit zu bringen! – – Sir Tobias würde schwören, wenn mans verlangte, daß ich kein Fuchs sey; aber er würde sich nicht mit zwey Pfenningen verbürgen, daß Sie kein Narr sind.

Olivia. Was sagen Sie hiezu, Malvolio?

Malvolio. Mich wundert, wie Ihre Gnaden an einem so abgeschmackten Schurken einen Gefallen finden können; ich sah ihn erst gestern durch einen alltäglichen Narren, der nicht mehr Hirn hatte, als ein Stein, zu Boden gelegt. Sehen Sie nur, er weis sich schon nicht mehr zu helfen. Wenn Sie nicht vorher schon lachen, und ihm die Einfälle, die er haben soll, auf die Zunge legen, so ist er geknebelt. Wahrhaftig, die gescheiden Leute, die über die albernen Fratzen dieser Art von gedungenen Narren so krähen können, sind in meinen Augen die Narren der Narren.

Olivia. O! Sie sind am Eigendünkel krank, Malvolio, und haben einen verdorbenen Geschmack. Edelmüthige, schuldlose, und aufgeräumte Leute sehen dergleichen Dinge für Vögelschroot an, die Ihnen Kanonenkugeln scheinen. Ein Narr von Profession kann Niemand beschimpfen, wenn er gleich nichts anders thut, als spotten; so, wie ein Mann von bekannter Klugheit niemals spottet, wenn er gleich nichts anders thäte, als tadeln.

Rüpel. Nun, Merkur selbst lehre dich lügen, weil du zum Besten der Narren sprichst! *)

----

*) Warburton hielt es auch hier für nöthig, eine andere Leseart anzunehmen, und änderte das Wort *leasing* in *pleasing*, so daß der Zweck des Wunsches die Beredsamkeit wäre. Allein die alte Leseart verdient unstreitig den Vorzug.

Was ihr wollt.

Maria (die herein kömmt.) Gnädiges Fräulein, es ist draußen ein junger Herr, der ein großes Verlangen trägt, Sie zu sprechen.

Olivia. Von dem Grafen Orsino, nicht wahr?

Maria. Ich weis es nicht, gnädiges Fräulein. Es ist ein hübscher junger Mensch, und er macht Figur.

Olivia. Wer von meinen Leuten unterhält ihn?

Maria. Sir Tobias, Ihr Oheim, gnädiges Fräulein.

Olivia. Mache doch, daß du den auf die Seite bringest. Er spricht nichts, als tolles Zeug; der garstige Mann! -- Gehn Sie hin, Malvolio. Kömmt er von dem Grafen, so bin ich krank oder nicht zu Hause. Sagen Sie, was Sie wollen, um seiner los zu werden. (Malvolio geht ab.) Ihr seht also, Freund, eure Narrheit wird alt, und gefällt den Leuten nicht mehr.

Rüpel. Du hast unsre Parthey genommen, Madonna, als ob dein ältester Sohn zu einem Narren bestimmt wäre. Jupiter füll' ihm seinen Schädel mit Hirn aus! denn hier kömmt einer von deiner Familie, der eine sehr schwache Pia Mater hat.

Was ihr wollt.

Achter Auftritt.

Die Vorigen. Sir Tobias.

Olivia. Auf meine Ehre, halb betrunken! -- Wer ist da draußen, Onkel?

Sir Tobias. Ein Kavalier.

Olivia. Ein Kavalier? -- Was für ein Kavalier?

Sir Tobias. Ein Kavalier ist es *) -- Der Henker hole diese Pickelheeringe! Was machst du hier, Dummkopf?

Rüpel. Guter Sir Tobis --

Olivia. Onkel, Onkel, wie kommen Sie denn schon so früh zu dieser Lethargie? **)

Sir Tobias. Es ist einer draußen, sag' ich.

Olivia. Nun, wer ist es denn?

Sir Tobias. Meinetwegen mag es der Teufel

---

*) Warburton's Leseart: Tis a Gentleman *Heir* (Es ist der älteste Sohn eines Edelmanns) ist fremd und unnöthig, wie Edwards, Henrick und Steevens umständlicher zeigen. Jener erklärt auch die *pickli herrings* für wirkliche Heeringe, die Tobis gegessen hatte, und die ihm itzt, da er trunken war, aufstießen.

**) Hierauf antwortet Sir Tobias mit einem Wortspiele, das aus Misverstand entsteht: *Lechery!* -- *I defie letchery.*

Was ihr wollt.

selbst seyn, wenn er will; was kümmerts mich? .. Glaube mir, was ich sage. Gut, es ist alles eins.

(Er geht ab.)

Olivia. Wem ist ein berauschter Mensch gleich, Narr?

Narr. Einem Narren, einem Ertrunkenen und einem Rasenden. Das erste Glas übers Maaß macht ihn närrisch, das zweyte macht ihn rasend, und das dritte ersäuft ihn gar.

Olivia. So geh hin, und hole den Besichtiger*) um meinen Oheim in Augenschein zu nehmen; denn er ist gegenwärtig im dritten Grade der Trunkenheit; er ist ertrunken; geh, hol' ihn her.

Rüpel. Bis itzt ist er nur noch toll, Madonna; und der Narr wird nach dem Tollen sehen.

(Er geht ab, Malvolio kömmt.)

Malvolio. Gnädiges Fräulein, der junge Mensch besteht darauf, daß er Sie sprechen muß. Ich sagte ihm, Sie befänden sich nicht wohl; er antwortet, so komme er eben recht, denn er verstehe sich sehr auf die Krankheiten. Ich sagte ihm,

---

*) *The Coroner*, ist derjenige, dessen Amt es ist, bey Leuten, die eines gewaltsamen Todes gestorben sind, eine Untersuchung über ihre Todesart anzustellen.

Sie schliefen; aber es scheint, er hab' auch das vorher gewußt, und will deswegen mit Ihnen sprechen. Was soll man ihm sagen, gnädiges Fräulein? Er will sich schlechterdings nicht abweisen lassen.

Olivia. Sagen Sie ihm, er werde mich nicht zu sprechen kriegen.

Malvolio. Das hat man ihm gesagt, und seine Antwort ist, er wolle vor Ihrer Thüre stehen bleiben, wie eine Säule, *) er wolle die Stütze einer Bank abgeben; denn er müsse Sie sprechen.

Olivia. Von was für einer Art von Menschen ist er?

Malvolio. Nun! von der männlichen.

Olivia. Aber was für eine Art von Mann?

Malvolio. Von sehr unartiger Art. Er will Sie sprechen, Sie mögen wollen oder nicht.

Olivia. Wie sieht er aus, und wie alt mag er wohl seyn?

---

*) *Like a Sheriff's post.* Die Sheriffs hatten nämlich vor ihrer Thüre große Säulen stehen, als Zeichen ihres Amts. Ihre ursprüngliche Bestimmung war, die Königlichen und andre öffentliche Verordnungen daselbst anzuschlagen. -- Warburton.

Malvolio. Nicht alt genug für einen Mann, und nicht jung genug für einen Knaben. Wie eine Hülse, ehe noch Erbsen darinne sind, oder wie ein grüner Apfel; eh' er noch reif ist. Mit einem Wort, ein Mittelding zwischen beyden, ein hübsches wohl gewachsenes Bürschchen; und er spricht ziemlich naseweise; man sollte denken, er habe noch was von seiner Mutter Milch im Leibe.

Olivia. Laßt ihn kommen. Rufen Sie mir mein Mädchen.

Malvolio. Jungfer, das gnädige Fräulein ruft.

(Er geht ab.)

Neunter Auftritt.

Olivia. Maria. Hernach Viola.

Olivia. Gib mir meinen Schleyer ‥ Komm, zieh ihn über mein Gesicht! ‥ Wir wollen doch einmal hören, was Orsino's Abgesandter anzubringen haben wird.

Viola. Wo ist das gnädige Fräulein von diesem Hause?

Olivia. Reden Sie mit mir; ich will für sie antworten; was wollen Sie?

Viola. Allerglänzendste, auserlesenste und unvergleichlichste Schönheit . . ich bitte, sage mir doch, ob dieß das Fräulein ist; denn ich hab' es noch nie gesehen. Es sollte mir leid thun, meine Rede umsonst zu halten; denn außer, daß sie ungemein wohl gesetzt ist, hab' ich mir auch große Mühe gegeben, sie auswendig zu lernen. Meine Schöne, keine Verachtung! . . Ich bin sehr empfindlich, wenn mir nur im geringsten unfreundlich begegnet wird.

Olivia. Woher kommen Sie, mein Herr?

Viola. Ich kann nicht viel mehr sagen, als ich studirt habe; und diese Frage ist nicht in meiner Rolle. Mein gutes junges Frauenzimmer, geben Sie mir hinlängliche Versicherung, daß Sie das Fräulein von diesem Hause sind, damit ich in meiner Rede fortfahren könne.

Olivia. Sind Sie ein Komödiant?

Viola. Nein, wenn ich vom Herzen aufrichtig wegreden soll; und doch schwör' ich bey den Klauen der Bosheit, ich bin nicht, was ich vorstelle. Sind Sie das Fräulein vom Hause?

Olivia. Wenn ich mich selbst nicht usurpire, so bin ichs.

Viola. Unfehlbar, wenn Sie das Fräulein

sind, usurpiren Sie sich selbst. Denn was Ihnen nur darum gehört, um es wegzugeben, das kömmt Ihnen nicht zu, für sich selbst zurück zu behalten; doch das gehört nicht zu meinem Auftrage. Ich will den Eingang meiner Rede mit Ihrem Lobe machen, und Ihnen dann das wichtigste meines Auftrags entdecken.

Olivia. Kommen Sie nur gleich zur Hauptsache; ich schenke Ihnen das Lob.

Viola. Desto schlimmer für mich; ich gab mir so viele Müh, es zu studiren, und es ist so poetisch!

Olivia. Desto mehr ist zu vermuthen, daß es erdichtet ist. Ich bitte Sie, behalten Sie es zurück. Ich höre, Sie haben sich draußen sehr unnütz gemacht, und ich erlaubte Ihnen den Zutritt mehr aus Vorwitz, Sie zu sehen, als um Sie anzuhören. Wenn Sie nicht unsinnig sind, so gehen Sie; wenn Sie Verstand haben, so machen Sie's kurz; es ist gerade nicht die Mondszeit bey mir, da ich Lust habe, in einem so wilden Gespräche eine Person zu machen.

Maria. Wollen Sie Ihre Segel aufziehen, junger Herr? ‧ ‧ Hier geht Ihr Weg hin.

Viola. Nein, ehrlicher Schiffsjunge, ich werde

hier noch ein wenig Flott machen. Besänftigen Sie Ihren Riesen *) doch ein wenig, mein Fräulein.

Olivia. Was haben Sie denn anzubringen?

Viola. Ich bin ein Abgeordneter.

Olivia. Wahrhaftig, Sie müssen etwas sehr gräßliches zu sagen haben, da Ihre Vorrede so fürchterlich ist. Reden Sie, was Sie zu reden haben.

Viola. Es bezieht sich allein auf Ihr eignes Ohr. Ich bringe keine Kriegserklärung; ich fodre keinen Zoll der Huldigung; ich trage den Oelzweig in meiner Hand; und meine Worte sind eben so friedsam als wichtig.

Olivia. Und doch fiengen sie unfreundlich genug an. Wer sind Sie? was wollen Sie?

Viola. Hab' ich unfreundlich geschienen, so ist es der Art, wie ich aufgenommen bin, zuzuschreiben. Wer ich bin, und was ich will, das sind

---

*) In den alten Romanen werden die Prinzeßinnen gemeiniglich von Riesen bewacht, welche alle unschicklichen oder beschwerlichen Anträge von ihnen zurückhalten. Weil Viola sieht, daß Maria ihr zuwider ist, so bittet sie Olivien, ihren Riesen schweigen zu heißen. Johnson.

Dinge, die so geheim sind, als eine Jungfrauschaft; für Ihr Ohr, Theologie; für jedes andre, Profanation.

Olivia. Laß uns allein. (Maria geht ab.) Wir wollen doch diese Theologie hören. Nun mein Herr, was ist Ihr Text?

Viola. Allerliebstes Fräulein = =

Olivia. Eine trostreiche Materie, und worüber sich viel sagen läßt! = = Wo steht denn Ihr Text?

Viola. In Orsino's Brust.

Olivia. In seiner Brust? = = In was für einem Kapitel seiner Brust?

Viola. Um methodisch zu antworten, im ersten Kapitel seines Herzens.

Olivia. O! das hab' ich gelesen; es ist Ketzerey. Ist das alles, was Sie zu sagen haben?

Viola. Liebes Fräulein, lassen Sie mich Ihr Gesicht sehen.

Olivia. Haben Sie Auftrag von Ihrem Herrn, mit meinem Gesichte Unterhandlungen zu pflegen? Sie gehen itzt zwar über Ihren Text hinaus; aber wir wollen doch den Vorhang wegziehen, und Ihnen das Gemählde zeigen. Sehen Sie, mein Herr, so seh' ich aus; ists nicht hübsch gemacht?
(Sie entschleyert ihr Gesicht.)

Viola. Vortrefflich gemacht, wenn Gott alles gemacht hat!

Olivia. Es ist ächt, mein Herr; es hält Wind und Wetter aus.

Viola. O! gewiß kann nur die schlaue und anmuthsreiche Hand der Natur weiß und roth auf eine so reizende Art auftragen, und in einander mischen! -- Gnädigstes Fräulein, Sie sind das grausamste Mädchen auf der ganzen Welt, wenn Sie solche Reize mit ins Grab nehmen wollen, ohne der Welt eine Kopie davon zu lassen.

Olivia. O! mein Herr, so hartherzig will ich nicht seyn; ich will verschiedne Vermächtnisse von meiner Schönheit machen. Es soll ein genaues Inventarium davon gezogen, und jedes besondre Stück meinem Testament angehängt werden. Als: Item, zwey erträgliche Lippen. Item, zwey blaue Augen, mit Augenliedern dazu. Item, ein Hals, ein Kinn, und so weiter. Sind Sie hieher geschickt, um mir eine Lobrede zu halten?

Viola. Ich sehe nun, was Sie sind. Sie sind zu spröde; aber, wenn Sie der Teufel selbst wären, so muß ich gestehen, daß Sie schön sind. Mein Gebieter und Herr liebt Sie. O! eine Liebe, wie die seinige, könnte mit der Ihrigen mehr nicht als nur belohnt werden, und wenn Sie zur schönsten unter allen Schönen des Erdbodens wären gekrönt worden.

Olivia. Wie liebt er mich denn?

Viola. Mit einer Liebe, die bis zur Abgötterey geht, mit immer fließenden Thränen, mit liebedonnerndem Aechzen und Seufzern von Feuer.

Olivia. Ihr Herr weis meine Gesinnung schon; er weis, daß ich ihn nicht lieben kann. Ich zweifle indeß nicht, daß er tugendhaft, und ich weis, daß er edel, von großem Vermögen, von frischer und unverderbter Jugend, ist. Er hat den allgemeinen Beyfall für sich, ist freygebig, gelehrt und tapfer, und von der angenehmsten und reizendesten Bildung. Aber ich kann ihn nicht lieben; ich hab' es ihm schon gesagt; und er hätte sich meine Antwort auf diesen neuen Antrag selbst geben können.

Viola. Wenn ich Sie so liebte, wie mein Herr, mit einem so leidenden, so sterbenden Leben, so würd' ich mich durch eine solche Antwort nicht abweisen lassen; ich würde gar keinen Sinn in ihr finden.

Olivia. Und was würden Sie denn thun?

Viola. Ich würde mir eine Hütte von Weiden *) vor Ihrer Thüre machen, und meiner Seele in dem Hause rufen; ich würde klägliche Lieder über meine unglückliche Liebe machen, und sie, selbst in der Todesstille der Nacht, vor Ihrem Fenster laut absingen; Ihren Namen den wiederhallenden Hügeln entgegen rufen und machen, daß jene Schwätzerinn in der Luft an dem Namen Olivia sich heiser schreyen sollte. O! ich wollte Sie zwischen den Elementen der Luft und der Erde nicht zur Ruhe kommen lassen, bis Sie Mitleid mit mir hätten.

Olivia. Sie könnten es vielleicht weit genug bringen. Was ist Ihr Stand?

Viola. Ueber meine Glücksumstände; doch bin ich zufrieden; ich bin ein Edelmann.

Olivia. Kehren Sie zu Ihrem Herrn zurück; ich kann ihn nicht lieben; er soll mich mit seinen Gesandschaften verschonen; außer, wenn Sie etwa noch einmal zu mir kommen wollen, um mir zu sagen, wie er meine Erklärung aufgenommen hat.

---

*) Der Weidenbaum hat bey den Englischen Dichtern den Charakter der Schwermuth.

Was ihr wollt.

Leben Sie wohl; ich danke Ihnen für Ihre Mühe; Nehmen Sie dieses zur Belohnung.

Viola. Ich bin kein Bote für Geld. Behalten Sie Ihre Börse, gnädiges Fräulein; mein Herr, nicht ich, bedarf einer Belohnung. Möchte sein Herz von Kieselstein seyn, und Sie so heftig in ihn verliebt werden, als er's ist, damit Sie die ganze Quaal einer verschmähten Liebe fühlten! Leben Sie wohl, schöne Unbarmherzige!

(Sie geht ab.)

Olivia allein. Was ist Ihr Stand? -- Ueber meine Glücksumstände; doch bin ich zufrieden; ich bin ein Edelmann! -- Ich wollte schwören, daß du es bist! Deine Sprache, dein Gesicht, deine Gestalt, deine Geberden, und dein Geist, machen eine fünffache Ahnenprobe für dich! -- Nicht zu hastig! -- Sachte! sachte! -- wenn anders nicht der Herr der Bediente war! -- Wie? was sind das für Gedanken? Kann man so plötzlich angesteckt werden? -- Es ist mir nicht anders, als fühlt' ich die Annehmlichkeiten dieses jungen Menschen mit unsichtbarem leisen Tritt zu meinen Augen hineinschleichen -- Gut, laß es gehen -- He! Malvolio!

Malvolio (der hereinkömmt.) Hier bin ich zu Ihrem Befehl, gnädiges Fräulein.

Olivia. Laufe doch jenem wunderlichen Abgesandten, dem Diener des Herzogs, nach. Er ließ diesen Ring zurück, ich mochte ihn nehmen wollen oder nicht. Sag ihm, ich mag ihn nicht; ersuch ihn, seinem Herrn nicht zu schmeicheln, noch ihn mit falschen Hoffnungen zu täuschen; ich bin nicht für ihn. Wenn der junge Mensch morgen hier einsprechen will, so werde ich ihm die Ursachen davon sagen. Eile, Malvolio!

Malvolio. Sogleich, gnädiges Fräulein.

(Geht ab.)

Olivia. Ich thue etwas, und weis selbst nicht, was -- Ich fürcht', ich fürchte, meine Augen haben mein Herz überrascht! -- Zeige deine Gewalt, Schicksal! Wir sind nicht Herren über uns selbst; was beschlossen ist, muß seyn; und so sey es dann!

(Sie geht ab.)

Zweyter Aufzug.
Erster Auftritt.
Die Straße.

Antonio. Sebastiano.

Antonio. Sie wollen also nicht länger bleiben? Und Sie wollen auch nicht erlauben, daß ich mit Ihnen gehe?

Sebastiano. Nein, verzeihen Sie mirs; meine Sterne scheinen dunkel über mir; der misgünstige Einfluß meines Schicksals möchte sich auch in das Ihrige mischen. Erlauben Sie mir also, daß ich mich von Ihnen beurlaube, um mein Unglück allein zu tragen. Es würde eine schlechte Belohnung für Ihre Freundschaft seyn, wenn ich Ihnen auch nur den kleinsten Theil davon auflegen wollte.

Antonio. Lassen Sie mich wenigstens nur wissen, wohin Sie gehen wollen.

Sebastiano. Nein wirklich, mein Herr, meine Reise ist nichts anders, als ein wunderlicher Einfall, ohne besondre Absicht. = = Doch, diese edle Bescheidenheit, womit Sie sich zurückhalten, mir das abzunöthigen, was ich, wie Sie merken, gerne bey mir behalten wollte, verbindet mich, mich von selbst gegen Sie näher zu erklären. Wissen Sie also, Antonio, daß ich Sebastiano, und nicht Rodrigo heiße, wie ich vorgab. Mein Vater war jener Sebastiano von Messaline, von dem Sie ohne Zweifel gehört haben müssen. Er hinterließ mich nebst einer Schwester, die in der nämlichen Stunde mit mir geboren wurde; hätt' es doch dem Himmel gefallen, daß wir auch so mit einander gestorben wären! Aber Sie, mein Herr, verhinderten das; denn ungefähr eine Stunde vorher, ehe Sie mich aus dem Schiffbruche retteten, war meine Schwester ertrunken.

Antonio. Ich bedaure Sie von Herzen.

Sebastiano. Es war ein junges Mädchen, mein Herr, welches, ob man gleich eine besondre Aehnlichkeit zwischen ihr und mir finden wollte, doch von vielen für schön gehalten wurde; und wenn ich gleich über diesen Punkt nicht zu leichtgläubig seyn möchte, so darf ich doch kühnlich von ihr behaupten, sie hatte ein Gemüth, welches der Neid selbst nicht anders als schön nennen könnte. Nun ist sie ertrunken, mein Herr; und ihr An-

denk-

denkest preßt mir Thränen aus, die ich nicht zurückhalten kann.

Antonio. Vergeben Sie mir, mein Herr, daß Sie nicht besser bedient worden sind.

Sebastiano. O! mein allzu gütiger Antonio, vergeben Sie mir nur die Unruhe, die ich Ihnen gemacht habe.

Antonio. Wenn Sie mich für meinen guten Willen nicht ermorden wollen, so lassen Sie mich Ihren Diener seyn.

Sebastiano. Wenn Sie Ihre Wohlthat nicht wieder vernichten, und ein Leben wieder nehmen wollen, das Sie erhalten haben, so muthen Sie mir das nicht zu. Leben Sie wohl auf immer! Mein Herz ist zu sehr gerührt! als daß ich mehr sagen könnte; meine Augen reden für mich, denen das Weinen sehr nahe ist. Ich muß an des Herzogs Orsino's Hof = = leben Sie wohl:

(Er geht ab.)

Antonio. Die Huld aller Götter begleite dich! Ich habe mir Feinde an Orsino's Hofe gemacht, sonst würd' ich dich dort bald sehen. = = Und doch, es entstehe daraus, was da will, ich liebe dich so sehr, daß mir alle Gefahr ein Spiel seyn soll; — ich will gehen.

(Er geht ab.)

Zweyter Auftritt.

Viola und Malvolio, die zu verschiednen Thüren hereinkommen.

Malvolio. Waren Sie nicht eben itzt bey der Gräfinn Olivia?

Viola. Eben itzt, mein Herr. Ich bin seitdem in ganz mäßigem Schritte hieher gegangen.

Malvolio. Sie schickt Ihnen diesen Ring wieder, mein Herr; Sie hätten mir wohl die Mühe sparen, und ihn selbst mitnehmen können. Sie läßt Ihnen noch dabey sagen, daß Sie Ihren Herrn nur ganz gewiß versichern möchten, daß sie nichts von ihm annehmen werde. Und noch Eins, daß Sie sich niemals wieder in seinen Angelegenheiten zu ihr bemühen sollen; es wäre denn, um ihr zu melden, daß Ihr Herr diesen Ring wieder angenommen habe. Nehmen Sie ihn also hin.

Viola. Sie nahm den Ring von mir an; ich will ihn nicht.

Malvolio. Hören Sie, Herr, Sie warfen ihn mit Verdruß hin; und sie verlangt, daß ich ihn auf eben diese Art zurückgeben soll. Ist er es werth, daß man sich dabey verweilt, ihn aufzunehmen, so liegt er hier vor Augen; wo nicht, so mag ihn der nehmen, der ihn findet.

(Er geht ab.)

Viola allein. Ich ließ keinen Ring bey ihr liegen; was meynt diese Dame damit? ‒ ‒ Das Unglück wird doch nicht wollen, daß meine Gestalt sie bezaubert hat? ‒ ‒ Sie schien mich in der That mit günstigen Augen anzublicken; so sehr, daß ihre Augen ihre Zunge schienen verloren zu haben; *) denn sie sprach sehr zerstreut und ohne Zusammenhang ‒ ‒ Sie liebt mich; ganz gewiß! und der Auftrag, den sie diesem plumpen Abgesandten gegeben, ist ein Kunstgriff, mir ihre Liebe auf eine feine Art zu erklären ‒ ‒ Sie will keinen Ring von meinem Herrn ‒ ‒ nun! er hat ihr ja keinen geschickt! ‒ ‒ ich bin der Mann! Wenn

---

*) D. i. daß ihre Augen und ihre Zunge ganz verschiedne Gegenstände hatten; ihre Zunge redete von dem Herzoge, und ihre Augen beschäftigten sich mit seinem Abgesandten.

das ist = = und es ist so = = das arme Fräulein! so wär' es noch besser für sie, in einen bloßen Traum verliebt zu seyn. Verkleidung! ich sehe, du bist eine Büberey, mit welcher der böse Feind viel auszurichten weis. Wie leicht ist es aufrichtig scheinenden Falschen, in wächserne Weiberherzen Eindrücke zu machen! Leider! daran hat unsere Schwachheit Schuld, nicht wir; wenn wir einmal so gemacht sind, was können wir dafür, daß wir so sind? *) = = Aber, wie wird sich das zusammen schicken? Mein Herr liebt sie aufs äußerste; ich, arme Misgestalt, bin eben so stark von ihm bethört; und sie, durch den Schein betrogen, seufzt für mich. Was wird aus diesem allem werden? In so fern ich ein Mann bin, könnte meine Liebe zu Orsino in keinem hoffnungslosern Zustande seyn; in so fern ich ein Mädchen bin, wie viele vergebliche Seufzer wird die arme Olivia

---

*) Der Verf. der Observations and Conjectures upon some passages in Shakespear (Oxford. 1766. 8.) liest den Vers des Originals mit einer kleinen, aber sehr glücklichen Veränderung:

Vor such, as we are made of, such we be. „Denn wir sind so, wie der leichte Stoff, woraus wir gemacht sind.„

aushauchen! - - O Zeit! du mußt dieß alles ent-
wickeln, nicht ich; der Knoten ist zu verflochten,
als daß ich ihn auflösen könnte.

(Sie geht ab.)

Dritter Auftritt.
Olivia's Haus.

Sir Tobias. Sir Andreas. Der Rüpel.

Sir Tobias. Komm her, Sir Andres! Nach
Mitternacht noch nicht zu Bette seyn, ist eben so
gut, als bey Zeiten aufgestanden seyn; und du
weist wohl, diluculo surgere - -

Sir Andreas. Nein, auf meine Ehre! ich weiß
es nicht; aber ich weis, wenn man spät auf ist,
so ist man spät auf.

Sir Tobias. Ein falscher Schluß! Ich haß
ihn, wie eine ungefüllte Kanne. Nach Mitternacht
auf seyn, und dann zu Bette gehen, ist früh; geht
man also nach Mitternacht zu Bette, so geht man
früh zu Bette. Besteht unser Leben nicht aus den
vier Elementen?

Sir Andreas. Ja wahrhaftig, so heißt es; *)

---

*) Die Aerzte der damaligen Zeit glaubten, die Ge-
sundheit bestünde in der gehörigen Mischung und dem
Gleichgewichte dieser Elemente im menschlichen Körper. - - Warburton.

aber, ich denke, es besteht vielmehr aus Essen und Trinken

Sir Tobias. Du bist ein gelehrter Mann; laß uns also essen und trinken! == He, Marie!== Ein Stübchen Wein!

(Der Rüpel kömmt.)

Sir Andreas. Hier kömmt der Narr! wahrhaftig!

Rüpel. Nun, wie gehts, meine Herren? Habt ihr niemals das Gemählde von uns dreyen gesehen?

Sir Tobias. Willkommen, Esel!= = Jtzt sing uns einmal ein Lied.

Sir Andreas. Wahrhaftig, der Narr hat eine herrliche Brust. Ich möchte vierzig Schillinge darum geben, wenn ich solche Beine, und eine so schöne Stimme zum Singen hätte, als der Narr hat. Wahrhaftig, du brachtest gestern Abend sehr liebliche Narrheiten vor, als du vom Pigrogromitus sprachst, von den Vapianen, welche die Linie von Queubus passirten; wahrhaftig, das war sehr gut! Ich schickte dir sechs Pfenninge für dein Mädchen; hast du sie gekriegt?

Rüpel. Ich habe dein Geschenk in den Schubsack gesteckt; denn Malvolio's Nase riecht sehr fein.

Mein Fräulein hat eine weiße Hand, und die Mirmidonen sind keine Bierhäuser.

Sir Andreas. Vortrefflich. Am Ende sind das doch die besten Narrenspossen. Nun sing einmal.

Sir Tobias. Komm her, da hast du sechs Pfenninge; sing uns ein Liedchen.

Sir Andreas. Da ist auch ein Dreyer von mir.

Rüpel. Wollt ihr ein Liebesliedchen, oder eins vom guten Leben haben?

Sir Tobias. Ein Liebesliedchen! ein Liebesliedchen!

Sir Andreas. Ja, ja; was geht mich das gute Leben an?

Rüpel (singt:)

  Schätzchen, ach! wohin? -- O kehre
  Doch zurück; ich komm'; und, höre,
    Singen kann ich, tief und hoch.
  Laß sie stehn, die schönen Füße;
  Geh nicht weiter fort! denn wisse,
    Was sich liebt, das trifft sich doch.

Sir Andreas. Unvergleichlich gut! wahrhaftig!

Sir Tobias. Gut, gut!

Rüpel.

  Was ist Lieben? Nichts auf künftig;

Itzt sich freu'n, das ist vernünftig;
Lachen laßt mich, weil ich bin.
Man gewinnt nicht beym Verschieben;
Laßt uns küssen, laßt uns lieben!
Jugend fliegt, wie Staub, dahin.

Sir Andreas. Eine wahre Honigstimme! so wahr ich lebe!

Sir Tobias. Recht schön! *) Aber höre, wollen wir den Wolkentanz **) machen? wollen wir? Wollen wir einmal die Nachteule mit einem Rundgesang aufstören, der so schön seyn soll, daß er drey Seelen aus einem Weber ziehen könnte? ***) Wollen wir das thun?

---

*) Es folgen im Original noch einige Worte, die wegen der Wortspiele unübersetzlich und außerdem sehr unerheblich sind. Ueberhaupt gesteht selbst Johnson, von dieser Scene, daß sie viel unverständliches hat.

**) D. i. Wollen wir so lange trinken, bis sich die Wolken mit uns herumzudrehen scheinen. Johnson.

***) Warburton bemerkt, daß unser Dichter öfters der Weber, als sehr musikalischer Leute seiner Zeit, gedenkt. Auch der Ausdruck, die Seele aus einem ziehen, ist ihm gewöhnlich. Die Zahl Drey, meynt er, beziehe sich auf drey Strophen des Liedes; auch habe die damals herrschende peripatetische Philosophie dem Menschen eine dreyfache Seele beygelegt, die

Was ihr wollt. 57

Sir Andreas. Wenn du mich lieb hast, so laß uns das thun. *) ·· Laß es das Lied seyn: Du Schelm ··

Rüpel. Halts Maul, du Schelm, Ritter. Ich werde dabey genöthigt seyn, dich Schelm zu nennen, Ritter.

Sir Andreas. Das ist nicht das erstemal, daß ich einen genöthigt habe, mich Schelm zu nennen. Fang an, Narr; es fängt an: Halts Maul, du Schelm.

Rüpel. Ich werde niemals anfangen, wenn ich mein Maul halte.

Sir Andreas. Gut, wahrhaftig! ·· Komm, fang an!

(Sie singen ein Lied. **)

---

plastische, die animalische, und die vernünftige. Ob Shakespear hier so weit gesehen, oder gar, wie Warburton glaubt, die großen Wirkungen der Musik, wovon die Alten erzählen, im Sinne gehabt hat, steht dahin.

*) Hier war wiederum eine kleine Auslassung nothwendig ·· Auch in dem Worte Schelm, Knave, liegt ein Wortspiel, insofern es dem Ritter, Knight, entgegen steht.

**) Dieß Lied ist verloren gegangen. ·· Johnson

Vierter Auftritt.
Die Vorigen. Maria.

Maria. Was ist das hier für ein Katzengeheule? Wenn mein Fräulein nicht ihren Haushofmeister Malvolio gerufen, und ihm befohlen hat, euch aus dem Hause zu werfen, so will ich nicht ehrlich seyn.

Sir Tobias. Das macht alles nichts = = Wir wollen hier lustig seyn = = Bin ich nicht ihr Blutsverwandter? bin ich nicht von ihrem Blute? = = Lustig! „Es wohnt'ein Mann in Babylon„*)

Rüpel. Mein Treu! der Ritter weis vortrefflich den Narren zu spielen.

Sir Andreas. Ey freylich! er machts gut genug, wenn er aufgeräumt ist; und das thu'ich auch. Er thuts mit besserm Anstande; aber ich thu' es mit mehr Natur. **)

Sir Tobias (singend:) „Am zwölften Tag im Wintermond „ = =

Maria. Ich bitte Sie um Gottes willen, schweigen Sie doch. (Malvolio kömmt.)

---

*) Der Anfang einer alten Ballade. S. die Reliques, Vol. I. p. 204.

**) Im Englischen: I do it more *natural*; ein schon mehrmals bemerktes Wortspiel.

Malvolio. Meine Herren, ſind Sie toll, oder was ſind Sie? Haben Sie denn keinen Verſtand, keine Sitten, keine Ehrbarkeit, daß Sie ſo, wie Keſſelflicker, itzt zur Nachtzeit umher ſchreyen? Wollen Sie denn aus dem Hauſe meines Fräuleins ein Bierhaus machen, daß Sie ihre Schneiderlieder ohne einige Dämpfung oder Zurückhaltung der Stimme herausquäken? ‚ ‚ Iſt denn keine Achtung für Ort, Perſonen, und Zeit in Ihnen?

Sir Tobias. Das Zeitmaaß, *) Herr, haben wir in unſern Liederchen ſehr gut beobachtet ‚ ‚ Huckup!

Malvolio. Sir Tobias, ich muß mit Ihnen nur rund heraus reden. Mein Fräulein läßt Ihnen ſagen, ſie beherberge Sie zwar hier, als ihren Oheim; ſie ſey aber doch mit ihren Unordnungen nicht im geringſten verwandt. Wenn Sie ſich von Ihrem übeln Betragen losmachen können, ſo ſind Sie dem Hauſe willkommen; wo nicht, ſo wird ſie, wenn es Ihnen belieben ſollte, ſich von ihr zu beurlauben, Ihnen mit Freuden das Lebewohl ſagen.

---

*) Ein Spiel mit dem Worte *Time*, welches in der Muſik das Zeitmaaß bedeutet.

Sir Tobias (singend:*).

    Lebe wohl, mein werthes Herze,
      Denn es muß geschieden seyn.

Malvolio. Ja ja, mein guter Sir Tobias.

Rüpel (singend:)

      Sieht mans doch an seinen Augen,
        Bald muß er ins Grab hinein.

Malvolio. Ist das wirklich so?

Sir Tobias. Nicht doch, ich sterbe nicht.

Rüpel. Sir Tobias, da sagen Sie eine Lüge.

Malvolio. Das glaub' ich wohl.

Sir Tobias (singend:) Mach' ich ihn gehn?

Rüpel. Nein, laß ihn stehn.

Sir Tobias. Soll ich ihn von hinnen jagen?

Rüpel. Nein, nein, nein, du wirsts nicht wagen.

Sir Tobias. Fort, Herr, er lügt — Bist du was mehr, als ein Haushofmeister? denkst du vielleicht, weil du tugendhaft bist, daß kein Kuchen und kein Bier mehr da seyn wird?

---

*) Diese und die folgenden einzelnen Verse sind gleichfalls aus einer alten armseligen englischen Ballade. Corydon's Farewell to Phillis. Man findet sie in den Reliques of ancyent Poetry, Vol. I. p. 205.

Rüpel. Ja wahrhaftig, bey St. Annen! Ingber wird in deinem Maul auch noch immer heiß genug seyn.

Sir Tobias. Du hast Recht = = Geht fort, Herr, reibt eure Kette mit Krumen *) = = Ein Stübchen Wein, Marie.

Malvolio. Jungfer Marie, wenn Ihr an meines Fräuleins Gunst nur noch ein wenig gelegen wäre, so würde Sie dieser unanständigen Aufführung nicht noch neue Mittel an die Hand geben. Sie soll es wahrhaftig schon erfahren!

(Er geht ab.)

Marie. Geht, und schüttelt eure Ohren ab!

Sir Andreas. Es wäre eben so unnütz, als zu trinken, wenn einen hungert, wenn man ihn aufs freye Feld herausfodern, und dann mit ihm die Lanze brechen, und ihn zum Narren haben wollte.

Sir Tobias. Thu das, Ritter! Ich will dir einen Ausfoderungsbrief schreiben; oder ich will ihm deinen Unwillen mündlich erklären.

Maria. Lieber Sir Tobias, halten Sie nur

---

*) D. i. putzt sie ab. Die Haushofmeister trugen, zum Unterscheidungszeichen von den übrigen Bedienten, eine goldne Kette, wie Steevens durch verschiedne Stellen beweist.

dieſe Nacht Friede. Weil der junge Menſch von dem Herzoge heute bey meinem Fräulein geweſen iſt, ſo kann ſie gar nicht zur Ruhe kommen. Was Monſieur Malvolio betrifft, ſo laſſen Sie mich nur machen. Wenn ich ihn nicht ſo weit bringe, daß er alles widerruft, wenn ich ihn nicht wieder ganz aufgeräumt mache, ſo glauben Sie nicht, daß ich Verſtand genug habe, gerade ausgeſtreckt in meinem Bette zu liegen. Ich weis ſchon, ich kann das machen.

Sir Tobias. Laß doch hören, laß doch hören! Erzähl uns was von ihm.

Maria. Wahrhaftig, Sir, zuweilen iſt er eine Art von Puritaner.

Sir Andreas. O! wenn ich das wüßte, ich wollt' ihn ſchlagen, wie einen Hund.

Sir Tobias. Warum? weil er ein Puritaner iſt? = = Und dein herrlicher Grund, mein werther Ritter?

Sir Andreas. Ich habe eben keinen herrlichen Grund dazu; aber guten Grund genug.

Maria. Er iſt ein Teufel von einem Puritaner, oder ſonſt etwas; nur kein Menſch, der ſich in die Zeit zu ſchicken weis; ein affectirter Eſel, der den

Staat ohne Buch studirt, und es bey großen Stücken wieder von sich giebt; in der besten Meynung von sich selbst; so voll, wie er glaubt, von Vortrefflichkeiten, daß er sichs zur Glaubensregel gemacht hat, daß alle, die ihn ansehen, ihn lieb haben. Und dieser Fehler an ihm wird meiner Rache schon Stoff genug geben.

Sir Tobias. Was willst du denn machen?

Maria. Ich will ihm einige unverständliche Liebesbriefe in den Weg werfen, worinn er, nach der Farbe seines Barts, der Figur seiner Waden, der Art seines Ganges, der Bildung seiner Augen, seiner Stirne, und seines Gesichts, sich ganz handgreiflich soll abgeschildert finden. Ich kann fast eben so schreiben, wie mein Fräulein, Ihre Nichte; wenn es lange her, und schon vergessen ist, so können wir unsre Hände kaum unterscheiden.

Sir Tobias. Vortrefflich! Ich rieche schon eine List.

Sir Andreas. Mir steckt auch schon etwas davon in der Nase.

Sir Tobias. Er wird aus den Briefen, die du ihm in den Weg werfen wirst, vermuthen, daß sie von meiner Nichte kommen, und daß sie in ihn verliebt ist.

Maria. Mein Anschlag ist freylich ein Pferd von der Farbe.

Sir Andreas. Und dein Pferd würde ihn dann zum Esel machen.

Maria. Zum Esel, ganz gewiß.

Sir Andreas. O! das wird ganz herrlich seyn!

Maria. Ein königlicher Spaß, dafür steh' ich, Ich weis gewiß, meine Arzney wird bey ihm wirken. Ich will Sie beyde dorthin pflanzen, und der Narr soll den dritten Mann abgeben, wo er den Brief finden soll. Geben Sie dann Acht, wie er sich dabey betragen wird. Für diese Nacht gehen Sie zu Bette, und träumen von dem glücklichen Erfolge unsers Anschlages. Leben Sie wohl.

(Sie geht ab.)

Sir Tobias. Gute Nacht, Penthesilea.

Sir Andreas. Wahrhaftig, sie ist doch ein gutes Ding.

Sir Tobias. Sie ist ein wahres Windspiel, gut gezogen, und betet mich an. Was meynst du dazu?

Sir Andreas. Ich wurd' auch einmal angebetet.

Sir Tobias. Laß uns zu Bette gehen, Ritter -- Du müßtest nur mehr Geld holen lassen.

Sir Andreas. Wenn ich deine Nichte nicht wieder bekommen kann, so bin ich verloren.

Sir Tobias. Laß Geld holen, Ritter. Wenn du sie nicht am Ende noch kriegst, so will ich Geck heißen.

Sir Andreas. Wenn ich sie nicht kriege, so will ich kein ehrlicher Kerl seyn. Du magst das nehmen, wie du willst.

Sir Tobias. Komm her, ich will hingehen, und ein Bischen Sekt warm machen. Es ist schon zu spät, um noch zu Bette zu gehen. Komm her, Ritter, komm her.

(Sie gehen ab.)

Fünfter Auftritt.
Der Pallast.
Der Herzog. Viola. Kurio. Gefolge.

Herzog. Macht mir ein wenig Musik! – – Guten Morgen, meine Freunde – – O! mein wackrer Cäsario, in der That, das Stückchen, das alte ehrliche Gassenliedchen, das wir gestern Abend hörten, mich dünkt, es machte mir leichter ums Herz, als diese wiederholten Sätze einer rauschenden und schwindlicht sich herumdrehenden Symphonie – – O! nur eine Strophe!

(Fünfter Band.)

Kurio. Gnädigster Herr, es ist Niemand da, der es singen könnte.

Herzog. Wer sang es denn gestern?

Kurio. Fest, der Pickelhering, ein Narr, mit dem der Gräfinn Olivia Vater so viel Kurzweil hatte. Er ist ausgegangen.

Herzog. Sucht ihn auf, und spielt indessen die Melodie! — (Kurio geht ab.) — (Zu Viola.) Komm her, junger Mensch! Wenn du jemals erfahren wirst, was Liebe ist, so denk' in ihren süßen Beklemmungen an mich. Denn, so wie ich bin, sind alle wahren Liebhaber; unstät und launisch in allen andern Vorstellungen, außer in dem Bilde ihrer Geliebten — Wie gefällt dir dieser Ton?

Viola. Er giebt ein wahres Echo gegen den Sitz, wo die Liebe thront.

Herzog. Du sprichst meisterlich. Ich setze mein Leben daran, dein Herz ist nicht so unerfahren, als du jung bist. Du hast geliebt; nicht wahr, Jüngling?

Viola. Ein wenig, gnädigster Herr.

Herzog. Was für eine Art von Frauenzimmer?

Viola. Es sieht Ihrer Gnaden gleich.

Herzog. So ist es deiner nicht werth. Aber im Ernste, wie alt?

Viola. Von Ihrem Alter, gnädigster Herr.

Herzog. Zu alt, beym Himmel! -- Ein Frauenzimmer sollte immer einen ältern nehmen, als sie ist, so schickt sie sich zu ihm, und ist sicher, den Platz in ihres Mannes Herzen immer zu behalten. Denn glaube mir, Jüngling, wir mögen uns so sehr rühmen, als wir wollen, so sind doch unsre Zuneigungen allemal weit schwindlichter, unstäter, schwankender, leichter abgenutzt und verloren, als der Weiber ihre.

Viola. Das denk' ich selbst, gnädigster Herr.

Herzog. Wähle dir also eine Liebste, die jünger ist, als du; oder deine Liebe wird von kurzer Dauer seyn. Denn Weiber sind wie Rosen; in der nämlichen Stunde, da ihre schöne Blüthe sich völlig entfaltet, fällt sie ab.

Viola. Das sind sie -- Schade, daß sie es sind! daß sie in dem Augenblicke sterben, worinn sie den Gipfel ihrer Vollkommenheit erreicht haben!

(Kurio und der Rüpel kommen.)

Herzog. O! komm doch her, guter Freund -- Das Lied von gestern Abend! -- Gib Acht darauf,

Cäsario, es ist alt und ungekünstelt; die Spinne=
rinnen und Strickerinnen, wenn sie an der Sonne
bey ihrer Arbeit sitzen, und die muntern Weber=
mädchen, wenn sie zetteln, pflegen es zu singen.
Es ist ganz einfältige Wahrheit; aber es tändelt
mit der Unschuld der Liebe, wie man vor Alters
liebte.

Rüpel. Sind Sie fertig, gnädigster Herr?

Herzog. Ja; singe nur; ich bitte dich.

Rüpel (singend:)

L i e d.

Komm hinweg, komm hinweg, Tod,
 In dunkle Cypressen verschleuß mich!
Flieh hinweg, flieh hinweg, Hauch,
 Ein grausames Mädchen erwürgt mich.
Mein Leichentuch, mit Laub besteckt,
 Bereitet!
Die Liebe hat zur Bahre mich
 Geleitet.
Keine Blum', o! keine Blum' streu
 Je Wohlgeruch auf meinen Sarg hin!
Nicht ein Freund, nicht ein Freund geh
 Hin zu meinem Leichnam, und klag' ihn!

Was ihr wollt.

Begrabt mich, tausendfält'gen Schmerz
    zu sparen,
Hin, wo Verliebte nichts von mir
    Erfahren.

Herzog. Hier ist was für deine Mühe.

Rüpel. Keine Mühe, gnädigster Herr; singen ist ein Vergnügen für mich.

Herzog. So will ich dir dein Vergnügen bezahlen.

Rüpel. Das ist ein anders, Herr; Vergnügen will über kurz oder lang bezahlt seyn.

Herzog. Gib mir nur Erlaubniß, dich gehen zu lassen.

Rüpel. Nun, der melancholische Gott der Liebe behüte dich, und der Schneider mache dir ein Wams von schielichtem Taffent, denn dein Gemüth ist ein wahrer Opal. *) Leute von solcher Stand-

---

*) Ein Edelstein, der beynahe alle Farben hat : - Pope. Er spielt nämlich verschiedentlich, nachdem er bald so, bald anders, gegen das Licht gehalten wird. So beschreibt ihn auch Plinius: Est - - In iis carbunculi tenuior ignis, & amethysti fulgens purpura, est smaragdi virens mare, & cuncta pariter incredibili lucentia. Alii summo fulgoris argumento colores pigmentorum aequavere; alii sulphuris ardentem flammam, aut etiam ignis oleo accensi. Hist. Nat. XXXVII. 6. Grey.

haftigkeit müsse man mir übers Meer schicken, damit ihr Geschäfte allenthalben, und ihr Ziel nirgends wäre; denn das ist gerade, was man braucht, um von einer langen Reise nichts nach Hause zu bringen. Leben Sie wohl.

(Er geht ab.)

Sechster Auftritt.

Der Herzog. Viola. Gefolge.

Herzog. Laßt uns allein, ihr andern! – – Versuch es noch zum letztenmal, Cäsario, geh noch einmal zu dieser schönen Unerbittlichen; sag ihr, meine Liebe, die edler als die Welt ist, achte nicht eine Menge von armseligen Ländern; sag ihr, die Güter, die das Glück ihr ertheilt habe, seyen in meinen Augen so eitel, als das Glück selbst; ihre Schönheit allein, dieses Wunder, dieses unvergleichliche Kleinod, womit die Natur sie geschmückt hat, ziehe meine Seele an sich.

Viola. Aber wenn sie nun Sie nicht lieben kann, gnädigster Herr?

Herzog. Ich will keine solche Antwort haben.

Viola. Aber wie? wenn Sie müssen? – – Setzen Sie den Fall, es gäbe ein junges Frauenzimmer, wie es vielleicht eins giebt, welches aus Liebe zu Ihnen eben diese Quaal in ihrem Herzen fühlte, die Sie für Olivia fühlen, und Sie könnten sie nicht lieben, und Sie sagten ihr das; müßte Sie sich diese Antwort nicht gefallen lassen?

Herzog. Es giebt kein weibliches Herz, das stark genug wäre, den Sturm einer so heftigen Leidenschaft auszuhalten, wie die meinige ist; es giebt keines, das groß genug wäre, eine solche Liebe zu fassen. Ihre Liebe verdient mehr den Namen einer flüchtigen Begierde; sie reizt nur ihren Gaumen, nicht ihre Leber, und endigt sich bald durch Ueberfüllung in Eckel und Abscheu; da die meinige hingegen so hungrig ist, wie die See, und eben so viel verdauen kann. Mache keine Vergleichung zwischen der Liebe, die ein Frauenzimmer für mich haben kann, und der meinigen für Olivia.

Viola. Gut; und doch weis ich ..

Herzog. Was weist du?

Viola. Nur zu wohl, welch einer Liebe das Frauenzimmer zu den Männern fähig ist. Aufrichtig zu reden, sie haben so getreue Herzen, als wir immer haben können. Mein Vater hatte eine Tochter, die einen gewissen Mann so sehr liebte, als ich vielleicht, wenn ich ein Frauenzimmer wäre, Ihre Gnaden lieben würde.

Herzog. Und was ist ihre Geschichte?

Viola. Ein weißes Blatt Papier. Nie entdeckte sie ihre Liebe, sondern ließ ihr Geheimniß, gleich einem Wurm in der Knospe an ihrer Rosenwange nagen. Sie verschloß ihre Quaal in ihr Herz, und in blasser, hinwelkender Schwermuth, saß sie da, wie die Geduld auf einem Grabmaal, *) und lächelte den Kummer an. War das nicht Liebe? wahre Liebe? Wir Männer mögen vielleicht mehr reden, mehr schwören, aber wir zeigen immer mehr, als wir im Grunde fühlen; und unsre Liebe ist oft desto schwächer, je stärker wir sie ausdrücken.

---

*) Theobald führt, bey Gelegenheit dieses außerordentlich schönen Bildes, eine ähnliche Stelle aus dem Chaucer an, die Shakespear vielleicht könnte vor Augen gehabt haben; allein Warburton erinnert dagegen mit Recht, daß beyde wesentlich verschieden sind, indem der ältere Dichter von der Geduld selbst, der unsrige hingegen von einer marmornen Abbildung derselben redet. Auch die Absicht ist in beyden ganz verschieden.

Was ihr wollt.

Herzog. Aber, starb deine Schwester an ihrer Liebe, junger Mensch?

Viola. Ich bin alle Töchter, die von meinem Vater übrig sind, und alle Brüder dazu;*) und doch weis ich nicht – gnädigster Herr, soll ich zu dem Fräulein hingehen?

Herzog. Ja, das ist die Sache. Eile zu ihr; gib ihr dieses Kleinod; sag ihr, meine Liebe könne und werde sich nicht abweisen lassen.

(Sie gehen ab.)

Siebenter Auftritt.
Olivia's Garten.
Sir Tobias. Sir Andreas. Fabian.

Sir Tobias. Kommt mit, Signor Fabian!

Fabian. Ja, ich will schon kommen. Wenn ich einen Scrupel von diesem Spaß verliere, so will ich mich mit Melancholey zu Tode sieden lassen.

---

*) Die feinste und künstlichste Antwort, welche Viola nur immer geben konnte. Die Frage war so beschaffen, daß die Ablehnung einer Antwort Argwohn erregen mußte; und dieß, was sie sagt, hat wenigstens den Schein einer directen Antwort. – Warburton.

Sir Tobias. Würdest du dich nicht freuen, wenn der Schurke, der Schlingel von Malvolio recht derbe beschimpft würde?

Fabian. Ich würde vor Freuden aufspringen, Sir, Sie wissen, er brachte mich um die Gunst meines Fräuleins, wegen einer Bärenhetze hier.

Sir Tobias. Um ihn zu ärgern, wollen wir den Bären wieder haben, und wollen ihn so lange foppen, bis er braun und blau wird. Nicht wahr, Sir Andreas?

Sir Andreas. Thun wir das nicht, so sind wir erbärmlich daran!

(Maria kömmt.)

Sir Tobias. Hier kömmt die kleine Spitzbübinn. Wie gehts, meine Indianische Nessel? *)

Maria. Geht, verbergt euch alle drey dort in die Laube, Malvolio kömmt diesen Gang herauf; er stand schon seit einer halben Stunde dort in der Sonne, und gestikulirte gegen seinen eignen Schatten. Geben Sie Acht auf ihn, ich bitte Sie;

---

*) Johnson vermuthet, daß das Beywort, Indianisch, nichts weiter als die Seltenheit und Kostbarkeit andeuten soll; Steevens hingegen, daß der Dichter eine Thierpflanze meyne, die in den Meeren von Indien häufig gefunden wird, und *Urtica marina* heißt.

Was ihr wollt.

Sie werden Ihren Spaß davon haben. Denn ich weis gewiß, dieser Brief wird ihn auf die lächerlichsten Betrachtungen bringen. Seyn Sie ja stille, wenn Sie sich nicht selbst einen Spaß verderben wollen - - (Sie wirft den Brief hin und entfernt sich.) Da liege du! denn hier kömmt die Forelle, die mit Kitzeln gefangen werden muß.

Achter Auftritt.
Malvolio. Die Vorigen, beyseite.

Malvolio (für sich.) Es kömmt alles aufs Glück an, alles aufs Glück! - - Maria sagte mir neulich, sie könne mich überaus wohl leiden, und ich habe selbst gehört, daß sie sich herausgelassen hat, wenn sie sich verlieben wollte, so müßt' es in einen von meiner Figur seyn. Ueberdem begegnet sie mir immer mit einer gewissen Achtung, welches sie sonst keinem von ihren Anbetern thut. Was soll ich von der Sache denken? - -

Sir Tobias. Das ist ein eingebildeter Schurke!

Fabian. O stille! das Nachdenken macht einen wahren kalikutischen Hahn aus ihm. Wie er sich unter seinen emporgestreckten Federn brüstet!

Sir Andreas. Wahrhaftig! ich möchte den Schurken dafür prügeln.

Sir Tobias. Stille, sag' ich.

Malvolio. Graf Malvolio zu werden!..

Sir Tobias. O Schurke!

Sir Andreas. Schieß nach ihm! schieß nach ihm!

Sir Tobias. Stille! stille!

Malvolio. Man hat doch dergleichen Exempel *) ..

Sir Andreas. Pfui ihn an, Jezebel!

Fabian. O stille! Nun steckt er mitten drinnen! Seht doch, wie seine Einbildung ihn aufbläst!

Malvolio. Wenn ich dann drey Monate mit ihr verheyrathet wäre, und säße da auf meinem Gute ..

---

*) Die folgenden Worte sind unverständlich: „The Lady of the strachy married the yeoman of the wardrobe." Warburton liest *Trachy* (Thrazien) für *strachy*; dieß thut wenig zur größern Deutlichkeit. Grey nimmt *strachy* für einerley mit dem italienischen *straccio*, und glaubt, der Sinn der Worte sey dieser: „Die erste Kammerfrau von der Königinn Garderobe heyrathete einen Pächter des Königs, dessen Stand weit unter dem ihrigen war."

Sir Tobias. Hätt' ich doch einen Bogen, der Steine schießt, um ihm eins aufs Auge zu geben!

Malvolio. Dann rief ich meine Bedienten um mich herum, in meinem aufgeschnittenen Sammetrock – – Nachmittags, vom Ruhebette aufgestanden, wo ich Olivia schlafend gelassen hätte – –

Sir Tobias. Feuer und Schwefel!

Fabian. O stille, stille!

Malvolio. Und dann nähm' ich die Miene an, die mein Stand erfoderte; gienge, die Hände kreuzweis auf den Rücken gelegt, ganz ernsthaft auf und ab, schaute sie dann mit einem kalten, überhin fahrenden Blick an, und sagte ihnen, ich wisse, wer ich sey, und wünsche, sie mögten auch wissen, wer sie seyen – – fragte nach meinem Onkel Tobias – –

Sir Tobias. Fesseln und Bande!

Fabian. O stille! stille! – – Itzt, itzt!

Malvolio. Sieben von meinen Leuten fahren dann plötzlich auf, und rennen einander nieder, um ihn aufzusuchen; indeß mach' ich eine Weil' ein finstres Gesicht, ziehe vielleicht meine Uhr auf;*)

---

*) Die Uhren waren damals noch sehr ungewöhnlich; und man führte es, als Guy Faux in Verhaft genom-

oder tändele mit dem Schaupfenning an der goldnen Kette, die ich um die Schultern hängen habe -- Dann kömmt Tobias herbey, macht seine Verbeugungen vor mir --

Sir Tobias. Soll der Kerl lebendig bleiben?

Fabian. Wenn man uns auch das Stillschweigen abfodern sollte, so schweigt doch!

Malvolio. Ich strecke dann meine Hand so gegen ihn aus, und lösche mein vertrauliches Lächeln mit einem strengen herrischen Blick --

Sir Tobias. Und giebt dir Tobias dann nicht einen tüchtigen Schlag auf die Lippen?

Malvolio. Ich sage zu ihm : Onkel Tobias, da mein Schicksal mich Ihrer Nichte zugeworfen hat, so hoff' ich, hab' ich das Recht zu reden --

Sir Tobias. Was? was?

Malvolio. Sie müssen Ihr starkes Trinken lassen --

Sir Tobias. Willst du fort, Schlingel?

Fabian. Stille doch, oder wir reißen unsern Knoten entzwey.

---

men wurde, als einen verdächtigen Umstand an, daß man eine Uhr bey ihm gefunden hatte. -- Johnson.

Malvolio. Außer dem verderben Sie Ihre kostbare Zeit mit einem närrischen Ritter --

Sir Andreas. Das bin ich; ich will darauf wetten.

Malvolio. Mit einem gewissen Sir Andreas --

Sir Andreas. Ich wußte wohl, daß ichs war; denn närrisch nennen mich viele Leute.

Malvolio (indem er den Brief aufnimmt.) Was finde ich hier für ein Zeitvertreib?

Fabian. Nun ist die Schneppe nahe beym Garn.

Sir Tobias. O stille! möchte doch nun der Geist närrischer Einfälle ihm eingeben, laut zu lesen!

Malvolio. Bey meinem Leben! das ist meines Fräuleins Hand. Das sind ihre natürlichen C's, ihre U's, und ihre T's; und so macht sie die grossen P's. Es ist ihre Hand; da ist nichts dawider einzuwenden! --

Sir Andreas. Ihre C's, ihre U's, und ihre T's; was soll das?

Malvolio (liest:) „Dem Geliebten Ungenann-„ten, dieses, und meine zärtlichsten Wünsche." Das ist ihre Schreibart! -- Mit deiner Erlaubniß, Siegellak! -- Sachte! Und das Siegel hier ihre

Lukrezia, mit der sie alle ihre Briefe zu siegeln pflegt -- Es ist mein Fräulein! -- An wen mag das seyn?

Fabian. Dies hat ihn ganz eingenommen, Leber und alles.

Malvolio (liest:)
 Daß ich lieb' ist euch, ihr Götter, kund;
 Aber wen, verschweige stäts mein Mund!
Daß soll also ein Geheimniß seyn! -- Seltsam -- Was folgt weiter? -- „Aber wen, verschweige stäts „mein Mund„ -- Wie? wenn du das wärest, Malvolio?

Sir Tobias. Daß du am Galgen wärst, Spitzbube!

Malvolio (liest:)
 Ich liebe, wo ich kann befehlen,
 Und muß doch -- welch ein herber Schmerz!
 Mein zärtliches Gefühl verhehlen;
 M. O. A. J, dich liebt mein Herz.

Fabian. Ein poßierliches Räthsel!

Sir Tobias. Vortrefflich gemacht, Mädchen!

Malvolio. „M. O. A. J, dich liebt mein Herz.„ -- Ja; aber erst laß mich sehen -- laß mich sehen --

Fabian.

Fabian. Was für eine Schüssel Gift hat sie ihm zubereitet!

Sir Tobias. Und wie schnell der Habicht darauf zufällt!

Malvolio (liest:) „Ich liebe wo ich kann befehlen."–– Nun ja, sie kann mir befehlen; ich bin ihr Diener; sie ist meine Herrschaft; dieß kann wohl der Dümmste einsehen. Es ist nichts dawider einzuwenden –– und das Ende –– Was soll diese Reihe von Buchstaben? Könnt' ich doch machen, daß etwas von mir damit übereinkäme! ––Sachte!–– M. O. A. J.

Sir Tobias. Ey ja doch! Löse das einmal auf! –– Itzt mag er spüren!

Fabian. Der Spürhund wird deswegen doch anschlagen, wenns gleich nicht so stark riecht, wie ein Fuchs.

Malvolio. M –– Malvolio –– M, das ist ja der erste Buchstab in meinem Namen.

Fabian. Sagt' ich nicht, er würde was herausbringen? Der Hund kann die Spur vortrefflich verfehlen.

Malvolio. M!–– Aber das folgende will nicht passen!–– A, sollte folgen; aber hier folgt, O.

(Fünfter Band.) F

Was ihr wollt.

Fabian. Und O soll auch den Beschluß machen, *) hoff' ich.

Sir Tobias. Freylich; oder ich will ihn abprügeln, und machen, daß er O! schreyt.

Malvolio. Und dann folgt J ·· M. O. A. J ·· Das schickt sich nicht mehr so, wie das vorige ·· und doch, wenn ich es ein bischen reibe, wird es auf mich passen; denn jeder von diesen Buchstaben ist in meinem Namen. ·· Sachte, hier folgt Prose! ·· (Er liest:) „Wenn dieß dir in die Hände „fällt, so mach es auf. Mein Gestirn hat mich „über dich gesetzt; aber fürchte dich nicht vor „Größe; einige werden groß geboren, andre ar„beiten sich zur Größe empor, andern wird sie „aufgedrungen. Dein glückliches Schicksal öffnet „dir die Arme; habe den Muth, ihm entgegen „zu eilen; und um dich beyzeiten an das zu ge„wöhnen, was du wahrscheinlicher Weise werden „wirst, so wirf dein allzu demüthiges Betragen „von dir, und zeige dich in einem vortheilhaftern „Lichte. Sey trotzig gegen einen Vetter, und

---

*) Durch O wird hier ein Strick um den Hals verstanden. ·· Johnson. ·· Vielleicht auch nur die Seufzer, und die klägliche Art, womit sich sein Schicksal endigen soll. Steevens.

„ gegen Bediente auffahrend; rede von Staats-
„ sachen; nimm in allen Stücken etwas sonder-
„ bares an. Das ist der Rath derjenigen, die für
„ dich seufzet. Erinnere dich; wer deine gelben
„ Strümpfe lobte, und immer wünschte, deine
„ Strumpfbänder kreuzweise gebunden zu sehen.
„ Ich sag', erinnre dich daran. Geh nur weiter;
„ du bist ein gemachter Mann, wenn du nur willst;
„ wo nicht, so bleibe denn dein Lebenlang ein
„ Haushofmeister, der Kamerad von Bedienten,
„ und nicht werth, Fortunens Finger zu berüh-
„ ren. Lebe wohl = = „ Sie, die geneigter ist,
„ deine Sklavinn zu seyn, als dir zu gebieten,
„ o glücklicher Sterblicher. „ = = Sonnenlicht und
freyes Feld kann nichs klärer machen, als das ist =
das heiß' ich klar! = = Ja, ich will stolz seyn, ich
will politische Bücher lesen, ich will Sir Tobisen
scheeren, ich will mit meinen vorigen Bekannten
thun, als kennt' ich sie nicht; kurz, ich will thun,
wie ein großer Herr. Es ist offenbar, daß ich mir
nicht zu viel schmeichle, daß es keine bloße Einbildung ist. Alles überzeugt mich, daß das gnädige
Fräulein in mich verliebt ist. Sie lobte letzthin
meine gelben Strümpfe, sie lobte meine Beine,

da ich die Kniegürtel kreuzweise trug; und hier haben wirs wiederum, und auf eine Art, als ob sie es für eine Gefälligkeit aufnehmen wolle, wenn ich mich nach ihrem Geschmack putze. Dank sey meinen Sternen! ich bin glücklich. Ich will so fremde thun, daß man mich nicht mehr kennen soll, gelbe Strümpfe tragen, und sie kreuzweise binden, und das gleich diesen Augenblick. Jupiter und mein Gestirn sey gepriesen! - - Hier ist noch ein Postscript: „Es ist unmöglich, daß du nicht errathen „solltest, wer ich bin. - - Wenn dir meine Liebe „angenehm ist, so zeig es durch dein Lächeln; das „Lächeln läßt dir gar zu gut. Lächle also immer „in meiner Gegenwart, mein Allerliebster, ich „bitte dich darum." - - Jupiter! ich danke dir! Ich will lächeln; ich will alles thun, was du von mir verlangst.

(Er geht ab.)

Fabian. Ich möchte meinen Antheil an diesem Spasse nicht für eine Pension von Tausenden geben, die mir der Sofi bezahlte.

Sir Tobias. Ich könnte die Hexe für diesen Streich heyrathen.

Sir Andreas. Das könnt' ich auch.

Sir Tobias. Und nichts mit ihr zur Aussteuer verlangen, als einen zweyten Spaß von der Art.

Neunter Auftritt.

Die Vorigen. Maria.

Sir Andreas. Ich auch nichts anders.

Fabian. Hier kömmt unsre edle Gansjägerinn.

Sir Tobias. Willst du deinen Fuß auf meinen Nacken setzen?

Sir Andreas. Oder lieber auf meinen?

Sir Tobias. Soll ich meine Freyheit wegspielen, und dein Sklave werden?

Sir Andreas. Wahrhaftig; oder soll ichs?

Sir Tobias. Da hast du ihn in solch einen Traum hineingebracht, daß er, wenn ihn das Bild desselben verläßt, nothwendig toll werden muß.

Maria. Aber im Ernste, sagen Sie doch, wirkt es bey ihm?

Sir Tobias. Wie Aquavit bey einer Hebamme.

Maria. Wollen Sie also die Früchte dieses Spasses sehen, so belauschen Sie ihn, wenn er zum erstenmal mein Fräulein wieder sieht. Er wird in gelben Strümpfen vor sie kommen; und die Farbe kann sie gerade nicht außstehen; und die Kniegürtel kreuzweise gebunden; das ist gerade eine Mode, die sie verabscheut; er wird ihr zulächeln; und sich itzt so wenig zu ihrer Laune schicken, da sie so schwermüthig ist, daß er darüber sehr verächtlich werden wird. Wollen Sie's sehen, so kommen Sie mit mir.

Sir Tobias. Bis an die Thore des Tartarus, du vortrefflicher Witzteufel!

Sir Andreas. Ich will auch mitgehen.

(Sie gehen ab.)

Dritter Aufzug.

Erster Auftritt.

Olivia's Garten.

Viola und der Rüpel.

Viola. Willkommen, guter Freund, mit deiner Musik. Findest du dein Brod bey deiner Trommel?

Rüpel. Nein, Herr, ich find' es bey der Kirche.

Viola. Bist du ein Kirchendiener?

Rüpel. Nicht doch, Herr; ich finde mein Brod

bey der Kirche, denn ich find' es in meinem Hause; und mein Haus steht bey der Kirche.

Viola. So könntest du auch sagen, der König schliefe bey einem Bettelmädchen, wenn ein Bettelmädchen nahe bey ihm wohnte. *)

Rüpel. Nun haben Sie ja wohl ausgeredet, Herr - - Was das für Zeiten sind! - - Ein sinnreicher Spruch ist nichts weiter, als ein bockslederner Handschuh, für einen guten witzigen Kopf; wie geschwinde läßt sich die unrechte Seite auswärts kehren!

Viola. Ja, das ist gewiß. Wer gar zu viel mit den Worten tändelt, macht sie sehr bald leichtfertig.

Rüpel. Ich wollte also, meine Schwester hätte keinen Namen bekommen, Herr.

Viola. Warum das?

Rüpel. Ey, Herr, ihr Name ist ein Wort; und wenn man mit diesem Worte tändelt, so könnte meine Schwester darüber leichtfertig wer-

---

*) Im Original steht noch folgendes, welches sich ebenfalls auf das Spiel mit dem Worte *by* (bey und durch) bezieht: Wenn deine Trommel bey der Kirche steht, so könntest du sagen, die Kirche stünde durch (*by*) deine Trommel.

den. Aber in der That, Worte sind rechte Schurken, seitdem sie durch Verschreibungen geschändet sind.

Viola. Und der Grund davon?

Rüpel. Wahrhaftig, Herr, ich kann Ihnen keinen Grund ohne Worte angeben, und Worte sind so falsch geworden, daß ich nicht mehr einen Grund damit anführen mag.

Viola. Ich wette, du bist ein lustiger Bruder, und bekümmerst dich um nichts.

Rüpel. Nicht doch, Herr, ich bekümmre mich um etwas. Aber auf mein Gewissen, Herr, ich bekümmre mich nicht um Sie. Wenn das eben so viel ist, als sich um nichts bekümmern, so würden Sie dadurch unsichtbar werden.

Viola. Bist du nicht des Fräulein Olivia Narr?

Rüpel. Nein, wahrhaftig nicht, Herr. Das Fräulein Olivia hat keine Narrheit; sie wird eher keinen Narren haben, Herr, bis sie verheyrathet ist; und Narren sind Ehemännern auf eben die Art ähnlich, wie Sardellen den Heeringen; der Ehemann ist nur größer. Ich bin, in der That, nicht ihr Narr, sondern ihr Wortverderber.

Viola. Ich sah dich neulich beym Herzog Orsino.

Rüpel. Narrheit, Herr, geht um den Weltkreis herum, wie die Sonne; sie scheint überall. Es sollte mir leid thun, Herr, wenn der Narr nicht eben so oft bey Ihrem Herrn wäre, als bey meinem Fräulein. Mich dünkt, ich habe Ihre Weisheit da gesehen.

Viola. Wirklich, wenn du mir Complimente machen willst, so mag ich nichts mehr mit dir zu thun haben. Halt, da hast du ein Trinkgeld.

Rüpel. Nun, Jupiter schicke dir, in seiner nächsten Versendung von Haaren, einen Bart!

Viola. Wahrhaftig, ich muß dir sagen, ich sehne mich schon mit Schmerzen nach einem, ob ich gleich nicht haben möchte, daß er auf meinem Kinn wüchse. = = Ist dein Fräulein zu Hause?

Rüpel (auf das Geld zeigend.) Würde nicht ein Paar von diesen hier, Brod haben, Herr?

Viola. O ja, wenn sie zusammen gehalten und angewandt würden.

Rüpel. Ich möchte den Herrn Pandarus von Phrygien spielen, Herr, um diesem Troilus eine Kressida zuzuschanzen.

Viola. Ich versteh' euch, Herr; das ist gut gebettelt.

Rüpel. Ich denke, Herr, es will nicht viel sagen; ich bettle nur um eine Bettlerinn; Kressida war eine Bettlerinn. Mein Fräulein ist zu Hause, Herr; ich will es Ihnen auslegen, von wem Sie kommen. Wer Sie sind, und was Sie wollen, ist außer meinem Firmament; ich könnte sagen, Element; aber das Wort ist so abgenutzt!

(Er geht ab.)

Viola. Dieser Kerl ist weise genug, den Narren zu spielen; und um das gut zu thun, wird eine Art von Witz erfodert. Er muß das ganze Betragen derer beobachten, über die er spottet, den Rang der Personen, und die Zeit; und, gleich einem Raubvogel auf jede Feder zufallen, die ihm vors Auge kömmt. Dieß ist eine eben so mühsame Kunst, als, ein weiser Mann zu seyn. Denn die Thorheit, die er weislich zeigt, paßt sich wohl; aber weiser Leute Thorheit beschimpft ihren Witz.

Zweyter Auftritt.

Sir Tobias und Sir Andreas.

Sir Andreas. Gott grüße Sie, mein Herr.

Viola. Sie auch, Sir.

Sir Tobias. Dieu vous garde, Monsieur.

Viola. Et vous aussi. Votre Serviteur.

Sir Tobias. Ich hoffe, mein Herr, daß Sie das sind, und ich bin der Ihrige. Wollen Sie ins Haus gehen? Meine Nichte wünscht, daß Sie hinein kommen mögen, wenn Sie was an Sie zu bestellen haben.

Viola. Ich bin Ihrer Nichte verbunden, *) Sir. Ich will sagen, Sie ist der Zweck meiner Reise.

Sir Tobias. Probieren Sie Ihre Beine, Herr, setzen Sie sie in Bewegung.

Viola. Meine Beine, Sir, verstehen mich besser, als ich verstehe, was Sie damit sagen wollen, - daß ich meine Beine probieren soll?

Sir Tobias. Ich will damit sagen, gehen Sie, gehen Sie ins Haus.

Viola. Ich will Ihnen mit Gehen und Hineingehen antworten; aber man kömmt uns zuvor. (Olivia und Maria kommen.) Mein vollkommenstes, vortreffliches Fräulein, der Himmel regne Wohlgerüche auf Sie!

Sir Andreas. Der junge Mensch ist ein herrlicher Hofmann! -- Wohlgerüche regnen! -- schön!

---

*) Iam bound to your niece kann auch heißen: ich will zu Ihrer Nichte; und auf diesen Doppelsinn bezieht sich das Folgende.

Viola. Meine Materie hat keine Stimme, mein Fräulein, als für ihr willfahrendes und gnädigstes Ohr.

Sir Andreas. Wohlgerüche! = = willfahrend! = = gnädig! = = Ich will sie alle drey in Bereitschaft halten.

Olivia. Laß die Gartenthüre zugemacht werden, und laß mich allein.

(Sir Tobias, Andreas und Maria gehen ab.)

Dritter Auftritt.
Olivia. Viola.

Olivia. Geben Sie mir ihre Hand, mein Herr.

Viola. Mit meinen unterthänigsten Diensten, gnädiges Fräulein.

Olivia. Wie ist Ihr Name?

Viola. Cäsario ist Ihres Dieners Namen, schöne Prinzeßinn.

Olivia. Meines Dieners, mein Herr? = = Die Welt hat ihre beste Anmuth verloren, seitdem man niedrige Verstellung Complimente nennt. Sie sind des Herzogs Orsino Diener, junger Mensch.

Viola. Und er ist der Ihrige, gnädiges Fräulein. Der Diener Ihres Dieners muß nothwendig auch Ihr Diener seyn.

Olivia. An ihn denk' ich nun gar nicht; ich wollte, seine Gedanken wären lieber gar leer, als voll von mir.

Viola. Gnädiges Fräulein, ich komme in der Absicht, Ihre schönen Gedanken zu seinem Vortheile zu lenken.

Olivia. O! mit Ihrer Erlaubniß, ich bitte Sie - - Ich sagt' Ihnen ja, Sie möchten mir nichts mehr von ihm sagen. Sie könnten eine andre Saite rühren, wo ich Sie lieber hören wollte, als Musik aus dem Himmel.

Viola. Gnädiges Fräulein - -

Olivia. Mit Erlaubniß, wenn ich bitten darf, - - ich schickte Ihnen, nach der letzten zaubervollen Erscheinung, die Sie hier machten, einen Ring nach. So hintergieng ich mich selbst, meinen Bedienten, und, wie ich fürchte, auch Sie. Sie müssen es mir sehr übel deuten, daß ich Ihnen das mit List aufdringe, wovon Sie wußten, daß es Ihnen nicht gehörte. Was mußten Sie davon denken? - - haben Sie deswegen so nachtheilig von meiner Ehre gedacht, als ein unempfindliches Herz denken kann? Einem von Ihrem scharfsichtigen Verstande ist genug gesagt; ein Cyprus, *)

---
*) Ein durchsichtiger Stoff - - Johnson.

nicht ein Busen, deckt mein Herz. Und nun lassen Sie hören, was Sie zu sagen haben.

Viola. Ich bedaure Sie.

Olivia. Das ist schon eine Stufe zur Liebe.

Viola. O nein, nicht die kleinste Staffel; oft bedaurt man so gar seine Feinde.

Olivia. Nun, so dünkt mich, ist es Zeit, wieder zu lächeln. O wie so geneigt doch die Armen sind, stolz zu seyn! Wenn man ja zum Raube werden muß, so ist es doch besser, durch einen Löwen zu fallen, als durch einen Wolf. = = (Die Glocke schlägt.) Die Glocke wirft mir vor, daß ich die Zeit verderbe. Fürchten Sie sich nicht, guter junger Mensch, ich mache keine Ansprüche an Sie. Und doch, wenn Verstand und Jugend bey Ihnen zur Reife kommen werden, so wird Ihre Frau, allem Ansehen nach, an Ihnen einen feinen Mann haben. Hier geht Ihr Weg hin, westwärts.

Viola. Gut. = = Ich wünsche Ihnen also Vergnügen und gute Laune. Haben Sie mir nichts an meinen Herrn aufzutragen, gnädiges Fräulein?

Olivia. Warte noch. Ich bitte dich, sage mir, was du von mir denkst?

Viola. Ich denke, daß Sie denken, Sie sind nicht, was Sie sind.

Olivia. Wenn ich so denke, so denk' ich eben das von Ihnen.

Viola. Und so denken Sie recht; ich bin nicht, was ich bin.

Olivia. Ich wollte, Sie wären, wie ich Sie wünschte!

Viola. Würd' ich dann besser seyn, mein Fräulein, als ich itzt bin? = = Ich wollt', es wäre so; denn itzt bin ich Ihr Narr.

Olivia. Wie anmuthig selbst Verachtung und Zorn auf seinen schönen Lippen läßt! Eine mördrische Schuld verräth sich nicht schneller, als Liebe die sich verbergen will; die Nacht der Liebe ist Mittag. Cäsario, bey den Rosen des Frühlings, bey der jungfräulichen Ehre und Treue, und bey allem in der Welt! ich liebe dich so sehr, daß, trotz allem deinem spröden Wesen, weder Witz noch Vernunft meine Leidenschaft verbergen kann. Erzwinge dir daher, daß ich dir mein Herz selbst antrage, keinen Grund, es zu verschmähen. Verbinde lieber auf diese Art einen Grund mit dem andern: Gesuchte Liebe ist gut; aber ungesucht geschenkt, ist sie noch besser.

Viola. Ich schwöre bey meiner Unschuld und Jugend, ich habe nur ein Herz, einen Busen, und eine Treue; und diese besitzt kein Frauenzimmer; auch wird nie irgend eine sie besitzen, als ich selbst. *) Und hiemit leben Sie wohl, gnädiges Fräulein. Niemals werd' ich mich wieder gebrauchen lassen, Ihnen meines Herrn Thränen vorzuweinen.

Olivia. Komm nichts desto weniger wieder; vielleicht gelingt es dir endlich, dieses Herz, das itzt seine Liebe verabscheut, zu einer zärtlichern Gesinnung zu bewegen.

(Sie gehen ab.)

Vierter Auftritt.

Ein Zimmer in Olivia's Hause.

Sir Tobias. Sir Andreas. Fabian.

Sir Andreas. Nein, wahrhaftig, ich will keinen Augenblick länger bleiben.

Sir Tobias. Und warum denn, mein Schatz? = = Sage doch, warum?

---

*) Diese drey Worte hält Hanmer mit vieler Wahrscheinlichkeit für eine Antwort Oliviens.

Fabian. Sie müssen nothwendig sagen, warum, Sir Andreas.——

Sir Andreas. Ey! ich sah da Ihre Nichte dem Bedienten des Herzogs günstiger begegnen, als sie mir jemals gethan hat. Ich sah es in dem Baumgarten.

Sir Tobias. Sah sie dich dann auch zu der Zeit, alter Knabe? sage mir das.

Sir Andreas. So klar, wie ich dich hier vor mir sehe.

Fabian. Das war ein großer Beweis ihrer Liebe gegen Sie.

Sir Andreas. Warum nicht gar?·· Wollt ihr mich zum Narren haben?

Fabian. Ich will es förmlich beweisen, Sir, auf den Eid des Rechts und der Vernunft.

Sir Tobias. Das sind zwey große [...] gewesen, ehe noch Noah ein Sch[...]

Fabian. Sie bewies sich geg[en...] Menschen in Ihrer Gegenwart so ge[fällig, um] Sie zu erbittern, um Ihre eingeschlafene Tapferkeit aufzuwecken, um in Ihrem Herzen Feuer, und Schwefel in Ihrer Leber zu erregen. Sie hätten sich zu ihr machen sollen, mit einigen ausgesuchten

(Fünfter Band.) G

Einfällen, noch heiß und frisch von der Münze; Sie hätten den jungen Burschen stumm prügeln müssen. Dieß erwartete man von Ihnen; und das geschah nicht. Die doppelte Vergoldung dieser schönen Gelegenheit ließen Sie von der Fluth abspülen, und nun sind Sie in den Norden von meines Fräuleins Meynung hineingesegelt, wo Sie hängen werden, gleich einem Eiszapfen an dem Barte eines Holländers, wenn Sie es nicht durch irgend eine löbliche Unternehmung der Tapferkeit oder Politik wieder gut machen.

Sir Andreas. Wenn das denn ja geschehen muß, so muß es durch Tapferkeit geschehen; denn Politik haß' ich. Ich möchte eben so gern ein Brownist *), als ein Politikus seyn.

Sir Tobias. Nun gut, so baue mir denn dein ――― Grundfeste der Tapferkeit; fodere ――― jungen Burschen heraus, um dich ――― lagen; verwunde ihn mit eilf Wun-

―――――――――――――――――

*) Die Brownisten hatten ihren Namen von Robert Browne, einem bekannten Separatisten unter der Königinn Elisabeth Regierung, der im J. 1589 in die Gemeinschaft der rechtgläubigen Kirche trat ‑ ‑ Grey. Ein Theil dieser Sekte gründete in Amerika die Kolonie von Neu-England. ‑ ‑ Humphreys.

den; meine Nichte wird das erfahren, und du kannst sicher glauben, es ist kein Kuppler in der Welt, der mehr dazu dienen kann, einen Mann bey einem Frauenzimmer in Gunst zu setzen, als der Ruf von seiner Tapferkeit.

Fabian. Es ist kein ander Mittel, als dieses, Sir Andreas.

Sir Andreas. Will einer von euch ihm wohl eine Ausfoderung von mir überbringen?

Sir Tobias. Geh, schreibe wie ein Soldat; sey trotzig und kurz. Es kömmt nicht darauf an, wie witzig; wenn es nur beredt und voll Erfindung ist. = = Schimpf auf ihn mit aller Freyheit der Dinte. Wenn du ihn etwa dreymal dutzest, so wirds nicht schaden können; und, so viel Lügen nur immer auf deinem Blatte Papier liegen wollen, wäre dieses Blatt auch dick genug für das große Bette in England, *) so schreib sie auf, und geh frisch daran. Laß Galle genug in deiner Dinte seyn, wenn du gleich mit einer Gänsefeder schreibst. Frisch daran?

---

*) Te bed of Ware, ein Bette von außerordentlicher Größe, das oft sprüchwörtlich angeführt wird. Grey.

Sir Andreas. Wo soll ich euch finden?

Sir Tobias. Wir wollen dich im Cubicul- aufsuchen; geh nur.

(Sir Andreas geht ab.)

Fünfter Auftritt.
Sir Tobias. Fabian.

Fabian. Das ist Ihnen ein theures Männchen, Sir Tobias.

Sir Tobias. Ich bin ihm auch theuer gewesen, mein guter Bursche.

Fabian. Wir werden einen herrlichen Brief von ihm bekommen; aber Sie werden ihn nicht bestellen.

Sir Tobias. So sollst du mir nie wieder trauen. Aber suche den jungen Menschen doch ja zu einer Antwort aufzuhetzen. Ich glaube, Ochsen und Wagenstränge können sie nicht zusammenziehen. Was den Andres betrifft, wenn man den öffnete, und so viel Blut in seiner Leber fände, daß ein Floh die Füße darinn naß machen könnte, so wollt' ich den Rest der Anatomie verzehren.

Fabian. Und sein Gegner, der junge Mensch, hat in seinem Gesichte auch eben keine großen Anzeichen der Grausamkeit.

(Maria kömmt.)

Sir Tobias. Seht! da kömmt der jüngste Zaunkönig von neunen.*)

Maria. Wollt ihr die Milzsucht haben, und euch Seitenstiche an den Hals lachen, so kommt mit mir. Der Schurke von Malvolio ist ein Heide geworden, ein wahrer Renegat; denn kein Christ, der durch den rechten Glauben selig zu werden hofft, kann jemals dergleichen plumpe Streiche glauben. Er ist in gelben Strümpfen.

Sir Tobias. Und die Kniegürtel kreuzweise?

Maria. Auf die liederlichste Art; wie ein Pedant, der in der Kirche Schule hält. Ich hab' ihn verfolgt, wie sein Mörder. Er thut alles das buchstäblich, was ich ihm angegeben habe, um ihn anzuführen. Wenn er lächelt, zieht er sein Gesicht in mehr Linien, als auf der neuen Landkarte, mit beyden Indien vermehrt, befindlich sind. Sie haben dergleichen noch nie gesehen. Ich kann mich

---

*) Die Frauenzimmerrollen wurden damals von Knaben gespielt, welche zuweilen so klein und unansehnlich waren, daß man sie auf solche Art zu entschuldigen suchen mußte. Warburton. Der Zaunkönig legt neun oder zehn Eyer zur Zeit; und die zuletzt ausgehegten Vögel sind allemal die schwächsten und kleinsten. Steevens.

kaum erwehren, ihm alles an den Kopf zu werfen. Ich weis gewiß, mein Fräulein wird ihn schlagen; wenn sie das thut, so wird er lächeln, und es für eine große Gunstbezeugung nehmen.

Sir Tobias. Komm, bring uns, bring uns dahin, wo er ist.

(Sie gehen ab.)

Sechster Auftritt.

Die Straße.

Sebastian. Antonio.

Sebastian. Mein Wille war es nicht, daß Sie sich bemühen sollten; aber, da Sie sich nun einmal aus Ihrer Unruhe ein Vergnügen machen, so will ich nicht weiter auf Sie schmählen.

Antonio. Ich konnte nicht nach Ihnen zurück bleiben; mein Verlangen, schärfer, als geschliffner Stahl, spornte mich an; und nicht lauter Verlangen Sie zu sehen, = = obgleich dieß so groß ist, daß es mich wohl zu einer längern Reise hätte bewegen können = = sondern auch Besorgniß, wie es Ihnen auf Ihrer Reise gehen würde, da Sie in diesen Gegenden nicht bekannt sind, die für einen Fremden, ohne Anführer und Freund, rauh und unwirthbar zu seyn pflegen. Diese Gründe der Besorgniß trieben meine schon dazu willige Freundschaft noch mehr an, Ihnen zu folgen.

Sebastian. Mein liebreicher Antonio, ich kann dir keine andre Antwort geben, als Dank, und Dank, und ewigen Dank. Sehr oft werden freundschaftliche Dienste mit solcher ungangbaren Münze abgekauft; aber, wäre mein Vermögen so groß, als meine Erkenntlichkeit, so würd' ich mich besser gegen dich betragen. = = Was machen wir? Wollen wir die Reliquien dieser Stadt besehen.

Antonio. Morgen, mein Freund; es ist besser, daß Sie vorher Ihre Wohnung besehen.

Sebastian. Ich bin nicht müde, und es ist noch lange hin, eh' es Nacht wird. Ich bitte dich, laß uns unsre Augen mit den Denkwürdigkeiten und den Seltenheiten ergötzen, welche diese Stadt berühmt machen.

Antonio. Ich wollte, Sie verschonten mich damit. Ich kann nicht ohne Gefahr hier durch diese Gassen gehen. Einmal in einem Seegefechte gegen die Galeeren des Herzogs, that ich etwas strafwürdiges, daß ich, wenn man mich hier anträfe, mich schwerlich darüber würde rechtfertigen können.

Sebastian. Vermuthlich tödteten Sie eine große Menge seiner Leute?

Antonio. So blutig war die Beleidigung nicht, obgleich die Beschaffenheit der Zeit und der Zänkerey uns Anlaß zum Blutvergießen hätte geben können. Die meisten von unsrer Stadt gaben, des Handels wegen, dasjenige gegen Bezahlung wieder zurück, was wir ihnen abgenommen hatten; nur ich blieb allein aus. Und dafür würd' ich, wenn man mich hier anträfe, theuer bezahlen müssen.

Sebastian. Gehen Sie also nicht zu offenbar herum.

Antonio. Das darf ich nicht. Warten Sie, Sebastian. Hier ist meine Börse. In der südlichen Vorstadt, zum Elephanten, ist das beste Quartier. Ich will indeß unser Essen bestellen, daß Sie sich die Zeit vertreiben, und sich durch Besehung der Stadt ihre Kenntniß bereichern. Dort werden Sie mich wieder finden.

Sebastian. Was soll ich mit Ihrer Börse?

Antonio. Vielleicht könnten Ihnen einige Kleinigkeiten in die Augen fallen, die Sie gerne kaufen möchten; und ich glaube, Freund, Ihr Vorrath wird nicht weit reichen.

Sebastian. Ich will Ihr Geldbewahrer seyn, und Sie auf eine Stunde verlassen.

Antonio. Zum Elephanten ▪ ▪

Sebastian. Ich weis schon.

(Sie gehen ab.)

Siebenter Auftritt.
Olivia's Haus.

Olivia. Maria.

Olivia. Ich habe nach Cäsario geschickt; er sagt, er will kommen; was soll ich ihm für Ehre anthun? Was soll ich ihm schenken? Denn Jugend wird öfter erkauft als erbettelt oder erborgt ▪ ▪ Ich rede zu laut ▪ ▪ Wo ist Malvolio? ▪ ▪ Er ist ernsthaft und höflich; er schickt sich gut zu einem Bedienten für eine Person von meinem Schicksal ▪ ▪ Wo ist Malvolio?

Maria. Er kömmt sogleich, gnädiges Fräulein, aber in einem seltsamen Aufzug. Er ist ganz unfehlbar besessen, mein Fräulein.

Olivia. Wie? ▪ ▪ wo fehlt es ihm denn? ▪ ▪ Rast er?

Maria. Nein, gnädiges Fräulein, er thut nichts als lächeln. Ihre Gnaden werden wohl thun, Jemand zur Sicherheit bey sich zu haben, wenn er kömmt; denn ganz gewiß, der Mensch ist nicht recht richtig unterm Hut.

Olivia. Geh, ruf ihn her -- (Malvolio kömmt.) -- Ich bin so närrisch, als er immer seyn kann, wenn traurige und lustige Narrheit auf eins hinauslaufen. -- Nun, wie gehts, Malvolio?

Malvolio. Liebstes Fräulein -- ha! ha!

Olivia. Lächelst du? -- Ich schickte nach dir, um dich zu einem ernsthaften Geschäfte zu brauchen.

Malvolio. Ernsthaft! -- Ich könnte wohl ernsthaft aussehen; dieses starke Binden unterm Knie macht einige Stockung im Geblüte; aber was thut das? -- Wenn es nur Einer gefällt, so geht mirs vollkommen, wie es in dem Sonnet heißt: „Gefall' ich Einer, so gefall' ich allen."

Olivia. Wie? -- was bedeutet denn das? -- was fehlt dir?

Malvolio. Es ist in meinem Herzen nicht schwarz, ob meine Beine gleich gelb sind. Es ist mir richtig zu Handen gekommen; und Befehle müssen vollzogen werden. Ich denke, wir kennen jene schöne Römische Hand.

Olivia. Willst du nicht zu Bette gehen, Malvolio?

Malvolio (leise.) Zu Bette? -- Ja, Herzchen; und da will ich zu dir kommen.

Olivia. Gott behüte dich! -- Warum lächelst du so, und küssest deine Hand so oft?

Maria. Was fehlt Ihnen, Malvolio?

Malvolio. Hast du zu fragen? -- Wahrhaftig, Nachtigallen antworten gleich Krähen!

Maria. Wie unterstehn Sie sich mit einer so lächerlichen Dreistigkeit vor meinem Fräulein zu erscheinen?

Malvolio. „Fürchte dich nicht vor Größe!" -- Das war wohl gegeben!

Olivia. Was meynst du damit, Malvolio?

Malvolio. „Einige werden groß geboren --

Olivia. Wie?

Malvolio. „Andre arbeiten sich zur Größe empor --

Olivia. Was sagst du?

Malvolio. „Und andern wird sie aufgedrungen --

Olivia. Der Himmel helfe dir wieder zurechte!

Malvolio. „Erinnere dich, wer deine gelben Strümpfe lobte = =

Olivia. Deine gelben Strümpfe?

Malvolio. „Und wünschte, daß du sie kreuzweise binden möchteſt = =

Olivia. Kreuzweise binden?

Malvolio. „Geh nur weiter; du biſt ein gemachter Mann, wenn du nur willſt = =

Olivia. Was ſagſt du? *)

Malvolio. „Wo nicht, ſo bleibe dein Leben lang ein Bedienter = =

Olivia. O! das iſt ja eine wahre Hundstags-tollheit!

(Es kömmt ein Bedienter.)

Bedienter. Gnädigſtes Fräulein, der junge Menſch vom Herzog Orſino iſt wieder da. Ich hatte Mühe, ihn zurück zu halten; er erwartet, daß Ihre Gnaden ihn vor ſich laſſen.

Olivia. Ich will zu ihm kommen = = Liebe Maria, laß doch auf dieſen Menſchen Acht haben! = = Wo iſt mein Onkel Tobias? = = Laß einige von

---

*) Im Original macht Olivia ein Wortſpiel mit *made*, und fragt ihn: „Bin ich toll?"

meinen Leuten ganz besonders auf ihn sehen; ich möchte nicht um die Hälfte meines Vermögens, daß ihm ein Leid begegnete.

(Sie geht ab.)

Achter Auftritt.

Malvolio allein.

Oh! oh! kömmst du mir itzt näher? Kein geringerer Mann, als Sir Tobias, soll auf mich sehen! dieß stimmt völlig mit dem Briefe überein. Sie schickt ihn mit Fleiß, damit ich ganz steif gegen ihn thun möge; denn dazu ermuntert sie mich in dem Briefe. „Wirf dein allzudemüthiges Betragen von dir, sagt sie -- sey gegen einem Vetter trotzig; und gegen Bediente auffahrend -- rede von Staatssachen -- nimm in allen Stücken etwas sonderbares an „ -- Und hernach beschreibt sie mir, wie ich das machen muß; als: ein ernsthaftes Gesicht, ein feyerliches Betragen, eine langsame Rede, in der Kleidung eines Mannes, der was bedeutet, und so ferner. Ich habe sie gefangen; aber es ist des Himmels Werk; und der Himmel mache mich dankbar dafür! -- Und als sie itzt weggieng: „Laß auf diesen Menschen Acht geben!„

- - Menschen? - - Nicht Malvolio, noch nach meinem Charakter; sondern Menschen! - - O! alles hängt so schön zusammen, daß kein Drachma von einem Skrupel, kein Skrupel eines Skrupels, kein Hinderniß, kein zweifelhafter oder bedenklicher Umstand - - Was kann man noch dawider sagen? Nichts auf der Welt kann sich noch zwischen mich und die volle Außsicht meiner Hoffnungen stellen. Freylich; der Himmel, nicht ich, hat dieß gethan; und ihm gebührt der Dank!

Neunter Auftritt.

Malvolio. Sir Tobias. Fabian. Maria.

Sir Tobias. Wo ist er? - - wo ist er? - - im Namen alles dessen, was heilig ist! Und wenn alle Teufel aus der Hölle sich ins Kleine zusammengezogen hätten, und eine Legion in ihn gefahren wäre, so will ich mit ihm reden.

Fabian. Hier ist er, hier ist er - - Wie stehts, mein Herr?

Malvolio. Geht eurer Wege; ich entlaß euch; laßt mich meiner Einsamkeit genießen - - geht eurer Wege!

Maria. Seht, wie hohl der böse Feind aus

ihm heraus redet! -- Sagt' ichs Ihnen nicht? -- Sir Tobias, das gnädige Fräulein bittet Sie auf ihn Acht zu haben.

Malvolio. Ah, ha! -- thut sie das?

Sir Tobias. Weg! weg! -- Stille doch, wir müssen säuberlich mit ihm verfahren; laßt mich nur machen -- Wie stehts, Malvolio? Wie ist mit dir? -- Höre doch, Freund, biete ja dem Teufel nicht troz; bedenke, daß er ein Feind der Menschen ist.

Malvolio (ernsthaft und stolz.) Wissen Sie auch, was Sie sagen?

Maria. Da sehen Sie's; wenn Sie etwas böses vom Teufel sagen, wie ers gleich zu Herzen nimmt -- Gott gebe, daß er nicht behext seyn möge!

Fabian. Man muß sein Wasser zu der weisen Frau hintragen.

Maria. Meiner Treu! das soll auch gleich morgen früh geschehen, wenn ich das Leben habe. Mein Fräulein möchte ihn um alles in der Welt nicht verlieren.

Malvolio. Wie? Jungfer.

Maria. O Himmel!

Sir Tobias. Ich bitte dich, schweige doch stille!

Das ist nicht der rechte Weg; siehst du nicht, daß du ihn nur böse machst? Laß mich nur machen.

Fabian. Nur keinen andern Weg, als Freundlichkeit. Nur sanft, nur sanft - - der böse Feind ist grob, und läßt sich nicht grob begegnen.

Sir Tobias. Nun, wie stehts denn, mein Truthähnchen? - - Wie gehts dir, mein Herzchen?

Malvolio. Sir - -

Sir Tobias. Ja, ich bitte dich, komm du mit mir. Höre doch, Freund, es schickt sich nicht für einen so weisen Mann, wie du bist, mit dem Teufel Kurzweil zu treiben. An den Galgen mit dem garstigen Kohlenbrenner! *)

Maria. Laß ihn sein Gebet hersagen, lieber Sir Tobias, laß ihn beten.

Malvolio. Beten, du Affengesicht?

Maria. Da hören Sie's, er will von nichts gutem reden hören.

---

*) Eine Anspielung auf das Sprüchwort: Like will to like, as the devil said to the collier; d. i. Gleich und gleich gesellt sich gern, sagte der Teufel zu dem Kohlenbrenner - - Grey - - Die Kohlenhändler waren zu des Dichters Zeiten wegen ihren Betrügereyen berüchtigt; daher war dieß eins der ärgsten Schimpfworte geworden. Steevens.

Malvolio. Scheret euch alle an den Galgen! Ihr seyd ein einfältiges, dummes Pack; ich bin nicht eures Gelichters; ihr werdet mich zu seiner Zeit schon kennen lernen.

(Er geht ab.)

Sir Tobias. Ists möglich?

Fabian. Wenn man das in einer Komödie spielte, wer würd' es nicht als eine unwahrscheinliche Erdichtung verwerfen?

Sir Tobias. Sein ganzer Geist ist von der List angesteckt worden, Fabian.

Maria. Nun, nur gleich hinter ihm drein! sonst möchte die List an die Luft kommen, und faul werden.

Fabian. O! wir werden ihn wahrhaftig rasend machen.

Maria. Desto ruhiger wirds im Hause zugehen.

Sir Tobias. Kommt, wir wollen ihn in ein dunkles Zimmer sperren, und fest binden. Meine Nichte glaubt schon, daß er rasend ist; wir können es zu unserm Vergnügen und zu seiner Strafe immer weiter treiben, bis selbst unser Zeitvertreib, bis zur Athemlosigkeit ermüdet, uns bewegt, Mitleid mit ihm zu haben. Dann wollen wir diese List vor Gericht bringen, und dich als einen

Ausfinder von Rasenden *) krönen. Aber sieh da! sieh da!

Zehnter Auftritt.

Die Vorigen. Sir Andreas.

Fabian. Wieder was neues für eine Mayenfeyer!

Sir Andreas. Hier ist die Ausfoderung; leset sie; ich wette, es ist Essig und Pfeffer drinnen.

Fabian. Ist sie so scharf?

Sir Andreas. Freylich, was sollte sie nicht? Ich steh' ihm dafür. Leset nur.

Sir Tobias. Gib her! = = (Er liest:) „Junger Kerl, was du auch seyn magst, so bist du doch nur ein schäbichter Kerl."

Fabian. Gut und brav.

Sir Tobias. „Wundre dich nicht, noch bewundr' es in deinem Sinn, warum ich dich so nenne; denn ich will dir keinen Grund dafür angeben."

Fabian. Eine gute Bemerkung! = = Das setzt Sie vor allen gerichtlichen Ansprüchen in Sicherheit.

---

*) Vermuthlich eine Anspielung auf die Hexenfinder, die sehr geschäftig waren = = Johnson.

Sir Tobias. „Du kömmst zu dem Fräulein Olivia, und vor meinen Augen begegn't sie dir freundlich; aber du lügst in deinen Hals hinein, das ist nicht die Ursache, warum ich dich heraus-fodre."

Fabian. Sehr kurz, und außerordentlich sinnlos.

Sir Tobias. „Ich will dir in den Weg treten, wenn ich zu Hause gehe, und, wenn du denn da das Glück hast, mich zu tödten."

Fabian. Gut!

Sir Tobias. „So tödtest du mich wie ein Spitzbube und Schurke."

Fabian. Noch immer halten Sie sich an der Windseite der Gesetze -- Gut!

Sir Tobias. „Fahre wohl! und Gott erbarme sich über eine von unsern Seelen. Vielleicht erbarmt er sich meiner; aber meine Hoffnung ist besser; und darum nimm dich in Acht! -- Dein Freund, wie du ihm begegnetest, und dein geschworner Feind, Andreas Fieberwange." -- Wenn ihn dieser Brief nicht in Bewegung setzt, so können seine Beine sich nicht mehr bewegen. Ich will ihm ihn geben.

Maria. Sie können eine sehr gute Gelegenheit

dazu haben. Er ist itzt in einer Unterredung mit meinem Fräulein, und wird bald von ihr weggehen.

Sir Tobias. Geh, Sir Andres, passe ihm an der Ecke des Baumgartens auf, wie ein Büttel. So bald du ihn nur siehst, zieh von Leder, und so bald du von Leder ziehst, fluch' entsetzlich; denn es geschieht oft, daß ein fürchterlicher Fluch, in einem prahlerischen Töne, scharf abgeschnitt, mehr einen Beweis der Tapferkeit giebt, ‒ ‒ als selbst eine Probe derselben gethan haben würde. Geh fort.

Sir Andreas. O! wenns aufs Fluchen ankömmt, da laßt mich nur machen!

(Er geht ab.)

Sir Tobias. Ich werde den Brief itzt doch nicht übergeben; denn das Betragen des jungen Menschen beweist, daß er viel Geschick und Erziehung habe; sein Geschäfte zwischen seinem Herrn und meiner Nichte bestätigt dieses; es würde also dieser Brief, der so trefflich unwissend geschrieben ist, dem jungen Menschen nicht das geringste Schrecken einjagen. Er würde gleich sehen, daß er von einem Erdenkloße herkömmt. Aber, Herr, ich will ihm seine Ausfoderung mündlich vortragen, dem

Fieberwange eine außerordentliche Herzhaftigkeit beylegen, und dem jungen Menschen, der es eben seiner Jugend wegen leicht glauben wird, eine schreckliche Meynung von seiner Hitze, Geschicklichkeit, Wuth, und Heftigkeit beybringen. Dieß wird sie beyde so in Schrecken setzen, daß sie einander, wie Basilisken, schon mit den Augen tödten werden.

Fabian. Hier kömmt er mit Ihrer Nichte; wir wollen sie so lange ungestört lassen, bis er Abschied nimmt; und dann gleich ihm nach!

Sir Tobias. Ich will unterdeß auf irgend-einen gräßlichen Vortrag einer Ausfoderung denken.

(Sie gehen ab.)

Eilfter Auftritt.
Olivia. Viola.

Olivia. Zu einem Herzen von Stein hab' ich zu viel gesagt, und meine Ehre zu wohlfeil ausgeboten. Es ist etwas in mir, das mir meinen Fehler vorrückt; aber es ist ein so eigensinniger, hartnäckiger Fehler, daß ihm Vorwürfe nichts abgewinnen können.

Viola. Der Herzog, mein Herr, befindet sich in dem nämlichen Falle.

Olivia. Hier, tragen Sie dieß Kleinod zu meinem Andenken; es ist mein Bildniß. Schlagen Sie es nicht aus; es hat keine Zunge, Sie zu plagen; und ich bitte, kommen Sie morgen wieder. Was könnten Sie von mir begehren, das mit Ehren gegeben werden kann, und ich Ihnen abschlagen würde?

Viola. Ich bitte um nichts, als um Ihre Liebe für meinen Herrn.

Olivia. Wie kann ich ihm mit Ehren das geben, was ich Ihnen schon gegeben habe?

Viola. Ich will Sie dessen gern überheben.

Olivia. Gut, kommen Sie morgen wieder – leben Sie wohl! Ein Teufel, der deine Gestalt hätte, könnte meine Seele bis in die Hölle locken.

(Sie geht ab.)

Zwölfter Auftritt.

Viola. Sir Tobias. Fabian.

Sir Tobias. Junger Herr, Gott grüß Sie!
Viola. Sie auch, Sir.
Sir Tobias. Nimm alle die Wehrhaftigkeit

zusammen, die du nur hast! = = Von was für Art das Unrecht ist, welches du ihm gethan hast, das weis ich nicht; aber dein Auflaurer, voll von Verachtung, blutgierig wie der Jäger, erwartet dich am Ende des Baumgartens. Zieh dein Schwert, sey wacker und rüstig, denn dein Feind ist behende, geschickt, und tödtlich.

Viola. Sie irren sich, Sir; ich weis gewiß, daß niemand Händel mit mir hat. Ich weis mich keines Schattens von Beleidigung zu erinnern, die ich irgend einem zugefügt hätte.

Sir Tobias. Sie werden das ganz anders finden, das versichre ich Ihnen. Wenn Ihnen also Ihr Leben noch etwas werth ist, so seyn Sie auf Ihrer Hut; denn ihr Gegner hat alles das an sich, was nur immer Jugend, Stärke, Geschicklichkeit und Zorn einem eingeben kann.

Viola. Sagen Sie mir doch, Sir, wer ist es denn?

Sir Tobias. Er ist Ritter, und feyerlich dazu geschlagen; aber ein wahrer Teufel in Privathändeln. Er hat schon drey Seelen und Körper von einander geschieden, und seine Hitze in diesem Augenblick ist so unversöhnlich, daß er nicht anders

Genugthuung erhalten kann, als durch Todes-kampf und Grab. – Hob! nob! ist seine Losung; gegeben, oder genommen!

Viola. Ich will wieder in das Haus zurück gehen, und mir von dem Fräulein ein sichres Geleite ausbitten. Ich verstehe mich nicht aufs Fechten. Ich habe von einer gewissen Art Leute gehört, die mit andern vorsetzlich Händel anfangen, um ihre Tapferkeit auf die Probe zu stellen; vermuthlich ist dieß einer von dem Schlage.

Sir Tobias. Nein, mein Herr; sein Unwille entspringt aus einer sehr erheblichen Beleidigung; gehen Sie deswegen hin, und erfüllen sein Verlangen. Ins Haus sollen Sie nicht zurück, oder Sie müssen vorher das mit mir wagen, was Sie, eben so sicher, mit ihm aufnehmen können. Nur weiter also, oder gleich blank von Leder gezogen! Denn schlagen müssen Sie sich, das ist ausgemacht, oder es verschwören, Eisen an Ihrem Leibe zu tragen.

Viola. Das ist eben so unhöflich, als sonderbar. Ich bitte Sie, erzeigen Sie mir nur die Gefälligkeit, den Ritter zu fragen, worinn ich ihn denn beleidigt habe. Es muß aus Unachtsamkeit geschehen seyn; aus Vorsatz gewiß nicht.

Sir Tobias. Das will ich thun. Signor Fabian, bleiben Sie hier bey dem Herrn, bis ich wieder komme.

(Er geht ab.)

Viola. Sagen Sie mir doch, mein Herr, wissen Sie etwas von dieser Sache?

Fabian. Ich weiß, daß der Ritter gegen Sie aufgebracht ist, bis zur tödtlichen Wuth aufgebracht; aber sonst keinen Umstand weiter.

Viola. Sagen Sie mir doch, was ist es für eine Art von Mann?

Fabian. Er hat kein so vortheilhaftes Ansehen, daß man ihn gleich nach seiner Gestalt beurtheilen könnte, wie Sie vermuthlich aus dem Beweise seiner Tapferkeit sehen werden. Er ist wirklich, mein Herr, der geschickteste, blutdürstigste, und gefährlichste Gegner, den Sie nur immer irgendwo in Illyrien hätten finden können. Wollen Sie zu ihm hingehen? Ich will Sie mit ihm aussöhnen, wenn ich kann.

Viola. Dafür werd' ich Ihnen sehr verbunden seyn. Ich bin einer, der lieber mit Priestern als

Rittern zu thun hat; *) ich frage nicht darnach, ob man mich für tapfer hält, oder nicht.

(Sie gehen ab.)

Dreyzehnter Auftritt.
Sir Tobias. Sir Andreas.

Sir Tobias. Hör' einmal, es ist ein lebhafter Teufel; noch nie hab' ich solch einen Virago **) gesehen. Ich machte einen Gang mit ihm – Klinge, Scheide, und alles – und er brachte mir einen Stoß mit einer so entsetzlichen Heftigkeit an, daß er ganz unvermeidlich war; und wenn er wieder ausfällt, so bezahlt er einen so gewiß, als deine Füße den Boden berühren, worauf sie treten. Man sagt, er ist Hoffechter beym Sofi gewesen.

Sir Andreas. Hol' ihn der Henker! so will ich mich nicht mit ihm schlagen.

---

*) Die Antithese ist im Englischen auffallender: I am one that had rather go with Sir Priest than Sir Knight.

**) Sir Tobias kann hier unter dieser Benennung nichts anders verstehen, als eine Person, die bey aller männlichen Herzhaftigkeit ein sehr weibliches Ansehen hat – Johnson.

Sir Tobias. Ja; aber er wird sich itzt nicht besänftigen lassen; Fabian kann ihn dort kaum noch zurückhalten.

Sir Andreas. Verflucht!– Hätt' ich vermuthet, daß er so tapfer und so geschickt im Fechten wäre, so hätt' ich ihn lieber zum Teufel laufen lassen, als ihn herausgefodert haben. Laß ihn das Ding gut seyn lassen, so will ich ihm mein Pferd, den grauen Kapilet, geben.

Sir Tobias. Ich will es ihm vorschlagen. Bleib hier stehen, und setze dich immer in Postur. – – (beyseite.) Dieser Handel wird ohne Seelenverlust ablaufen; wahrhaftig! ich will dein Pferd so gut reiten, als ich dich reite!– (Fabian und Viola kommen.) – (Zu Fabian.) Ich habe sein Pferd, um dem Handel Einhalt zu thun; ich habe ihm weis gemacht, der junge Mensch sey ein Teufel.

Fabian. Er hat eben so schreckliche Begriffe von ihm, ist ängstlich, und sieht blaß aus, als ob ihm ein Bär auf dem Fuße folgte.

Sir Tobias. Es ist nicht zu ändern, Herr; er will sich mit Ihnen schlagen, weil er's einmal geschworen hat. Freylich hätt' er besser gethan, wenn er vorher die Zänkerey recht überlegt hätte, denn er findet itzt, daß es kaum der Mühe werth ist, davon zu sprechen. Ziehn Sie also nur immer, seinem Eide zu gefallen; er versichert, daß er Ihnen kein Leid zufügen will.

Viola. Nun, der Himmel stehe mir bey! Auf ein Haar möcht' ichs den Leuten sagen, wie viel mir fehlt, um ein Mann zu seyn.

Fabian. Weichen Sie zurück, wenn Sie sehen, daß er in Wuth geräth.

Sir Tobias. Nur herbey, Sir Andres, es ist nicht zu ändern. Der junge Mensch will, seiner Ehre wegen, einen Gang mit dir machen; er kann es, nach allen Rechten des Zweykampfs, nicht vermeiden; aber er hat mir versprochen, so wahr er ein Edelmann und ein braver Soldat ist, daß er dir kein Leid thun will. Nur lustig, fang an!

(Sie ziehen die Degen.)

Sir Andreas. Der Himmel gebe, daß er Wort halte!

Vierzehnter Auftritt.

Die Vorigen. Antonio.

Viola. Ich versichre Ihnen, ich thu' es wider meinen Willen.

Antonio. Stecken Sie Ihren Degen ein! - - Wenn dieser junge Herr Sie beleidigt hat, so nehm' ich die Beleidigung auf mich; wenn Sie ihn beleidigt haben, so fodr' ich Sie in seinem Namen heraus. (Er zieht den Degen.)

Sir Tobias. Sie, mein Herr? - - Und wer sind Sie?

Antonio. Ein Mann, mein Herr, der aus Liebe noch mehr zu thun wagt, als Sie eben von ihm gehört haben, das er thun will.

Sir Tobias. Nun gut, wenn Sie ein Wagehals sind, so bin ich zu Ihren Diensten.
(Er zieht den Degen; es kommen Gerichtsdiener.)

Fabian. O lieber Sir Tobias, halt! - - hier kommen die Gerichtsbedienten.

Sir Tobias. Ich will hernach bey Ihnen seyn.

Viola (zu Sir Andreas.) Ich bitte, Sir, stecken Sie Ihren Degen ein, wenns Ihnen beliebt.

Sir Andreas. Freylich werd' ich das, mein Herr; und für das, was ich Ihnen versprochen habe, bin ich so gut, als mein Wort - - Es geht ganz sanfte, und läßt sich gut regieren.

1. Gerichtsbedienter. Dieß ist er - - thu deine Pflicht.

2. **Gerichtsbedienter.** Antonio, ich nehme dich auf Befehl des Herzogs Orsino in Verhaft.

Antonio. Sie irren sich in meiner Person, mein Herr.

1. **Gerichtsbedienter.** Nein, mein Herr, im geringsten nicht; ich kenne Ihr Gesicht sehr wohl, ob Sie gleich itzt keine Schiffermütze auf dem Kopf haben -- Nimm ihn nur; er weis, daß ich ihn recht gut kenne.

Antonio. Ich muß gehorchen -- (Zu Cäsario.) Das begegnet mir, weil ich Sie überall aufsuchte. Aber dafür ist nun kein Mittel. Ich werde mich zu verantworten wissen. Was werden Sie nun machen? -- Meine eigne Noth zwingt mich, daß ich Ihnen meine Börse wieder abfodern muß. Dieser Zufall verdrießt mich nicht so sehr um meiner selbst willen, als, weil ich itzt nichts für Sie thun kann. Sie sind betroffen, seh' ich; aber lassen Sie den Muth noch nicht sinken.

1. **Gerichtsdiener.** Kommen Sie, Herr, wir müssen fort.

Antonio. Ich bin genöthigt, Sie um etwas von dem Gelde zu bitten.

Viola. Was für Geld, mein Herr? -- Um

Was ihr wollt.

Ihres edeln Betragens willen gegen mich, und weil ich zum Theil durch den verdrießlichen Zufall, der Ihnen hier zugestoßen ist, aus der größten Verlegenheit gezogen bin, will ich Ihnen etwas vorschießen. Was ich habe, ist nicht viel; aber ich will doch mit Ihnen theilen, was ich habe. Nehmen Sie hin; das ist die Hälfte meiner Börse.

Antonio. Und Sie wollen mich itzt nicht kennen? Ists möglich, daß meine Verdienste um Sie nicht überredend genug wären? -- O! setzen Sie meine Noth nicht auf eine so harte Probe, oder Sie könnten mich zu der Niederträchtigkeit versuchen, Ihnen die Gefälligkeiten vorzurücken, die ich Ihnen erwiesen habe.

Viola. Ich weis von keiner; und kenne Sie weder an Ihrer Stimme, noch an Ihren Gesichtszügen. Ich hasse Undankbarkeit an einem Manne mehr, als Lügen, Eitelkeit, waschhafte Trunkenheit, oder irgend eine andre Untugend, wovon der ansteckende Saamen in unserm Blute steckt.

Antonio. O Himmel!

2. Gerichtsdiener. Kommen Sie, mein Herr, gehn Sie doch mit mir.

Antonio. Laßt mich nur noch ein Wort sagen,

Diesen jungen Menschen, den ihr hier seht, zog ich halb aus dem Rachen des Todes; ich that alles, was der zärtlichste Bruder thun könnte, ihn wieder herzustellen. Ich liebte ihn, und ließ mich von seiner Gestalt, die mir die besten Eigenschaften anzukündigen schien, so sehr einnehmen, daß ich ihn fast abgöttisch verehrte.

1. Gerichtsdiener. Was geht das uns an? Die Zeit verstreicht indessen; = = fort!

Antonio. Aber o! was für ein häßlicher Götze ist aus diesem Gotte worden! = = O Sebastiano, du machst der vortheilhaften Gesichtsbildung Schande. In der Natur ist nichts tadelhaftes als das Gemüth; man sollte sonst keinen häßlich nennen, als den Ungefälligen. Tugend ist Schönheit. Böse Leute, welche schön aussehen, sind hohle Koffer*), die der Teufel von außen aufgeschmückt hat.

1. Gerichtsdiener. Der Mensch fängt an zu rasen; weg mit ihm! = = Kommen Sie doch, Herr.

Antonio. Führt mich, wohin ihr wollt!

(Sie gehen ab.)

---

*) Die seygehörten zu Shakespears Zeiten unter das beste Hausgeräthe, und wurden daher zierlich gearbeitet. Steevens.

Viola. Mich dünkt, seine Reden kommen aus einem so bewegten Herzen, daß er das glaubt, was ich vermuthe, aber noch nicht glaube *). Werde wahr, Vermuthung, o werde wahr, daß man itzt mich, theurer Bruder, für dich angesehen habe!

Sir Tobias. Komm hieher, Ritter; hieher, Fabian; wir wollen hier einige weise Sprüche mit einander flüstern.

Viola. Er nannte mich Sebastiano! ‒ ‒ Ich sehe meinen Bruder noch lebendig, so oft ich in den Spiegel sehe; er sah vollkommen so aus, und gieng auch eben so gekleidet, von solcher Farbe, und so ausstaffirt, wie ich; denn nach ihm hab' ich mich gekleidet. O! wenn das so ist, so sind die Stürme gütig, und die salzigen Wellen liebreich!

(Sie geht ab.)

Sir Tobias. Ein recht schlechter, armseliger Bursche, und feiger als ein Hase. Daß er schlecht denkt, sah man daraus, daß er hier seinen Freund in der Noth verließ, und ihn verläugnete; und von seiner Feigheit kann dir Fabian erzählen.

---

*) Nämlich, daß er mein Bruder ist.

Fabian. Eine Memme ist er; eine recht fromme, gewissenhafte Memme.

Sir Andreas. Mein Seel! ich will ihm nach, und ihn abprügeln.

Sir Tobias. Thu das, gerb' ihn tüchtig ab; nur zieh nicht deinen Degen.

Sir Andreas. Wenn ichs nicht thue - -

Fabian. Kommen Sie, wir wollen doch sehen, wie das abläuft.

Sir Tobias. Ich wette, was man will, es wird doch nichts draus.

(Sie gehen ab.)

Vierter Aufzug.

Erster Auftritt.

Die Straße.

Sebastian. Der Rüpel.

Rüpel. Wollen Sie mir weis machen, daß ich nicht zu Ihnen geschickt bin?

Sebastian. Geh fort; geh fort; du bist ein närrischer Kerl. Laß mich deiner los werden.

Rüpel. Schön ausgehalten, wahrhaftig! - -

Was ihr wollt.

Nein, ich bin nicht zu Ihnen von meinem Fräulein geschickt, um Ihnen zu sagen, daß Sie zu ihr kommen sollen, mit ihr zu sprechen; Ihr Name ist nicht Herr Cäsario, und dieß hier ist nicht meine Nase. Nichts, das so ist, ist so.

Sebastian. Ich bitte dich, bringe deine Narrheit anderswo an; du kennst mich nicht.

Rüpel. Meine Narrheit soll ich anbringen! .. Er hat das Wort von irgend einem großen Mann gehört, und wendet es nun auf einen Narren an. Meine Narrheit anbringen! .. Ich fürchte, diese schwerfällige Maschine, die Welt, wird noch zur Närrinn werden. Ich bitte dich, lege deine Seltsamkeit beyseite, und sage mir, was ich meinem Fräulein anbringen soll. Soll ich ihr anbringen, daß du kommen wirst?

Sebastian. Ich bitte dich, närrischer Kuppler, geh weg von mir; da hast du Geld. Wenn du länger hier bleibst, so geb' ich dir eine schlimmere Bezahlung.

Rüpel. Bey meiner Treu! du hast eine offne Hand. Die weisen Leute, die den Narren Geld geben, erlangen dadurch einen guten Bescheid, nach einem vierzehnjährigen Handel.*)

---

*) Dieß scheint eine Satyre auf die Monopolien seyn

(Sir Andreas, Sir Tobias, und Fabian kommen auf die Bühne.)

Sir Andreas. Nun Herr, treff' ich Sie wieder? Da haben Sie was.

(Er schlägt den Sebastian.)

Sebastian. Da hast du wieder was = = da noch eins, und noch eins = = Sind denn alle die Leute toll?

(Er schlägt Sir Andreas.)

Sir Tobias. Halt, Herr, oder ich will Ihren Dolch über das Haus werfen.

Rüpel. Dieß will ich sogleich meinem Fräulein sagen. Ich wollte für zwey Pfenninge nicht in einem von euren Röcken stecken.

(Er geht ab.)

Sir Tobias. (Indem er den Sebastian hält.) Nur weiter, Herr = = halt!

Sir Andreas. Laß ihn nur gehen; ich werde schon auf eine andre Art mit ihm zu Werke gehen; ich werde eine Injurienklage gegen ihn anfangen,

---

zu sollen, welche eine drückende Last der damaligen Zeiten waren. Sie wurden gemeiniglich auf vierzehn Jahre zugestanden; und da die Bewerbungen darum an eine Commission gerichtet wurden, so vermuthete man, daß man darauf durch Geld erwünschten Bescheid erhalten könnte. Warburton.

wenn irgend noch Gerechtigkeit in Jllyrien ist. Ob ich ihn gleich zuerst geschlagen habe, das hindert doch nichts.

Sebastian. Laß deine Hand los!

Sir Tobias. Nicht doch, Herr, ich werde Sie nicht gehen lassen -- Komm her, mein junger Soldat, stecke deinen Degen ein; du hast schon genug; komm her.

Sebastian. Ich will dich mir doch vom Halse schaffen -- Da! -- Was sagst du nun? -- Willst du weiter was, so zieh deinen Degen!

Sir Tobias. Was? was? -- Nun ja so muß ich denn eine oder zwey Unzen von diesem deinem unverschämten Blut haben.

(Sie ziehen, und fechten.)

Zweyter Auftritt.

Die Vorigen. Olivia.

Olivia. Halt, Tobias! bey deinem Leben beschwör' ich dich, halt!

Sir Tobias. Fräulein!

Olivia. Soll denn das immer so gehen? Undankbarer, elender Mann, du gehörst in die Gebirge und wilden Höhlen, wo man nie gute Sitten geprebigt hat. Fort aus meinen Augen! - - Nimm es nicht übel, guter Cäsario! - - Unfugtreiber, geh fort! - - (Sir Tobias und Andreas gehn ab.) Ich bitte dich, edelmüthiger Freund, laß deine Klugheit und Vernunft, nicht deine Leidenschaft, bey diesem unhöflichen und ungerechten Eingriffe in deine Ruhe, die Oberhand haben. Geh mit mir in mein Haus, und höre da, wie viel fruchtlose Streiche dieser Kerl in Gang gebracht hat, so, daß du über diesen wirst lachen müssen. Komm, du mußt mit mir gehen; schlag es mir nicht ab. Auch ich fluche ihm; denn er verwundete eins von meinen Herzen in dir.

Sebastian. Wie soll ich das alles verstehen? - - Wovon ist hier die Rede? - - Entweder bin ich verrückt, oder alles dieß ist ein Traum. Immer mag die Phantasie mein Gefühl in den Lethe tauchen; wenn ich so träumen soll, so möcht' ich immerfort schlafen!

Olivia. Komm mit mir, ich bitte dich. - - Ich wünschte, du nähmest von mir guten Rath an.

Sebastian. Das will ich auch, mein Fräulein.

Olivia. Gut! so mußt du reden, und seyn!
(Sie geht ab.)

Dritter Auftritt.

Ein Zimmer in Olivia's Hause.

Maria. Der Rüpel.

Maria. Komm her, lege diesen langen Rock und diesen Bart an; mach ihm weis, du seyst Sir Topas der Pfarrer; mach geschwinde. Ich will indeß Sir Tobias rufen.

(Sie geht ab.)

Rüpel. Gut, ich will den Rock anziehen, und mich darinn verstellen; ich wollt' ich wäre der erste, der sich jemals in solch einem Rock verstellt hätte. Ich bin nicht lang genug, um eine gute Amtsmine darinn zu haben, noch hager genug, um die Meynung von mir zu erwecken, daß ich viel studiere. Aber, wenn man von einem sagt, daß man ein ehrlicher Mann und ein guter Haushälter ist, das klingt wohl so gut, als wenn man ein ansehnlicher Mann und ein großer Gelehrter heißt. Die übrigen Theilnehmer kommen schon herein.

(Sir Tobias und Maria kommen.)

Sir Tobias. Der Himmel segne dich, Herr Pfarrer.

Rüpel. *Bonos dies*, Sir Tobias. Denn, wie

der alte Einsiedler von Prag, der in seinem Leben weder Feder noch Dinte gesehen hatte, sehr sinnreich zu Königs Garboduks Nichte sagte, daß alles ist, was ist; also auch ich, da ich der Herr Pfarrer bin, so bin ich der Herr Pfarrer; denn was ist das anders, als das? und ist, anders, als ist? *)

Sir Tobias. Gehen Sie zu ihm, Sir Topas.

Rüpel. He! - - Heda! sag' ich! Gott grüß dieses Gefängniß!

Sir Tobias. Der Kerl weiß die Stimme gut nachzumachen - - ein guter Kerl!

Malvolio (von innen.) Wer ruft da?

Rüpel. Sir Topas, der Pfarrer, der Malvolio den Mondsüchtigen besuchen will.

Malvolio. Sir Topas, Sir Topas, guter Sir Topas, gehn Sie zu meinem Fräulein.

Rüpel. Fahr aus, du hyperbolischer Teufel! - - Was plagst du diesen Menschen? - - Sprichst du von nichts, als Fräulein?

---

*) Eine Satyre gegen die Regel der Schulen, daß sich jedes Raisonnement ex præcognitis & præconcessis herleiten lasse, die so ausgedrückt worden: Was ist, das ist; und: Ein Ding kann nicht zugleich seyn und nicht seyn; und dergl. - - Warburton.

Sir Tobias. Wohl gegeben, Herr Pfarrer!

Malvolio. Sir Topas, niemals ist einem so übel mitgespielt. Guter Sir Topas! glauben Sie nicht, daß ich rase; man hat mich hier in eine gräßliche Finsterniß gelegt!

Rüpel. Pfui, du unartiger Satan! Ich nenne dich noch mit dem gelindesten Namen, denn ich bin einer von den manierlichen Leuten, die dem Teufel selbst gerne höflich begegnen. Wie kannst du sagen, dieß Haus sey finster?

Malvolio. Wie die Hölle, Sir Topas.

Rüpel. Es hat ja Bogenfenster, die so durchsichtig sind, wie Gitter, und die inwendige Steine gegen die Südseite sind so glänzend wie Ebenholz; und du klagst über Finsterniß?

Malvolio. Ich bin nicht unklug, Sir Topas; ich sag' Ihnen, dieß Haus ist finster.

Rüpel. Du irrst, rasender Mensch! Ich sage dir, es giebt keine andre Finsterniß, als Unwissenheit, und in dieser bist du tiefer eingehüllt, als die Egypter in ihrem Nebel.

Malvolio. Ich sage, dieß Haus ist so finster als Unwissenheit, wär' auch Unwissenheit so finster, als die Hölle; und ich sage, niemals hat man einem so übel mitgespielt. Ich bin eben so wenig verrückt, als Sie sind. Machen Sie nur die Probe mit irgend einer vernünftigen Frage.

Rüpel. Was hatte Pythagoras für eine Meynung in Ansehung des wilden Geflügels?

Malvolio. Daß die Seele unsrer Großmutter gar leicht in einem Vogel wohnen könne.

Rüpel. Was hältst du denn von seiner Meynung?

Malvolio. Ich denke edel von der Seele, und billige seine Meynung auf keine Weise!

Rüpel. Gehab dich wohl! = = bleib immerhin in der Finsterniß. Du mußt der Meynung des Pythagoras beytreten, eh' ich dir zugestehen kann, daß du bey Verstande bist; mußt dich scheuen, eine Schneppe zu tödten, damit du nicht die Seele deiner Großmutter aus ihrer Wohnung treibest. Gehab dich wohl.

Malvolio. Sir Topas! Sir Topas!

Sir Tobias. Mein allerliebster Sir Topas!

Rüpel. Gelt, ich schicke mich zu allem!

Maria. Du hättest das alles ohne deinen Bart und langen Rock thun können; er sieht dich ja nicht.

Sir Tobias. Izt sprich mit ihm mit deiner

natürlichen Stimme, und melde nur, wie du ihn findest. Ich wollte, wir wären mit dieser Schelmerey schon ganz fertig. Wenn er auf eine gute Art wieder frey kommen kann, so wollt' ich, daß das geschehe; denn ich bin izt so sehr mit meiner Nichte zerfallen, daß ich nicht recht wohl diesen Streich ganz bis zu Ende hinaus führen kann. Komm doch hernach in mein Zimmer.

(Er und Maria gehen ab.)

Vierter Auftritt.

Der Rüpel. Malvolio drinnen.

Rüpel (singend:) "He, sage, was mein Fräulein macht" - -

Malvolio. Narr - -

Rüpel. "Mein Fräulein ist sehr aufgebracht."

Malvolio. Narr - -

Rüpel. "Und warum ist sie das?

Malvolio. Narr, sag' ich - -

Rüpel. "Sie liebt einen andern" - - Wer ruft da? - - He?

Malvolio. Guter Narr, wenn du dich recht um mich verdient machen willst, so hilf mir zu einem Lichte, und Feder, und Dinte, und Papier.

So wahr ich ein ehrlicher Mann bin, ich werde dir dafür erkenntlich seyn.

Rüpel. Herr Malvolio!

Malvolio. Freylich, guter Narr.

Rüpel. Ey, ey, Herr, wie kamen Sie denn so um Ihre fünf Sinne?

Malvolio. Narr, es wurde noch keinem so gröblich mitgespielt. Ich habe meine fünf Sinne eben so gut, Narr, als du sie hast.

Rüpel. Nur eben so gut? ‒ ‒ So bist du wahrhaftig toll, wenn du deine fünf Sinne nicht besser hast, als ein Narr.

Malvolio. Man hat sich hier meiner bemächtigt, mich im Finstern eingesperrt; man schickt Priester zu mir, die Esel sind, und thut alles mögliche, um mich verrückt zu machen.

Rüpel. Bedenken Sie wohl, was Sie sagen; der Priester ist noch hier. Malvolio, Malvolio, der Himmel bringe dich wieder zu Verstande; gib dir Mühe, einzuschlafen, und laß deinen albernen Schnikschnak.

Malvolio. Sir Topas ‒ ‒

Rüpel. Lassen Sie sich nicht mit ihm ein, lieber Herr ‒ ‒ (Mit verstellter Stimme) „Wer? ‒ ‒ ich?

Was ihr wollt.

Herr - - nein, Herr, ich gewiß nicht," - - Gott sey mit Ihnen, guter Sir Topas - - "Ich bedanke mich " - - Ja, Sir, ja.

Malvolio. Narr, Narr, Narr, sag' ich.

Rüpel. Ey, Herr, so haben Sie doch Geduld - - Was sagen Sie, Herr? - - Ich komme schlecht dafür weg, daß ich mit Ihnen spreche.

Malvolio. Lieber Narr, hilf mir zu einem Lichte, und zu etwas Papier. Ich sage dir ja, ich bin so gut bey Verstande, als irgend einer in ganz Illyrien.

Rüpel. Wollte der Himmel, daß Sie es wären, mein Herr!

Malvolio. Auf meine Ehre, ich bin es - - Lieber Narr, etwas Dinte, Papier und Licht; und bringe das, was ich aufsetze, zu meinem Fräulein. Du sollst dafür besser belohnt werden, als jemals der Ueberbringer eines Briefes belohnt ist.

Rüpel. Ich will Ihnen dazu verhelfen. Aber sagen Sie mir im Ernste, sind Sie wirklich nicht verrückt, oder stellen Sie sich nur so? *)

---

*) Johnson glaubt, man müsse lesen: „Sind sie wirklich verrückt, oder stellen Sie sich nur so?" Mich dünkt aber, die Frage ist, wie sie da steht, weit humoristischer, und mehr im Geschmacke des Narren.

Malvolio. Glaube mir, ich bin es nicht; ich sage dir die Wahrheit.

Rüpel. Ey! ich werde mich wohl hüten, einem verrückten Menschen eher zu glauben, bis ich sein Gehirn sehe. Ich will Ihnen Licht, Papier und Dinte holen.

Malvolio. Narr, ich werde dafür im höchsten Grade erkenntlich seyn. Geh nur geschwind.

Rüpel. (singend:)

Ja, lieber Herr, ich gehe schon,
Schnell, wie ein Vogel fliegt, davon,
Und werde wiederkehren,
Ihr Bitten zu gewähren.

(Er geht ab.)

Fünfter Auftritt.

Ein anders Zimmer in Olivia's Hause.

Sebastian allein.

Dieß ist die Luft; dieß ist die strahlende Sonne; diese Perle gab sie mir; ich fühl' es, und seh' es; und obgleich alles um mich her lauter Wunder ist, so ist es doch nicht Wahnwitz. — Wo ist denn Antonio? Ich konnt' ihn im Elephanten nicht finden; alles, was ich erfahren konnte, war, daß

Was ihr wollt.

er da gewesen, und wieder ausgegangen sey, um mich überall in der Stadt aufzusuchen. Sein Rath könnte mir itzt einen güldnen Dienst thun. Denn, wenn gleich meine Vernunft gegen meine Sinne behauptet, daß dieß alles irgend ein Irrthum seyn könne, ohne daß es Einbildungen oder Tollheit seyn müsse; so geht doch dieser Zufall und ein so außerordentliches Glück so weit über alles, was man sich vorstellen kann, oder was jemals erhört worden ist, daß ich bereit bin, ein Mistrauen in meine eignen Augen zu setzen, und mit meiner Vernunft zu zanken, wenn sie mich bereden will, irgend etwas anders zu glauben, als, daß ich verrückt sey, oder daß es dieß junge Fräulein seyn müsse. Und doch, wenn dieß letztere wäre, so könnte sie nicht ihr Haus regieren, ihren Bedienten Befehle geben, Geschäfte übernehmen und auftragen, und das alles mit einer so guten Art, mit einem so sanften, vernünftigen und gesetzten Wesen, wie ich sehe, daß sie thut. In der That, es ist doch etwas Täuschendes bey dieser Sache! Aber da kömmt sie ja selbst.

(Olivia kömmt mit einem Priester.)

Olivia. Machen Sie mir wegen dieser Eilfertigkeit keine Vorwürfe. Ist Ihre Absicht ehrlich, so kommen Sie mit mir und diesem heiligen Manne hier neben an in die Kapelle, und schwören mir da vor ihm, und unter ihrer geheiligten Umwölbung, das Gelübd Ihrer Treue, damit meine noch immer mistrauische und zweifelvolle Seele sich beruhige. Er soll es geheim halten, bis Sie wollen, daß es bekannt werde, und dann wollen wir unsre Hochzeitfeyer auf eine meinem Stand gemässe Art begehen. Was sagen Sie dazu?

Sebastian. Ich werde diesem würdigen Manne folgen, und mit Ihnen gehen, und, wenn ich einmal Treue geschworen habe, ewig treu seyn.

Olivia. So gehen Sie voran, ehrwürdiger Herr, und der Himmel schaue mit Wohlgefallen auf dieß mein Unternehmen herab!

(Sie gehen ab.)

Fünf-

Fünfter Aufzug.
Erster Auftritt.

Die Straße.

Der Rüpel. Fabian.

Fabian. Höre, wenn du mich lieb hast, so laß mich den Brief da sehen.

Rüpel. Lieber Herr Fabian, gewähren Sie mir auch eine Bitte.

Fabian. Was du willst.

Rüpel. Verlangen Sie nicht, diesen Brief zu sehen.

Fabian. Das ist, als wenn man einem einen Hund giebt, und zur Belohnung seinen Hund wieder zurück fodert.

(Der Herzog, Viola, Kurio, und Gefolge erscheinen.)

Herzog. Gehört Ihr zu dem Fräulein Olivia, meine Freunde?

Rüpel. Ja Herr, wir sind ein Theil von ihrem Schmuck.

Herzog. Ich kenne dich wohl; wie gehts dir, mein guter Kerl?

(Fünfter Band.) K

Rüpel. Wahrlich, Herr, besser wegen meiner Feinde, und schlimmer wegen meiner Freunde.

Herzog. Gerade das Gegentheil, besser wegen deiner Freunde.

Rüpel. Nein, Herr, schlimmer.

Herzog. Wie kann das seyn?

Rüpel. Zum Henker, Herr, sie loben mich und machen einen Narren aus mir; meine Feinde hingegen sagen mir gerade heraus, ich sey ein Narr; ich gewinne also durch meine Feinde in der Selbsterkenntniß, und von meinen Freunden werd' ich betrogen. Wenn nun Schlüsse wie Küsse in einander passen, und vier Verneinungen zwey Bejahungen ausmachen, so befinde ich mich besser wegen meiner Feinde, und schlimmer wegen meiner Freunde.

Herzog. Ey, das ist vortrefflich!

Rüpel. Nein, Herr, bey meiner Treu nicht, ob es Ihnen gleich beliebt, einer von meinen Freunden zu seyn.

Herzog. Du sollst dich meinetwegen nicht schlimmer befinden. Hier hast du Geld.

Rüpel. Wenn es nicht doppelsinnig gehandelt wäre, Herr, so wollt' ich, Sie gäben mir noch ein zweytes Stück.

Herzog. O! du giebst mir bösen Rath.

Rüpel. Stecken Sie Ihre Frömmigkeit in die Tasche, Herr, nur für dießmal, und lassen Sie einmal Ihr Fleisch und Blut gehorchen.

Herzog. Gut, ich will mich denn einmal so sehr versündigen, doppelsinnig zu handeln. Da hast du ein zweytes Stück.

Rüpel. Primo, secundo, tertio, ist ein gut Spiel, und es ist ein altes Sprüchwort: Der dritte Mann bezahlt für alle; der Tripeltakt, Herr, ist ein lustiger Takt; oder die Glocken der St. Benedictskirche, *) Herr, können Sie daran erinnern an Eins, Zwey, Drey.

Herzog. Für dießmal kannst du mir nicht mehr Geld aus dem Beutel narren. Wenn du deinem Fräulein sagen willst, ich wäre hier, um sie zu sprechen, und sie mit dir her bringst, so kann das vielleicht meine Gutthätigkeit ferner erwecken.

Rüpel. Nun ja, Herr, singen Sie Ihre Gutthätigkeit so lange in Schlaf, bis ich wiederkomme. Ich will gehen, Herr; aber ich möchte nicht gerne,

---

*) Der Dichter vergaß, daß er die Scene in Illyrien verlegt hatte, und erwähnt hier einer Kirche in London.

daß Sie dächten, meine Begierde zu haben sey die Sünde der Habsucht; sondern, wie Sie sagen, Herr; lassen Sie Ihre Gutthätigkeit einschlummern, ich will sie hernach wieder aufwecken.

(Er geht ab.)

Zweyter Auftritt.

Die Vorigen. Antonio. Gerichtsdiener.

Viola. Hier kömmt der Mann, gnädigster Herr, der mich rettete.

Herzog. Ich erinnere mich seines Gesichts sehr wohl; allein, als ich es zuletzt sah, war es so schwarz, wie Vulkan, im Rauche des Krieges geworden. Er war Capitain eines nichts bedeutenden Schiffes, worinn lauter Ballast und Sachen ohne Werth waren, und machte damit dem besten Theile unsrer Flotte so viel zu schaffen, daß selbst der Neid und die Zunge des Verlustes ihm Ruhm und Ehre zuriefen -- Was giebts denn mit ihm?

1. Gerichtsdiener. Gnädigster Herr, dieß ist der Antonio, der das Schiff Phönix und dessen Ladung von Candia her wegnahm; dieß ist der, der den Tieger bestieg, als Ihr junger Vetter Titus sein Bein verlor. Hier auf den Straßen, ohne alle

Bescheidenheit und ohne Vermögen trafen wir ihn, in einen Privathandel verwickelt, an.

Viola. Er erwies mir einen Dienst, gnädigster Herr, und zog für mich den Degen; aber am Ende sagte er so wunderliches Zeug vor, daß ich es für nichts anders als Wahnwitz halten kann.

Herzog. Strafwürdiger Seeräuber, du Dieb auf dem salzigen Wasser, welch eine unsinnige Dreistigkeit brachte dich in das Gebiete derer, welche du auf eine so blutgierige und strafbare Art zu deinen Feinden gemacht hast?

Antonio. Gnädigster Herzog, erlauben Sie, daß ich diese Namen, die Sie mir geben, von mir ablehne. Antonio war noch nie ein Dieb oder Seeräuber; ob ich gleich gestehe, daß ich, mit hinreichendem Grund und Recht, Orsino's Feind bin. Eine Zauberkraft zog mich hieher. Jenen so undankbaren jungen Menschen, der Ihnen dort zur Seite steht, rettete ich aus dem ergrimmten und schäumenden Rachen der wilden See; er war schon im Begriffe, ohne alle Hoffnung Schiffbruch zu leiden; ich schenkte ihm sein Leben, und that noch meine Liebe hinzu, die ohne Rückhalt und Einschränkung ihm ganz gewidmet war. Um seinetwillen, bloß aus Liebe zu ihm, wagte ich mich in die Gefahr dieser feindseligen Stadt; zog den Degen zu seiner Vertheidigung, als man ihn angefallen hatte; und als man mich dort ergriff, lehrte ihn seine falsche Arglist, um nicht die Gefahr mit mir zu theilen, sich ganz fremd und unbekannt gegen mich zu stellen; und in einem Augenblicke ward er um zwanzig Jahre weit von mir entfernt, versagte mir meine eigne Börse, die ich keine halbe Stunde vorher ihm zu seinem Gebrauche überlassen hatte.

Viola. Wie ist das möglich?

Herzog. Wann kam er in diese Stadt?

Antonio. Heute, gnädigster Herr, und drey Monate vorher, ohne eine Minute Zwischenzeit, waren wir Tag und Nacht immerfort beyeinander.

Dritter Aufritt.

Die Vorigen. Olivia. Gefolge.

Herzog. Hier kömmt die Gräfinn. Itzt wandelt der Himmel auf der Erde -- Aber was dich betrifft, Mensch, alle deine Worte sind Wahnwitz. Drey Monate lang hat dieser junge Mensch mir aufgewartet -- Aber hernach mehr davon -- Bringt ihn auf die Seite.

Olivia. Was verlangen Sie, gnädigster Herr, außer dem, was ich Ihnen nicht gewähren kann, worinn Olivia Ihnen dienen könnte? — Cäsario, Sie halten mir nicht Wort.

Viola. Mein Fräulein!

Herzog. Liebenswürdige Olivia — —

Olivia. Was sagen Sie dazu, Cäsario? — — Mein gnädiger Herr — —

Viola. Mein Herr will reden; und dann ists meine Pflicht, zu schweigen.

Olivia. Wenn das wieder aus dem alten Tone gehen soll, gnädigster Herr, so muß ich Ihnen sagen, daß mir der so eckelhaft und widerlich klingt, als Heulen nach einer Musik.

Herzog. Noch immer so grausam?

Olivia. Noch immer, mein Herr, so standhaft.

Herzog. Standhaft in der Bösartigkeit? — — Unartiges Mädchen, auf deren undankbaren und unglücksvollen Altären meine Seele die getreuesten Opfer ausgehaucht, welche je die Andacht dargebracht hat — — was soll ich machen?

Olivia. Alles, was Ihnen gefällt, gnädigster Herr, und was Ihnen anständig ist.

Herzog. Warum sollt' ich nicht, wenn ich nur

niederträchtig genug wäre, es zu thun, gleich dem Egyptischen Diebe,*) vor meinem Tode tödten, was ich liebe? Eine barbarische Eifersucht, die in manchen Fällen ganz edel läßt! = = Aber hören Sie nur an: Weil Sie meine Treue mit einer solchen Verachtung von sich werfen, und ich zum Theil das Werkzeug kenne, welches mich aus dem mir gehörigen Platze Ihrer Gunst verdrängt, so fahren Sie fort, eine marmorherzige Tyrannin zu seyn; aber diesen Ihren Liebling, von dem ich weis,

---

*) Unstreitig eine Anspielung auf irgend eine besondere Geschichte, und zwar, nach Theobalds Meynung, auf folgende, die beym Heliodor vorkömmt. Thyamis nämlich, war aus Memphis gebürtig, und das Haupt einer Räuberbande. Theagenes und Chariklea fielen in die Hände derselben; Thyamis verliebte sich sterblich in die letztere, und wollte sie heyrathen. Bald darauf, da diese Bande von einer stärkern überfallen ward, verbarg Thyamis seine Geliebte, nebst seinem Schatz, in einer Höhle. Da er nichts weiter mehr vor sich sah, als den Tod, wollte er seine Geliebte vorher aus der Welt schaffen, gieng an die Höhle, rief hinein, und so bald ihm eine griechische Stimme antwortete, glaubte er, es sey Chariklea, und ermordete eine andre Person statt ihrer. S. Theagenes und Chariklea (nach Meinhards Uebers. Leipz. 1767. 8.) Th. I. S. 75. ff.

daß Sie ihn lieben, und den ich, beym Himmel! sehr werth schätze, ihn will ich aus jenem grausamen Auge herausreißen, wo er gekrönt und siegreich, seinem Herrn zum Trotze, sitzt. Komm mit mir, junger Mensch! die Grausamkeit ist in meinem Gemüthe reif geworden; ich will das Lamm aufopfern, das ich liebe, um ein Rabenherz in der Brust einer Taube zu durchbohren.

Viola. Heiter, bereit und willig möcht' ich, wenn es Ihre Ruhe erfodert, tausendfachen Todes sterben.

Olivia. Wohin, Cäsario?

Viola. Dem nach, den ich liebe, mehr, als ich diese Augen liebe, mehr, als mein Leben, mehr, beym Himmel! als ich jemals ein Weib lieben werde. Wenn ich mich verstelle, so straft mein Leben dafür, ihr Zeugen dort oben, daß ich meine Liebe beflecke!

Olivia. O ich Unglückliche! wie bin ich getäuscht!

Viola. Wer täuscht Sie? Wer thut Ihnen was zu Leide?

Olivia. Hast du dich selbst vergessen? Ist das schon so lange? = = Ruft doch den Priester her.

Herzog. Kommt mit mir.

Olivia. Wohin, mein Herr? ‒ ‒ Cäsario, mein Gemahl, bleib!

Herzog. Gemahl?

Olivia. Ja, Gemahl. Kann er das leugnen?

Herzog. Ihr Gemahl? ‒ ‒ du?

Viola. Nein, gnädigster Herr, ich nicht.

Olivia. O! es ist bloß deine niederträchtige Furcht, die dich bewegt, dein Eigenthum zu verleugnen. Sey ohne Furcht, Cäsario, brauche deines Glücks; sey derjenige, der du weißt, daß du bist, und dann bist du so groß, wie derjenige, den du fürchtest ‒ ‒ (Der Priester kömmt.) O! willkommen, ehrwürdiger Herr. Ich beschwöre Sie bey der Würde Ihres Amts, hier das zu sagen ‒ ‒ ob wir gleich vorhin die Absicht hatten, das verborgen zu halten, was itzt Zeit und Umstände eher entdecken, als es reif ist ‒ ‒ was du weißt, daß neulich zwischen diesem jungen Menschen und mir vorgefallen ist.

Priester. Das Bündniß und Versprechen einer ewigen Liebe, durch die gegenseitige Zusammenfügung eurer Hände bestätigt, durch den heiligen Kuß eurer Lippen bezeugt, bestärkt durch die Auswechselung eurer Ringe, und durch die ganze Feyerlichkeit dieser Verbindung, die durch mein Amt und mein Zeugniß versiegelt ist, seit der Zeit, daß ich meiner Uhr nach, erst zwey Stunden meinem Grabe näher gekommen bin.

Herzog. O du heuchlerischer Fuchs! Was wirst du erst seyn, wenn die Zeit erst graues Haar auf deine Haut gesäet hat! Oder werden nicht vielmehr deine Tücke so schnell wachsen, daß, wenn du andern ein Bein unterschlägst, du selbst darüber fallen wirst? ‒‒ Gehab dich wohl, und nimm sie, aber hüte dich, daß wir beyden in Zukunft einander nie wieder treffen können.

Viola. Gnädigster Herr, ich betheure ‒‒

Olivia. O! schwöre nicht; halte noch ein wenig Wort, ob du gleich zu viel Furcht hast.

Vierter Auftritt.

Die Vorigen. Sir Andreas, mit zerschlagenem Kopfe.

Sir Andreas. Um Gottes willen, einen Wundarzt! ‒‒ und schickt gleich einen zu Sir Tobias.

Olivia. Was giebts denn?

Sir Andreas. Er hat mir meinen Kopf zunichte geschlagen, und Sir Tobisen gleichfalls einen blutigen Streich versetzt. Um Gottes willen, kommt uns zu Hülfe. Ich wollte vierzig Pfund darum geben, daß ich zu Hause wäre.

Olivia. Wer hat denn das gethan, Sir Andreas?

Sir Andreas. Des Herzogs Kammerdiener, ein gewisser Cäsario. Wir hielten ihn für eine feige Memme, aber er ist der eingefleischte Teufel selbst.

Herzog. Mein Kammerdiener, Cäsario?

Sir Andreas. Ja Sapperment, hier ist er – – Ihr zerschlugt mir den Kopf um nichts, und daß ich das that, dazu hetzte mich Sir Tobias auf.

Viola. Warum reden Sie mit mir? – – Ich habe Sie gar nicht verwundet. Sie zogen Ihren Degen auf mich ohne Ursach; aber ich redte Ihnen freundlich zu, und verwundete Sie nicht.

(Sir Tobias und der Lümpel kommen.)

Sir Andreas. Wenn eine blutige Tracht Prügel eine Verwundung ist, so habt Ihr mich verwundet; ich glaube, Ihr haltet eine blutige Tracht Prügel für nichts – – Hier kömmt Sir Tobias angehinkt; Ihr werdet noch mehr hören. Aber, hätt' er nicht getrunken gehabt, er hätt' euch anders gekitzelt, als er gethan hat.

Herzog. Nun wie gehts, Sir? wie stehts mit Euch?

Sir Tobias. Das ist alles gleichviel; er hat mich verwundet; und damit ists genug -- Geck, hast du den Wundarzt Richard gesehen, Geck?

Rüpel. O! er ist betrunken, Herr, schon seit einer Stunde! Seine Augen waren früh um acht Uhr schon untergegangen.

Sir Tobias. Dann ist er ein Schurk und ein liederlicher Flegel: Ich hasse einen besoffenen Schurken.

Olivia. Schafft ihn fort! -- Wer hat denn diesen Streich mit ihnen ausgeführt?

Sir Andreas. Ich will dir helfen, Sir Tobias, weil man uns doch mit einander zugleich verbinden wird.

Sir Tobias. Willst du einem Eselskopfe helfen, und einem Hahnrey, und einem Schurken, einem dünnbackichten Schurken, und elendem Kerl?

(Der Rüpel, Sir Tobias und Andreas gehen ab.)

Olivia. Bringt ihn zu Bette, und laßt nach seiner Wunde sehen.

Fünfter Auftritt.
Die Vorigen. Sebastian.

Sebastian. Es thut mir Leid, gnädige Frau, daß ich Ihren Vetter verwundet habe; allein, wär' es mein leiblicher Bruder gewesen, so hätte ich nach aller Vernunft, und für meine Sicherheit nicht anders verfahren können. = = (Alle stehen erstaunt da.) Sie blicken mich sehr befremdet an; daraus sehe ich, daß Sie dadurch beleidigt sind. Vergeben Sie mir; meine Theuerste, um der Gelübde willen, die wir einander erst vor so wenig Stunden gethan haben.

Herzog. Ein Gesicht, eine Stimme, eine Kleidung, und zwo Personen! = = Ein wahres Schattenspiel, welches ist, und nicht ist!

Sebastian. Antonio = = o! mein theurer Antonio! = = Wie haben die Stunden mich gefoltert und gemartert, seit ich dich verloren habe!

Antonio. Sebastian bist du?

Sebastian. Fürchtest du das, Antonio?

Antonio. Wie hast du denn dich selbst zerstücken können? = = Ein in zwey Theile gespaltener Apfel ist nicht mehr zwillingsmäßig, als diese beyden Geschöpfe! = = Wer ist Sebastian?

Was ihr wollt.

Olivia. Sehr wunderbar!

Sebastian. Steh' ich dort? ‒ ‒ Nie hatt' ich einen Bruder; auch kann meine Natur unmöglich die Eigenschaft der Gottheit haben, hier und überall zu seyn. Ich hatte eine Schwester, die von den blinden Wellen und Wogen verschlungen ist ‒ ‒ (Zu Viola.) O sagen Sie mir doch, wie sind Sie mit mir verwandt? was für ein Landsmann? wie ist Ihr Name? was haben Sie für Eltern?

Viola. Ich bin von Messaline; Sebastian war mein Vater; eben ein solcher Sebastian war auch mein Bruder; und so gekleidet fand er in der See sein Grab. Wenn Geister beydes Gestalt und Kleidung annehmen können, so kommen Sie hieher, uns zu erschrecken.

Sebastian. Ein Geist bin ich allerdings; allein ich trage noch die ganze körperliche Hülle an mir, die ich vom Mutterleibe erhielt. Wärst du nur ein Frauenzimmer ‒ ‒ denn alles übrige trifft völlig zu ‒ ‒ so würd' ich meine Thränen auf deine Wange fallen lassen, und sagen: „Dreymal willkommen, ertränkte Viola!„

Viola. Mein Vater hatte ein Maal auf seiner Stirne.

Sebastian. Der meinige auch.

Viola. Und starb an dem Tage, da Viola von ihrer Geburt an dreyzehn Jahre zählte.

Sebastian. O! die Erinnerung ist noch ganz lebhaft in meiner Seele. Er starb freylich an eben dem Tage, da meine Schwester dreyzehn Jahre alt wurde.

Viola. Wenn nichts mehr im Wege ist, uns beyde glücklich zu machen, als dieser mein angenommener männlicher Anzug; so umarmen Sie mich nicht eher, bis jeder Umstand des Orts, der Zeit, des Glücks, zusammenhängt, und es beweist, daß ich Viola bin. Um dieß zu bestätigen, will ich Sie zu einem Capitain in dieser Stadt bringen, wo meine Mädchenkleider liegen, durch dessen freundschaftliche Hülfe ich zu dem Glücke gerettet wurde, diesem edeln Herzoge zu dienen. Mein ganzes Schicksal ist seit der Zeit zwischen dieser Dame und diesem Herrn getheilt gewesen.

Sebastian (zu Olivia.) Nun kömmt es heraus, gnädige Frau, Sie haben sich geirrt; aber die Natur lenkte auch hier alles auf den rechten Weg. Sie wollten sich mit einem Mädchen verbinden, und auch darinn sind Sie, bey meinem Leben! nicht

nicht hintergangen; Sie sind beydes an ein Mädchen und an einen Mann versprochen.

Herzog. Seyn Sie nicht betroffen darüber; er ist von sehr gutem Adel. Wenn dieß alles so ist, wie es bisher noch zu seyn scheint, so werde ich an diesem sehr glücklichen Schiffbruch meinen Antheil haben. (Zu Viola.) Junger Mensch, du hast wohl tausendmal zu mir gesagt, du würdest nie ein Frauenzimmer so sehr lieben, als mich.

Viola. Und jedesmal, daß ich es gesagt habe, will ich beschwören, und alle diese Schwüre so treu in meiner Seele aufbewahren, wie jener Kreis das Feuer, welches den Tag von der Nacht scheidet.

Herzog. Gib mir deine Hand, und laß mich dich in deiner Frauenzimmerkleidung sehen.

Viola. Der Schiffscapitain, der mich zuerst ans Ufer brachte, hat meine Mädchenkleider. Er ist itzt wegen eines gewissen Vorfalls gefangen, auf Malvolio's Ansuchen, der in der gnädigen Frauen Diensten steht.

Olivia. Er soll ihn wieder loslassen. Laßt Malvolio hieher kommen. „ Wiewohl, ich denk

(Fünfter Band.)

Olivia. Lies es nur mit Verstande.

Rüpel. Das thu' ich auch, Madonna; aber wenn man seinen Verstand liest, so liest man so. Geben Sie also wohl Acht, meine Prinzeßinn, und merken auf!

Olivia. Les' Er es doch, Fabian.

Fabian (liest:) „Beym Himmel, gnädiges Fräulein, Sie thun mir Unrecht, und die Welt soll es wissen. Ob Sie mich gleich in ein finstres Loch gesteckt, und Ihren betrunkenen Oheim zum Aufseher über mich gesetzt haben, so bin ich doch meiner Sinne eben so mächtig, als Ihre Gnaden. Ich habe Ihren eignen Brief in Händen, der mich dazu brachte, so zu thun, wie ich that; und zweifle nicht, daß ich durch denselben mich sehr rechtfertigen, und Sie sehr beschämen werde. Denken Sie von mir, wie es Ihnen beliebt. Ich schlage mir meine Pflicht ein wenig aus den Gedanken, und spreche, wie mirs die mir geschehene Beleidigung eingiebt. -- Der als ein Wahnwitziger behandelte Malvolio."

Olivia. Hat er das geschrieben?

Rüpel. Ja, gnädige Frau.

Herzog. Das schmeckt doch nicht sehr nach Wahnwitz.

Olivia. Laß ihn los, Fabian, und bring ihn hieher. - - Gnädigster Herr, möcht' es Ihnen gefällig seyn, inskünftige von mir als Ihrer Schwester eben so zu denken, als Sie gethan hätten, wenn ich Ihre Gemahlinn geworden wäre! An einem Tage sollen beyde Verbindungen vollzogen werden, wenn es Ihnen so gefällig ist, hier in meinem Hause, und auf meine Kosten.

Herzog. Gnädige Frau, ich bin sehr geneigt, Ihren Vorschlag einzugehen. - - (Zu Viola.) Dein Herr entläßt dich, und für die Dienste, die du ihm gethan hast, so sehr wider die sanftere Natur deines Geschlechts, so sehr unter deiner edeln und zärtlichern Erziehung, und weil du mich bis daher schon deinen Gebieter genannt hast, hast du hier meine Hand; du sollst von nun an deines Gebieters Gebieterinn seyn.

Olivia. Eine Schwester! du bist es.

Siebenter Auftritt.
Die Vorigen. Malvolio.

Herzog. Ist das der Wahnwitzige?

Was ihr wollt.

Olivia. Ja, gnädiger Herr, das ist er. — Wie stehts, Malvolio?

Malvolio. Gnädige Frau, Sie haben mir Unrecht, sehr Unrecht gethan.

Olivia. Ich, Malvolio? — Nein.

Malvolio. Freylich, Sie; lesen Sie nur einmal diesen Brief. Sie müssen itzt nicht leugnen, daß es Ihre Hand ist; schreiben Sie einmal anders, wenn Sie können, eine andre Hand und Schreibart! Auch können Sie nicht sagen, das wäre nicht Ihre Erfindung, nicht Ihr Siegel. Nun wohl, so gestehen Sie es, und sagen mir um Ihrer eignen Ehre willen, warum Sie mir so deutliche Merkmale Ihrer Zuneigung gegeben, mir befohlen haben, mit Lächeln und kreuzweise gebundenen Kniegürteln vor Ihnen zu erscheinen, gelbe Strümpfe anzuziehen, und gegen Sir Tobias und geringere Leute finster und verdrießlich zu thun. Und da ich nun alles dieß, voller Gehorsam und Hoffnung, that, warum litten Sie es, daß man mich in einem dunkeln Zimmer einsperrte, daß mich ein Priester besuchte, und daß man mich zu dem ausgemachtesten Narren und Gecken machte, den man jemals Streiche gespielt hat? Sagen Sie mir, warum geschah das alles?

Olivia. Nein, Malvolio, diesen Brief hab' ich nicht geschrieben, ob ich gleich gestehe, daß die Hand der meinigen sehr ähnlich ist. Aber ganz gewiß ist es Maria's Hand; und itzt besinn' ich mich, daß sie mirs zuerst gesagt hat, daß du verrückt wärest. Du kamst darauf lächelnd und in dem ganzen Aufzuge, der dir hier im Briefe vorgeschrieben wird. Ich bitte dich, gib dich zufrieden; man hat dir freylich einen sehr häßlichen Streich gespielt; aber so bald wir den Grund und die Urheber desselben erfahren, sollst du beydes der Kläger und der Richter in deiner eignen Sache seyn.

Fabian. Gnädige Frau, hören Sie mich an, und lassen Sie keinen künftigen Zank noch Verdruß die Freude dieser gegenwärtigen Stunde verdunkeln, von der ich ein wundervoller Zeuge gewesen bin. In der Hoffnung, daß das nicht geschehen wird, gesteh' ich Ihnen aufrichtig, ich selbst und Sir Tobias dachten diesen Streich hier gegen Malvolio aus, weil er uns störrisch und unhöflich begegnet war. Maria schrieb den Brief, auf

Sir Tobiseys dringendes Zureden; zur Belohnung
dafür hat er sie geheyrathet. Wie lustig und bos-
haft hernach alles ausgeführt ist, das muß eher
Lachen als Rachgier erregen, wenn man die Be-
leidigungen vernünftig erwägt, die auf beyden
Seiten vorgefallen sind.

Olivia. Armer Narr, du daurst mich! Wie
haben sie dir mitgespielt!

Rüpel. Nicht wahr? „Einige werden groß
„geboren, andre arbeiten sich zur Größe empor,
„und noch andern wird sie aufgedrungen.„ - -
Ich war Einer, Herr, in diesem Zwischenspiele,
ein gewisser Sir Topas; aber das ist alles Eins. - -
„Beym Himmel! Narr, ich bin nicht verrückt!„
Aber erinnern Sie sich, meine gnädige Frau. - -
Warum lacht ihr?

Malvolio. Ich will mich an der ganzen Bande
von euch rächen.

(Er geht ab.)

Olivia. Man hat ihn gar häßlich zum Besten
gehabt.

Herzog. Gehen Sie ihm nach, und suchen
Sie ihn zu besänftigen. Er hat uns noch nichts
von dem Schiffscapitain gesagt. Wenn wir das

wissen, und die goldne Zeit uns günstig ist, so sollen sich unsere zärtlichen Seelen feyerlich verbinden. Indeß, beste Schwester, wollen wir nicht von hier weggehen? – – Komm, Cäsario; denn so sollst du heißen, so lange du noch eine Mannsperson bist; aber, wenn du dich in andrer Kleidung sehen läßt, Orsino's Gebieterinn, und die Königinn seiner Gedanken.

(Sie gehen ab.)

Rüpel (singt:)
Als ich ein kleines Bübchen noch war;
  (Wer macht aus Wind und Regen sich was?)
War alles mir leicht und klein wie ein Haar.
  (Der Wind macht trocken, der Regen macht naß.)

Doch als ein Mann war worden aus mir;
  Wer macht aus 2c.
Vor Schelmen und Dieben verschließt man die Thür.
  Der Wind macht 2c.

Doch als ich leider! ein Weib mir genommen;
  Wer macht aus 2c.
Da schwelgt' ich, und konnte zu gar nichts kommen.
  Der Wind 2c.

Doch wenn ich daheim zu Bette kam?
  Wer macht ꝛc.
Mein Kopf war da schwindlicht, die Zunge mir
                                            lahm.
  Der Wind ꝛc.

Die Welt steht schon lange, das Narrenhaus!
  (Wer macht aus Wind und Regen sich was?)
Doch das ist gleichviel; dieß Stück ist nun aus,
  Wenns Euch gefällt, so freut uns das.

Die lustigen Weiber zu Windsor.

Personen.

Sir John Falstaff.
Fenton.
Schallow, ein Friedensrichter.
Slender, dessen Vetter.
Herr Page.
Herr Ford, zwey Bürger in Windsor.
Sir Hugh Evans, ein Walisischer Priester.
Dr. Kajus, ein französischer Doctor.
Der Gastwirth zum blauen Hosenbande.
Bardolph.
Pistol.
Nym.
Robin, Falstaff's Edelknabe.
Wilhelm Page, ein kleiner Sohn Herrn Page's.
Simpel, Slender's Bedienter.
Rugby, des Dr. Kajus Bedienter.
Frau Page.
Frau Ford.
Jungfer Anne Page.
Frau Quickly, Aufwärterinn des Dr. Kajus.
Bediente.

Der Schauplatz ist Windsor, und die Gegend
in der Nähe.

Die lustigen Weiber zu Windsor.

Erster Aufzug.

Erster Auftritt.

Vor Page's Hause in Windsor.

Richter Schallow. Slender. Sir Hugh Evans.

Schallow. Sir Hugh, macht mir weiter keine Einrede. Ich wills bey der Sternkammer *) anhängig machen. Wenn er auch zwanzigmal Sir John Falstaff wäre, so soll er doch Robert Schallow, Esq. nicht zum Narren haben.

Slender. Friedensrichter in der Grafschaft Gloucester, und Coram.

---

*) The Star-Chamber war ehemals ein außerordentliches Criminalgericht zu Westmünster, welches von dem an der Decke mit goldnen Sternen verzierten Zimmer, worinn es gehalten wurde, seinen Namen hat.

Schallow. Freylich, Vetter Slender, und Cuſtalorum. *)

Slender. Freylich; und Ratolorum oben drein; und ein geborner Edelmann, Herr Pfarrer, der ſich Armigero auf jedem Scheine, jeder Bürgſchaft, Quittung oder Obligation ſchreibt; Armigero.

Schallow. Freylich, das thu' ich, und hab' es von jeher, ſeit dreyhundert Jahren, gethan.

Slender. Alle ſeine Succeſſoren, die vor ihm geweſen ſind, haben das gethan; und alle ſeine Anteceſſoren, die nach ihm kommen werden, können es thun. **)

Evans. Wenn Sir John Falſtaff Ihnen was zu Leide gethan hat, Herr Friedensrichter; ſo

---

*) Johnſon hält dieß Wort für eine verdorbene Ausſprache des *custos rotulorum*; und glaubt, Shakeſpear habe auch wohl ſo geſchrieben, da Schallow's Charakter mehr Pedanterey, als Unwiſſenheit iſt. Und ſo paßt auch Slender's Antwort beſſer. – Farmer ſchlägt vor, bloß Cuſtos zu leſen, worauf der einfältige Slender, der von einem Cuſtos Rotulorum gehört haben mochte, dieß letztere Wort hinzuſetzt, weil er jedes dieſer beyden Wörter für die Bezeichnung eines beſondern Amtes hielt.

**) Hier folgen im Original noch einige Reden, die ſich nicht überſetzen ließen.

gehöre ich zur Kirche, und würde mir eine Freude daraus machen, mich gefällig zu bezeigen, und zwischen Ihnen beyden Vertrag und Vergleich zu stiften.

Schallow. Das Gericht solls hören. Es ist eine Liederlichkeit. *)

Evans. Das ziemt sich nicht, daß das Gericht eine Liederlichkeit hören soll. Es ist keine Furcht Gottes bey einer Liederlichkeit. Das Gericht, sehn Sie, wird gerne von der Furcht Gottes hören wollen, und nicht von einer Liederlichkeit. Bedenken Sie das wohl.

Schallow. Ha! bey meinem Leben! könnt' ich wieder jung werden, so wollt' ichs mit dem Degen ausmachen.

Evans. Es ist besser, wenn gute Freunde der Degen sind, und es ausmachen. Und zudem geht noch ein andrer Anschlag in meinem Kopf herum, der vielleicht ganz ersprießlich seyn kann. Es giebt eine gewisse Anna Page, Tochter des Herrn Georg Page, ein hübsches Jungfräulein.

**) Dr. Grey führt die hieher gehörige Stelle aus einer unter der Regierung Heinrichs IV, gemachten Verordnung an.

Slender. Jungfer Anna Page? = = Sie hat braunes Haar, und spricht fein, wie ein Frauenzimmer.

Evan. Ganz recht, eben die ist es; und siebenhundert Pfund an baaren Gelde, und Gold und Silber hat ihr ihr Großvater auf seinem Todbette = = Gott verhelf' ihm zu einer fröhlichen Auferstehung! = = geschenkt, wenn sie siebenzehn Jahre auf dem Rücken haben wird. Es wäre wohl gethan, wenn wir unser Zanken und Hadern beyseite setzen, und eine Heyrath zwischen Herrn Abraham und Jungfer Anna Page zu Stande zu bringen suchten.

Slender. Hat ihr Großvater ihr siebenhundert Pfund nachgelassen?

Evans. Allerdings; und ihr Vater wird sie noch um manchen Heller reicher machen.

Slender. Ich kenne das junge Mädchen; sie hat gute Gaben.

Schallow. Siebenhundert Pfund, und Possibilitäten dazu, sind gute Gaben.

Slender. Gut, laßt uns den ehrlichen Herrn Page besuchen. Ist Falstaff da?

Evans. Soll ich Ihnen was vorlügen? Ich ver

verachte einen Lügner eben so sehr, als ich einen verachte, der falsch ist, oder als ich einen verachte, der nicht aufrichtig ist. Der Ritter, Sir John, ist da; und ich bitte Sie, lassen Sie sich freundschaftlich rathen. Ich will an Herrn Page's Thür klopfen. (Er pocht an.) Holla! — Gott grüß' euch da drinnen!

Zweyter Auftritt.
Die Vorigen. Page.

Page. Wer ist da?

Evans. Gottes Segen ist hier, und Ihr Freund, und Richter Schallow; und das ist der junge Herr Slender, der Ihnen vielleicht was anders erzählen wird, wenn alles so geht, wie Sie's wünschen.

Page. Ich freue mich, meine geehrtesten Herren wohl zu sehen. Ich danke Ihnen für mein Wildprät, Herr Schallow.

Schallow. Herr Page! ich freue mich, Sie zu sehen. Recht wohl bekomm' es Ihnen. Ich wünschte, Ihr Wildprät wäre besser; es ist schlecht geschossen. Was macht denn die liebe Frau Page? — O! ich dank' Ihnen allezeit von ganzem Herzen; top! von ganzem Herzen.

Page. Herr, ich dank' Ihnen.

Schallow. Herr, ich dank' Ihnen; bey Ja und bey Nein! das thu' ich.

Page. Ich freue mich! Sie zu sehen, lieber Herr Slender.

Slender. Was macht Ihr falbes Windspiel, Herr, man hat mir gesagt, er sey zu Cotsale *) überlaufen.

Page. Es konnte nicht zum Urtheilspruch kommen, Herr.

Slender. Sie wollen nicht bekennen; sie wollen nicht bekennen.

Schallow. Das will er nicht. Es ist Ihre Schuld; es ist Ihre Schuld; es ist ein recht guter Hund.

Page. Eine Betze, Herr.

Schallow. Es ist ein recht guter Hund, Herr Page, und ein schöner Hund. Was will man mehr? Er ist gut und schön. - Ist Sir John Falstaff hier?

---

*) Cotswold, ein Dorf in Worcestershire, oder Warwickshire, war wegen ländlicher Uebungen und Lustbarkeiten aller Art berühmt - - Man hat eine Sammlung von Gedichten, worinn diese Spiele beschrieben werden, unter der Aufschrift: The Cotswold - - Muse - - Warton.

Page. Er ist drinnen, Herr; und ich wünschte, ich könnte unter Ihnen beyden ein gutes Werk thun.

Evans. Das ist geredt, wie ein Christ reden muß.

Schallow. Er hat mich beleidigt, Herr Page.

Page. Herr, das gesteht er auch gewissermaßen.

Schallow. Mit dem Gestehen ists noch nicht gut gemacht; ist das nicht wahr, Herr Page? Er hat mich beleidigt -- wahrhaftig, das hat er -- auf mein Wort -- das hat er -- glauben Sie mirs -- Robert Schallow, Esq. sagt, man hat ihn beleidigt.

Page. Da kömmt Sir John.

Dritter Auftritt.

Die Vorigen. Sir John Falstaff. Bardolph, Nym, und Pistol.

Falstaff. Nun, Herr Schallow, Sie wollen mich vor Gericht verklagen?

Schallow. Herr Ritter, Sie haben meine Leute geprügelt, mein Wild getödtet, und mein Haus aufgebrochen.*)

---

*) Wahrscheinlich zielt dieß auf einen damals bekannten wirklichen Vorfall. Johnson.

Falstaff. Aber nicht Ihres Hauswarters Tochter geküßt.

Schallow. Ach Possen! ‒ ‒ Für jenes sollen Sie mir Red' und Antwort geben.

Falstaff. Ich will gleich darauf antworten: Ich habe das alles gethan. Nun ist die Antwort gegeben.

Schallow. Das Gericht soll das wissen.

Falstaff. Es wäre besser für Sie, wenn das Gericht nichts davon wüßte. Man wird Sie auslachen.

Evans. Pauca verba, Sir John; etwas gelinder.

Falstaff. Ey was? ‒ ‒ Slender, ich hab' ihm den Hals gebrochen; was hat er wider mich?

Slender. Wahrhaftig, Sir, ich habe in meinem Kopfe hier recht viel wider Sie, und wider Ihre spitzbübischen Schurken, Bardolph, Nym und Pistol.

Bardolph. Du jämmerlicher Kerl!

Slender. O! es hat nichts zu sagen.

Pistol. Was willst du, Mephistophilus?*)

---

*) Der Name eines Geistes oder Spiritus Familiaris in der Zaubergeschichte des Dr. Faust ‒ ‒ Warton.

Slender. O! es hat nichts zu sagen.

Nym. Nur ein bischen, sag' ich, pauca, pauca; ein bischen, das ist meine Sache.

Slender. Wo ist Simpel, mein Kerl? Könnt' ihr mirs nicht sagen, Vetter?

Evans. Stille doch, ich bitte Euch. Itzt laßt uns darüber sprechen. So viel ich sehe, sind drey Schiedsmänner in dieser Sache; nämlich Herr Page; videlicet Herr Page; und dann ich selbst, videlicet ich selbst; und der dritte Mann ist, endlich und zu guter Letzt, der Gastwirth zum Hosenbande.

Page. Wir drey wollen die Sache anhören; und sie unter ihnen beendigen.

Evans. Sehr gut. Ich will mir erst einen Auszug davon in meiner Schreibtafel machen, und hernach wollen wir die Sache so bedächtlich handhaben, als sichs nur immer thun läßt.

Falstaff. Pistol! ..

Pistol. Er hört mit den Ohren.

Evans. Der Teufel und seine Großmut sey! Was ist das für eine Redensart: er hört mit dem Ohre? Das ist ja verzweifelt affektirt!

Falstaff. Pistol, hast du Herrn Slenders Börse gemaust?

Slender. Freylich, bey diesen Handschuhen! das hat er; oder ich will in meinem Leben nicht wieder in meine große Stube kommen! Sieben Grot in lauter Sechspfenningstücken, und zwey Kupferschillinge von König Eduard, die mir das Stück zwey Schilling und zwey Pfenninge kosteten von Yead, dem Müller, bey diesen Handschuhen!

Falstaff. Ist das wahr, *) Pistol?

Evans. Nein, es ist falsch, wenns eine Beutelschneiderey ist.

Pistol. Ha! du Fremdling vom Gebirge! – Sir John; mein werther Herr, ich will mich mit dieser meßingblechernen Degenklinge **) schlagen. Lauter Unwahrheit ist auf deinen Lippen; lauter Unwahrheit! Windiger Lumpenkerl, du lügst!

Slender. Bey diesen Handschuhen! so ist es gewesen!

Nym. Laßt Euch rathen, Herr, und macht mich nicht böse. Ich werde mein Spiel mit Euch

---

*) true heißt wahr, und auch treu. Auf diesen Doppelsinn bezieht sich die Antwort.

**) Nämlich mit Slender. So erklärt Theobald seine Leseart *latten bilboe*, die Johnson in den Text aufgenommen hat. Steevens glaubt, es heiße bloß, so dünn als Blech.

haben, wenn ihr mich böse macht; das müßt ihr wissen.

Slender. Bey diesem Hute! so hat der da mit dem rothen Gesicht es gethan. Denn ob ich zwar nicht weis, was ich that, als ihr mich besoffen machtet, so bin ich doch nicht ganz und gar ein Esel.

Falstaff. Was sagt ihr, Scarlet und John? *)

Bardolph. Ich für mein Theil, Herr, ich sage, der feine Mensch hatte sich von allen seinen fünf Sünden getrunken.

Evans. Es heißt, von allen fünf Sinnen. **) Pfui! wie garstig die Unwissenheit ist!

Bardolph. Und da er betrunken war, so war er so gut wie abgedankt; und seine Conclusionen überschritten alle Gränzen.

Slender. Ja, ja, Latein spracht ihr damals auch; aber das macht nichts. Ich will mich in meinem Leben niemals wieder betrinken, als in

---

*) So hießen zwey Räuber von Robin Hood's Bande.. Der Name Scarlet (Scharlach) ist hier zugleich eine Anspielung auf Bardolphs rothes Gesicht.. Warburton.

**) Im Englischen *sentences* und *senses*.

ehrlicher, höflicher, artiger Gesellschaft, da mirs so gegangen ist. Wenn ich mich betrinke, so will ich mich mit denen betrinken, die noch die Furcht Gottes vor Augen haben, und nicht mit besoffenen Schelmen.

Evans. Nun, bey Gott! das ist eine fromme Seele!

Falstaff. Ihr hört; daß dieß alles geleugnet wird, ihr Herren, ihr hört es..

(Jungfer Anna Page bringt Wein.)

Page. Nicht doch, Tochter, bringe den Wein hinein, wir wollen drinnen trinken.

(Anna Page geht ab.)

Slender. O Himmel! das ist Jungfer Anna Page!

(Frau Ford und Frau Page kommen auf die Bühne.)

Page. Sieh da, Frau Ford!

Falstaff. Frau Ford, bey meiner Treu! Sie sind sehr willkommen. Mit Ihrer Erlaubniß, meine liebe Frau! (Er küßt sie.)

Page. Frau, heiße diese Herren willkommen. Lustig, wir haben diesen Mittag eine gute Wildpastete; nur hinein, ihr Herren. Ich hoffe, wir werden alle Zwistigkeiten wegtrinken.

(Sie gehen ab.)

zu Windsor.

Vierter Auftritt.

Schallow, Evans und Slender, die zurück bleiben.

Slender. Vierzig Schilling wollt' ich darum geben, wenn ich mein Buch mit Liedern und Sonneten hier hätte! = = (Simpel kömmt.) Nun Simpel, wo hast du denn gesteckt? Ich muß mir wohl selbst aufwarten; nicht wahr? Du hast nicht das Räthselbuch bey dir; nicht wahr?

Simpel. Das Räthselbuch! = = Ey, haben Sie es nicht an Mir Shortcake verliehen, am letzten Allerheiligenfeste, vierzehn Tage vor Michaelis?*)

Schallow. Hört, Vetter; hört, Vetter; wir warten auf euch. Hört nur ein Wort, Vetter; heyrathet dieß Mädchen, Vetter. Es ist gleichsam ein Antrag, so eine Art von Antrag, schon von weiten geschehen, hier durch Sir Hugh; versteht ihr mich?

Slender. Ja, Herr, ihr sollt finden, daß ich

---

*) Der Irrthum, die spätere Zeit zur frühern zu machen, ist hier ohne Zweifel dem Simpel mit Fleiß beygelegt; und es braucht daher der Veränderung Theobalds nicht, der *Martlemas* (Martini) für Michaelmas liest.

vernünftig bin. Wenn dem so ist, so werd' ich thun, was vernünftig ist.

Schallow. Ja, aber versteht mich nur.

Slender. Das thu' ich auch, Herr.

Evans. Geben Sie seinen Einsagungen Gehör, Herr Slender. Ich will Ihnen die Sache ein wenig descqribiren, wenn Sie Capacität dazu haben.

Slender. Ja, ja, ich will thun, wie mein Vetter Schallow sagt. Ich bitt' euch, verzeiht mir. Er ist ein Friedensrichter in seinem Lande, das glaubt mir nur auf mein ehrliches Gesicht.

Evans. Aber davon ist hier die Rede nicht. Die Rede ist hier von Ihrer Heyrath.

Schallow. Ja, daß ist der Punkt, Herr.

Evans. Freylich, heyrathen, ist es; das ist gerade der rechte Punkt; und zwar Jungfer Anna Page.

Slender. Nun ja, wenns denn so seyn soll, so will ich sie auf irgend eine vernünftige Vorstellung heyrathen.

Evans. Aber haben Sie auch Affection gegen das Frauenzimmer? Lassen Sie uns das aus Ihrem Munde, oder von Ihren Lippen vernehmen; denn einige Philosophen halten dafür, daß die Lippen ein Theil des Gemüths sind. Sagen Sie daher ohne Rückhalt, können Sie dem Mädchen wohl gut seyn?

Schallow. Vetter Abraham Slender, könnt Ihr sie lieben?

Slender. Ich hoff es, Herr Vetter, daß ich sie so lieben werde, wie sichs für einen Menschen schickt, der gern vernünftig handelt.

Evans. O Gott's Engel und seine Heiligen! Sie müssen positiv sagen, ob Sie wohl Ihre Wünsche auf sie richten können.

Schallow. Das müßt Ihr. Wollt Ihr, mit einer guten Aussteuer, sie heyrathen?

Slender. Ich wollte wohl noch was größers, als das, thun, wenn Ihrs, Vetter, auf eine vernünftige Art verlangtet.

Schallow. Nein, versteht mich, versteht mich recht, lieber Vetter. Was ich thue, geschieht euch zu Liebe, Vetter. Könnt ihr das Mädchen wohl lieb haben?

Slender. Ich will sie heyrathen, Herr, weil Ihr es verlangt. Und wenn denn auch im Anfange nicht viel Liebe dabey ist, so kann der Himmel sie vielleicht zur Abnahme bringen, wenn wir erst besser bekannt, wenn wir erst verheyrathet sind; und mehr Gelegenheit haben, einander kennen zu lernen. Ich hoffe, die Bekanntschaft wird schon mehr Verachtung nach sich ziehen. So bald Ihr sagt, heyrathe sie, so will ich sie heyrathen; dazu bin ich völlig dissolvirt, völlig dissolut.

Evans. Das ist eine sehr passende Antwort, nur einen Fehler ausgenommen, der in dem Worte dissolut steckt; es soll, meinem Bedünken nach, resolut heißen. Seine Meynung ist recht gut.

Schallow. Freylich, ich denke, mein Vetter meynte es gut.

Slender. Freylich; sonst wollt' ich mich auch lieber hängen lassen; wahrhaftig!

Fünfter Auftritt.

Die Vorigen. Anne Page.

Schallow. Da kömmt unsre schöne Jungfer Anne. Wollt', ich wäre noch jung um Ihrentwillen, Jungfer Anne!

Anne. Das Essen ist auf dem Tisch. Mein Vater wünscht, die Herren bey sich zu sehen.

Schallow. Ich werde ihm aufwarten, schöne Jungfer Anne.

Evans. Potz Element, ich werde bey dem Gratias nicht abwesend seyn.

(Schallow und Evans gehen ab.)

Anne. Ist es Ihnen nicht auch gefällig hinein zu kommen, gestrenger Herr?

Slender. Nein, ich danke Ihnen, wahrhaftig, recht herzlich. Ich befinde mich hier so ganz wohl.

Anne. Das Essen wartet auf Sie, mein Herr.

Slender. Ich bin gar nicht hungrig - - ich bedanke mich - - wahrhaftig. (Zu Simpel.) Geh, Kerl, ob du gleich eigentlich mein Kerl bist, geh, und warte meinem Vetter Schallow auf. (Simpel geht ab.) Ein Friedensrichter kann zuweilen seinem Freunde für einen Bedienten Verbindlichkeit haben. Ich halte bisher nur noch drey Kerle und einen Jungen, bis meine Mutter todt seyn wird; aber was machts? ich lebe doch noch immer so gut, wie ein armer Edelmann.

Anne. Ich darf ohne Sie nicht hinein gehen, gestrenger Herr; sie werden sich nicht eher zu Tische setzen, bis Sie kommen.

Slender. Auf meine Ehre, ich esse nicht. Ich nehm' es so gut wie genossen.

Anne. Ich bitte Sie, Herr, spazieren Sie hinein.

Slender. Ich mag lieber hier draußen spazieren; ich bedanke mich. Ich habe einmal meine Haut blau und braun gekriegt, da ich mit einem Fechtmeister mit Dolch und Degen spielte, drey Gänge um eine Schüssel geschmorter Pflaumen; und, bey meiner Treu, seit der Zeit kann ich nicht den Geruch von warmen Essen vertragen = = Warum bellen denn Ihre Hunde so? = = Sind etwa Bären in der Stadt?

Anne. Ich glaube, ja, Herr; mich dünkt, ich habe davon reden hören.

Slender. Die Bärenhetze ist sehr meine Sache, aber ich komme darüber so leicht in Zank, als irgend einer in ganz England. Ihnen wird wohl bange, wenn Sie den Bären los sehen, nicht wahr?

Anne. Ja, wirklich, Herr.

Slender. Das ist für mich so gut, wie Essen und Trinken. Ich habe Sackerson *) zwanzigmal los gesehen, und hab' ihn bey der Kette gepackt. Aber, ich versichre Ihnen, die Weibsleute haben dabey so gekreischt und geschrien, daß es über alles

---

*) Der Name des Bären, der auch in der alten Komödie, *Sir Giles Goosecap* vorkömmt. Steevens.

gieng. Aber freylich, Weibsleute können die Bären nicht leiden; es sind sehr häßliche, rauhe Geschöpfe.

(Herr Page kömmt dazu.)

Page. Kommen Sie, lieber Herr Slender, kommen Sie doch; wir warten auf Sie.

Slender. Ich werde nichts essen; ich bedanke mich, mein Herr.

Page. Beym Henker, Herr, Sie sollen sich nicht erst bedenken; kommen Sie, kommen Sie.

Slender. O! ich bitte, zeigen Sie mir den Weg.

Page. Nur zu, Herr.

Slender. Jungfer Anne, Sie müssen voran gehen.

Anne. Ich nicht, mein Herr; ich bitte, gehn Sie doch.

Slender. Wahrhaftig, ich werde nicht voran gehen, wahrhaftig nicht. Ich werde Ihnen den Schimpf nicht anthun.

Anne. Ich bitte Sie, mein Herr.

Slender. Ich will lieber unhöflich seyn, als überlästig. Sie thun sich selbst zu nahe, wahrhaftig.

(Sie gehen ab.)

Sechster Auftritt.
Evans. Simpel.

Evans. Geht doch fort, und fragt, wo man nach Doctor Kajus Haus geht; und da wohnt eine gewisse Frau Quickly, die bey ihm eine Art von Amme, oder seine Wärterinn, oder seine Köchinn, oder seine Wäscherinn, seine Plätterinn und Näherinn ist.

Simpel. Gut, Herr.

Evans. Nein, noch was bessers; gib ihr diesen Brief; denn es ist eine Frau, die ganz und gar eine gute Bekannte von Jungfer Anna Page ist; und der Brief soll sie bitten und ersuchen, den Antrag deines Herrn bey Jungfer Anne Page anzubringen. Geh nur immer. Ich will meine Mahlzeit vollends zu Ende bringen, es kommen noch Aepfel und Käse.

(Sie gehen an verschiedenen Seiten ab.)

Siebenter Auftritt.
Der Gasthof zum Hosenbande.

Falstaff. Der Gastwirth. Bardolph. Nym. Pistol. Robin.

Falstaff. Herr Gastwirth zum Hosenbande..

Gast-

zu Windsor.

Gaſtwirth. Was befiehlt der Herr Eiſenfreſſer? Sprechen Sie gelehrt und weiſe.

Falſtaff. Wahrhaftig, mein lieber Wirth, ich muß einige von meinem Gefolge abſchaffen.

Gaſtwirth. Immer verabſcheidet, Eiſenfreſſer Herkules, immer abgeſchafft! Laß ſie laufen! trab! trab!

Falſtaff. Es koſtet mich zehn Pfund die Woche.

Gaſtwirth. Du biſt ein Kaiſer, ein Cäſar biſt du. Ich will Bardolph in meinen Sold nehmen; er ſoll Bier abziehen, er ſoll zapfen. Hab' ich wohl geredet, Eiſenfreſſer Hektor?

Falſtaff. Thu das, mein lieber Gaſtwirth.

Gaſtwirth. Ich habs einmal geſagt; laß ihn mit mir kommen. Laß mich dich ſchäumen und leimen ſehen. *) Ein Wort, ein Mann. Komm mit mir.

(Er geht ab.)

---

*) Steevens hat die alte Leſeart : *Let me ſee the froth and lyme* wieder hergeſtellt; und erklärt ſie aus der Gewohnheit der Verfälſcher des Biers und Weins, da ſie, um das Bier ſchäumend zu machen, Seife auf den Boden des Faſſes warfen, und Leimen oder ungelöſchten Kalk in den Spaniſchen Wein thaten, damit er im Glaſe ſprudeln möchte.

(Fünfter Band.)

Falstaff. Bardolph, geh ihm nach. Ein Bierzapfer ist ein gutes Gewerbe. Aus einem alten Mantel wird ein neues Wams; aus einem vertrockneten Bedienten ein frischer Bierzapfer. Geh; Gott sey mit dir.

Bardolph. Das Leben hab' ich lange gewünscht; ich will schon fortkommen.

(Er geht ab.)

Pistol. Du niederträchtiger Ungarscher Tölpel! willst du itzt den Zapfen handhaben?

Nym. Er wurde im Saufen gezeugt; ist das nicht verzweifelter Humor? Sein Geist ist nicht heroisch; und das ist eben der Humor davon.

Falstaff. Ich bin froh, daß ich so die Zunderbüchse los bin; seine Diebstähle waren zu offenbar; er mauste, wie einer, der einen ungeschickten Finger zur Musik hat; er hielt kein Tempo.

Nym. Der gute Humor besteht darinn, in einer Vierundsechszigstelpause *) zu stehlen.

Pistol. Fortbringen, nennen es kluge Leute; stehlen? - - Pfui! Pfui dich an für den Ausdruck!

---

*) Die gewöhnliche Leseart ist sonst at a *minute's* rest; hingegen ist die at a *minim's* rest, worauf Johnson durch einen Musikliebhaber gebracht wurde, wahrscheinlicher und passender. Langton.

Falstaff. Nun, ihr Leute, ich habe mir Schuh und Strümpfe fast abgerissen. *)

Pistol. Nun, da wirds Fußwunden geben.

Falstaff. Es ist kein ander Mittel; ich muß was zu erhaschen suchen; ich muß mir was erwerben.

Pistol. Junge Raben brauchen Futter.

Falstaff. Wer von euch kennt Ford in dieser Stadt?

Pistol. Ich kenne den Kerl; er steht sich ganz gut.

Falstaff. Meine ehrlichen Leute, ich will euch sagen, worauf ich hinausgehe.

Pistol. Ueber zwey Ellen gehn Sie in der Dicke hinaus.

Falstaff. Für itzt keine Possen, Pistol. Freylich ich gehe mit meinem Wanste wohl über zwey Ellen hinaus; aber davon ist hier die Rede nicht **); ich

―――――――――――――――――――

*) I am almost out at heels, eine sprüchwörtliche Redensart, worinn heels eigentlich die hintern Sohlen oder Hacken der Strümpfe bedeuten.

**) Im Englischen steht: I am now about no waste; und darinn liegt ein Wortspiel, weil waste nicht nur den Wanst, sondern auch eine Abnahme bedeutet.

rede davon, daß ich auf einen guten Fang ausgehe. Kurz, ich bin Willens, mit Ford's Frau einen Liebeshandel anzufangen; ich habe schon manchen Vortheil bey ihr auf der Spur; sie discurirt, sie schneidet vor, sie giebt einladende Seitenblicke. Ich kann aus dem Innhalt ihres vertrauten Gesprächs und aus dem ganzen Tone ihres Betragens nichts anders herausbringen, wenn ich es in unsre Sprache übersetzen soll, als die Worte: Ich liebe Sir John Falstaff.

Pistol. Er hat sie sehr gut studirt, und gut übersetzt; aus der Ehrlichkeit in unsre Muttersprache.

Nym. Der Anker ist tief. *) Wird der Humor passiren?

Falstaff. Nun geht das Gerücht, daß sie ihres

---

*) Steevens versteht hier das Wort *anchor* von dem bekannten Weingefässe, welches auch bey uns ein Anker heißt. Er glaubt, diese Anspielung sey für Nym sehr passend, der den Trunk über alles liebte. Johnson zweifelt indeß an der Richtigkeit dieser Erklärung, und thut den Vorschlag: *the author* zu lesen. Farmer endlich ist für die gewöhnliche Leseart, in der gewöhnlichen Bedeutung eines Schiffankers, welcher ein Bild von dem gründlichen Tiefsinn eines Buchs oder Schriftstellers seyn kann.

zu Windsor.

Mannes Geld ganz unter ihren Händen hat; sie hat eine Legion von Engeln. *)

Pistol. Wie viele Teufel zu halten pflegen. Auf sie los, Bursche, sag' ich.

Nym. Der Humor steigt; das ist gut; humorisirt mir die Engel.

Falstaff. Hier hab' ich einen Brief an sie geschrieben, und hier einen andern an Page's Frau, die eben itzt gleichfalls ein gutes Auge auf mich warf, meine Bildung mit sehr kunstrichterlichen Blicken untersuchte; zuweilen verguldete der Strahl ihres Anblicks meinen Fuß, zuweilen meinen stattlichen Bauch.

Pistol. Da schien denn die Sonne auf einen Misthaufen.

Nym. Schönen Dank für den Humor.

Falstaff. O! sie überlief mein Aeußerliches mit einer so gierigen Anstrengung, daß der Appetit ihres Auges mich, gleich einem Brennglase, ganz zu versengen schien. Hier ist auch ein Brief an sie. Sie führt ebenfalls die Kasse; sie ist eine Ge-

---

*) D. i. von Goldstücken, worauf Engel geprägt sind.

gend in Guiana, *) lauter Gold und Ueberfluß. Ich will sie beyde wie Schatzkammern brauchen; **) sie sollen mein Ost- und Westindien seyn, und ich will nach beyden hin Handel treiben. Geh, und bringe du diesen Brief an Frau Page, und du diesen an Frau Ford. Wir wollen was vor uns bringen, Leute, wir wollen was vor uns bringen.

Pistol. Soll ich Ritter Pandarus von Troja werden, und einen Degen an der Seite tragen? Dann mag der Teufel alles holen!

Nym. Ich will in keinen übeln Humor gerathen; da, nimm den Humorbrief hin; ich will mich reputirlich aufführen.

---

*) Wenn die gemeine Sage wahr ist, daß dieß Schauspiel auf Befehl der Königinn Elisabeth verfertiget worden, so läßt sich vielleicht aus dieser Stelle mit Wahrscheinlichkeit muthmaßen, daß es erst nach dem Jahre 1598 aufs Theater gebracht ist. Guiana war damals erst neulich von den Engländern entdeckt; Sir Walter Raleigh fieng seine Expedition nach Südamerika im J. 1595 an, und kam 1596 wieder zurück, mit der vortheilhaften Nachricht von den großen Reichthümern in Guiana – Theobald.

**) Im Englischen: I will be *Cheater* tho them both, and they fhall be *Exchequers* to me. Mit dem Worte *Cheater*, welches einen Betrüger bedeutet, wird hier

zu Windsor.

Falstaff (zu Robin.) Hört, Freund, daß ihr da den Brief richtig bestellt! Segelt, wie meine Fregatte, an diese Goldküsten. -- Fort, Kerls, macht euch davon! verschwindet, wie Hagelsteine! geht! macht hurtig! lauft was ihr könnt! sucht Schutz für uns! packt euch! -- Falstaff will den Humor der itzigen Welt lernen, französisch Glück, Ihr Schurken; ich selbst und mein verbrämter Edelknabe.

(Er geht mit seinen kleinen Burschen ab.)

Achter Auftritt.

Pistol. Nym.

Pistol. Daß dir der Geyer in den Magen fahre; denn aller Betrug gilt, und mit hohen und niedern Würfeln lassen sich, wie man will, Reich und Arm betriegen. Ich will Geld im Beutel haben, wenn du darben wirst, du niederträchtiger Kerl du!

Nym. Ich habe Operationen in meinem Kopf, welche Humors der Rache sind.

---

gespielt; es steht für *Echeator*, einem Bedienten bey der königlichen Schatzkammer, der die an dieselbe verfallenen Güter angeben muß.

Pistol. Willst du Rache?

Nym. Beym Firmament und seinen Sternen!

Pistol. Mit Witz oder mit dem Stahl?

Nym. Mit beyden Humors will ichs; ich will Forden den Humor seiner Liebe auseinandersetzen.

Pistol.

Und ich auch geh' in aller Still

Es Page'n zu entdecken,

Daß Falstaff, dieser Lumpenkerl,

Ihm Geld und Weibchen stehlen will,

Und ihm sein Bett beflecken.

Nym. Mein Humor soll sich nicht abkühlen, ich will Ford aufhetzen, aufs vergiften zu denken; ich will ihn von Galle und Rachsucht besessen machen; denn diese Mine,*) die ich sprengen will, ist fürchterlich; das ist mein wahrer Humor.

Pistol. Du bist der wahre Kriegsgott der Mißvergnügten; ich stehe dir bey; marschire nur zu!

(Sie gehen ab.)

---

*) Nach der alten Leseart: *this revolt of mine*, die Kenrick (*Review*, p. 98.) vertheidigt, und wozu sich Pistols Antwort am besten schickt. Vielleicht heißt es indeß nichts weiter, als: „diese meine Empörung."

Neunter Auftritt.

Der Schauplatz ist das Haus des Dr. Kajus.

Frau Quickly. Simpel. John Rugby.

Quickly. Sieh da, John Rugby! – O! ich bitte dich, geh doch einmal ans Fenster, und sieh zu, ob du meinen Herrn, Herrn Doctor Kajus kommen siehst. Wenn er käme, wahrhaftig, und fände hier jemand im Hause, so würde die Geduld aller Heiligen nicht hinreichen, sein Gepolter auszuhalten.

Rugby. Ich will hingehen, und Acht darauf geben.

Quickly. Geh hin; wir wollen dafür gleich diesen Abend eine Milchsuppe zusammen essen, so bald unser Herr zu Bette ist. (Rugby geht ab.) Ein ehrlicher, williger, gefälliger Kerl, so gut je ein Bedienter ins Haus kommen kann; und ich versichre ihm, kein Zwischenträger, kein Friedensstörer. Sein ärgster Fehler ist, daß er gerne betet; er ist von der Seite etwas wunderlich; aber jedermann hat seine Fehler; das mag so hingehen. Peter Simpel, sagt er, ist sein Name?

Simpel. Ja, in Ermanglung eines bessern.

Quickly. Und Herr Slender ist sein Herr?

Simpel. Ja, meiner Treu.

Quickly. Trägt er nicht einen großen runden Bart, wie das Messer eines Handschuhmachers?

Simpel. Nein, meiner Treu nicht; er hat nur ein kleines schmales Gesicht, mit einem kleinen, gelben Barte, einem Kainfarbigen Barte.*)

Quickly. Ein sanftmüthiger Mann, nicht wahr?

Simpel. Ja, meiner Treu. Aber er ist ein so handfester Mann, als irgend einer zwischen meinem und seinem Kopfe ist. Er hat sich mit einem Aufseher des Thiergartens geschlagen.

Quickly. Was er sagt! = = O! ich besinne mich auf ihn. Trägt er nicht seinen Kopf gewissermaßen in die Höhe? und stolzirt in seinem Gange.

Simpel. Ja freylich thut er das.

Quickly. Gut; der Himmel gebe Annen Page nichts schlimmers, als das! Sag er doch dem Herrn Pfarrer Evans, ich werde für seinen Herrn alles thun, was ich nur kann. Anne ist ein gutes Mädchen; und ich wünsche = =

---

*) Kain und Judas wurden auf den alten Tapeten und Gemählden mit gelben Bärten vorgestellt = = Theobald. Zu einer Zeit, da nur ein kleiner Theil der Nation lesen konnte, wurden die Vorstellungen sehr oft von Gemählden oder Tapeten hergenommen. Steevens.

Rugby. Daß Gott erbarm! -- (Rugby kömmt.) Da kömmt unser Herr!

Quickly. Wir werden alle tüchtig ausgescholten werden; lauf hier hinein, lieber junger Mensch; geh hier in das Kabinet. (Sie verschließt Simpeln in das Kabinet.) Er wird nicht lange hier bleiben. -- He! John Rugby! John! he! John, sag' ich! -- geh hin, John, geh, und erkundige dich nach meinem Herrn. Ich sorge, es fehlt ihm was, daß er nicht nach Hause kömmt -- Tralarara! (Sie singt.)

Zehnter Auftritt.
Die Vorigen. Dr. Kajus.

Kajus. Was thut ihr singen da? Ik nig lieb diese Voß. Keht dog hin in mein Kabinet und holt ein boitier *) verd, eine Büchs, ein grün Büchs; versteht ihr, was ik spreck? Ein grün Büchs.

Quickly. Ja doch, ja, ich will sie Ihnen holen -- (beyseite.) Ich bin froh, daß er nicht selbst hinein gieng; hätt' er den jungen Menschen gefunden, er wäre toll geworden.

Kajus. Fe, fe, fe, ma foi, il fait fort chaud; je m'en vais à la cour -- la grande affaire.

---

*) Eine Schachtel mit chyrurgischen Instrumenten. **Dr. Grey.**

Quickly. Ist es diese, Herr Doctor?

Kajus. Oui; mettez-le à ma Tasche. Depechez, geschwind. Wo is denn dat Kerl, Rugby?

Quickly. He! Rugby! -- John!

Rugby. Hier, Herr Doctor.

Kajus. Ihr John Rugby seyd, und ihr Jack Rugby seyd. Kommt, nehmt da nur Rapier, und kommet hinter meine Fußstapf nach die Hof.

Rugby. Es ist fertig, Herr Doctor, hier im Vorsaal.

Kajus. Mein Seel, ik säum zu lang; mein Ehr! Qu'ai-je oublié? – Ha sind kewisse Simpla in mein Kabinet, die ik nig laß wollt dahinten für alle Welt.

Quickly. O weh! da wird er nun den jungen Menschen finden, und ganz rasend werden!

Kajus. O diable! diable! wat is hier in mein Kabinet? Spitzbub, larron! -- Rugby, mein Rapier!

(Er schleppt Simpeln aus dem Kabinet heraus.)

Quickly. Lieber Herr, seyn Sie ruhig.

Kajus. Warum ruhik soll seyn ik?

Quickly. Der junge Mensch da ist ein ehrlicher Mensch.

Kajus. Was der ehrlik Mensch hat su thun in mein Kabinet? -- Das ist kein ehrlik Mensch, der kömmt nein in mein Kabinet.

Quickly. Ich bitte Sie, seyn Sie nicht so phlegmatisch; hören Sie nur, wie es zusammenhängt. Er brachte mir ein Gewerbe von Pfarrer Hugh.

Kajus. Kuth.

Simpel. Ja, mein Treu, um sie zu ersuchen, daß --

Quickly. Stille doch, ich bitte dich.

Kajus. Stille sey du, und sprekken sollst du.

Simpel. Um diese ehrliche Frau zu ersuchen, ein gut Wort bey Jungfer Anna Page für meinen Herrn einzulegen, um ihn zu heyrathen.

Quickly. Das ist alles, in der That; aber ich will mich wohl hüten, mir die Finger zu verbrennen; ich brauche das nicht.

Kajus. Sir Hugh euk hat keschickt? -- Rugby, baillez-moi etwas Papier. Säumt dock hier ein kleins wenick.

Quickly. Ich bin froh, daß er so ruhig ist. Wär' er recht durch und durch böse geworden, so hättet ihr einmal sehen sollen, wie laut, wie melancholisch er geworden wäre! -- Aber dennoch, guter Freund, will ich für seinen Herrn so viel thun, als ich nur immer kann, und die klare, reine Wahrheit ist, der französische Doctor, mein Herr -- ich kann ihn wohl meinen Herrn nennen, sieht er, denn ich führe ihm seine Haushaltung, und wasche, ringe aus, braue, backe, scheure, mache Essen und Trinken, mache die Betten, und thue alles selbst.

Simpel. Man hat wohl eine Last, wenn man unter fremde Hände kömmt.

Quickly. Weis er das schon? Wahrhaftig, eine tüchtige Last; und dabey muß man früh aufstehen, und spät zu Bette -- Aber dennoch -- ich wills ihm ins Ohr sagen; ich möchte nicht gern viel Geredes davon haben -- mein Herr selbst ist in die Jungfer Anna Page verliebt -- aber dennoch, kenn' ich Annens Gemüth; das weder hier noch dort ist.

Kajus. Du Maulaff, lieb mal diese Brief an Sir Hugh. Pardieu, es ist ein Ausfodrunk. If ihm schneid will sein Kehl in die Thierkart; und ich lehren will ein Maulaff von Pfaff sik zu mischen und zu mencken -- Keht nur; es ist nik kuth, hier zu säumen länger. Pardieu, if ihm schneiden will all sein zwey Stein. Pardieu, er nicht behalt soll ein Stein zu werf vor sein Hund.

(Simpel geht ab.)

Quickly. Lieber Gott! er spricht ja nur für seinen Freund.

Kajus. Das alls niks thut. Habt ihr nie kesagt mir, ik haben soll Jungfer Anne Page für mick? Pardieu, ik will tödt den verflucht Pfaff; und ik bestellt hab mein Gastwirth de la Jarretiere, zu meß unsre Kewehr.*) Pardieu, ik selber haben will Anne Page.

Quickly. Herr Doctor, das Mädchen liebt Sie, und alles wird gut gehen. Wir müssen die Leute reden lassen. Was, die schwere Noth!

Kajus. Rugby, komm mit an die Hof mit mick -- Pardieu, wenn ik nieg krieg Anne Page, ik dich schmeiß will aus mein Haus -- Folk mir nach, Rugby.

(Kajus und Rugby gehen ab.)

---

*) Eine Anspielung auf die Gewohnheit bey gesetzmäßigen Zweykämpfen, wobey die Secundanten, ehe der Zweykampf angieng, die Gewehre untersuchen mußten, die der vertheidigende Theil wählen konnte, nur daß er seine Wahl auf alte, gebräuchliche und kriegrische Waffen einschränken mußte -- Dr. Grey.

Quickly. Den Henker sollen Sie haben! -- Nein, darinn kenn' ich Annens Gemüth; kein Weibsbild in ganz Windsor hat jemals Annens Gemüth besser gekannt, als ich, oder kann mehr mit ihr anfangen, als ich, dem Himmel sey Dank.

Fenton. (drinnen.) Holla! -- Ist niemand da?

Quickly. Wer ist denn da? -- he? -- Immer näher! -- Nur herein!

Eilfter Auftritt.
Fenton. Quickly.

Fenton. Sieh da, gute Quickly, wie gehts dir denn?

Quickly. Desto besser, weil Ihrer Gestrengen beliebt, darnach zu fragen.

Fenton. Was giebts Neues? Was macht die hübsche Jungfer Anne?

Quickly. Ja wahrlich, Herr, sie ist hübsch, und ehrlich, und artig, und ist Ihre gute Freundinn, das kann ich Ihnen nebenher sagen; ich danke dem Himmel dafür.

Fenton. Wirds gut für mich gehen? was meynst du? Werd' ich nicht vergebens anhalten?

Quickly. Freylich, Herr, der da droben hat
alles

alles in seinen Händen; aber dennoch, Herr Fenton, wollt' ich hoch und theuer darauf schwören, daß sie Ihnen recht gut ist. – Haben Sie nicht eine Warze über Ihrem Auge?

Fenton. Ja freylich hab' ich die; und was soll denn die Warze?

Quickly. O! davon ist viel zu erzählen – – wahrhaftig es ist ein närrisches Aennchen – – aber, mein Treu, ein so ehrliches Mädchen, als je Brod gegessen hat – – Wir plauderten eine ganze Stunde über die Warze – – So lach' ich in meinem Leben nicht, als wenn ich bey dem Mädchen bin! – – Aber wirklich, sie ist zu malinkolisch, zu kalmäusernd; aber gegen Sie – – O! nur guten Muth!

Fenton. Schon gut; ich werde sie heute noch sehen. Halt, hier hast du etwas Geld. Sprich ein gutes Wort für mich. Solltest du sie eher sehen, als ich, so empfiehl mich – –

Quickly. Soll ich? – – Ja, wahrhaftig, das werd' ich thun; und ich will Ihnen noch mehr von der Warze erzählen, das nächstemal, wenn wir einander sprechen, und von andern Freyern.

Fenton. Gut; lebe wohl; ich hab' itzt große Eile.

(Er geht ab.)

Quickly. Gott behüte Ihre Gestrengen = = Wahrlich, ein braver Herr; aber Anne kann ihn nicht leiden; ich kenne Annens Gemüth so gut als ein andrer = = Potz tausend! was hab' ich vergessen!

(Sie geht ab.)

Zweyter Aufzug.
Erster Auftritt.
Vor Page's Hause.
Frau Page, mit einem Briefe.

Frau Page. Wie? bin ich Liebsbriefen zur Festtagszeit meiner Schönheit entgangen, und bin nunmehr ihr Innhalt geworden? = = Laß doch sehen:

„ Fragen Sie mich um keine verständige Ursache,
„ warum ich Sie liebe; denn, wenn gleich die
„ Liebe den Verstand zu ihrem Arzte *) braucht,
„ so läßt sie ihn doch nicht als Rathgeber zu. Sie

---

*) Johnsons Muthmaßung, daß man *physician* für *precisian* lesen müsse, dünkt mich sehr wahrscheinlich; Warburtons Erklärung des letztern Worts hingegen nicht natürlich und sprachähnlich genug zu seyn.

„ sind nicht jung; das bin ich eben so wenig;
„ wohlan denn, hier ist Sympathie! Sie sind
„ aufgeweckt, das bin ich auch; Ha! ha! folg-
„ lich ist hier noch mehr Sympathie. Sie lieben
„ ein Glas Wein; ich auch; was können Sie für
„ bessere Sympathie verlangen? Laß es dir hin-
„ reichend seyn, Frau Page, wenigstens, wenn
„ die Liebe eines Soldaten hinreichend seyn kann,
„ daß ich dich liebe. Ich will nicht sagen, be-
„ daure mich; das ist kein soldatenmäßiger Aus-
„ druck; sondern ich sage nur, liebe mich, deinen
„ treu ergebnen Ritter.

„ Bey Tag und Nacht
„ Aus aller Macht
„ Auf Kampf und Schlacht
„ Für dich bedacht,
„ John Falstaff.

Was für ein jüdischer Herodes das ist!— O! böse, böse Welt! daß einer, der vor Alter fast bis zu lauter Lumpen abgetragen ist, sich noch als ein junger Liebhaber geberden will! Was für ein unüber- legtes Betragen hat dieser flämische Saufhals, ins Teufels Namen, aus meinem Gespräch herausge- pickt, daß er sich untersteht, solch einen Angriff auf mich zu thun? ‒ ‒ Ist er doch nicht dreymal mit mir in Gesellschaft gewesen! Was sollt' ich ihm sagen? ‒ ‒ Ich war damals doch sparsam mit meiner Lustigkeit. ‒ ‒ Gott verzeih' mirs! ‒ ‒ Wahrhaftig, ich wills betreiben, daß eine Parlamentsacte zur Niedermachung aller fetten Mannspersonen ausgefertigt werden soll! Wie will ich mich da an ihm rächen! Denn Rache muß ich haben, so wahr seine Eingeweide aus lauter Puddings zusammengesetzt sind!

Zweyter Auftritt.
Frau Page. Frau Ford.

Frau Ford. Frau Page, wahrhaftig, ich wollt' eben zu Ihnen.

Frau Page. Und wahrhaftig, ich wollt' eben Sie besuchen. Sie sehen sehr übel aus.

Frau Ford. Nein, ich werde das nimmermehr glauben; ich kann das Gegentheil beweisen.

Frau Page. Meine Treu, das thun Sie aber, wie mirs vorkömmt.

Frau Ford. Nun ja, ich thu' es also. Aber ich sage, ich könnt' Ihnen das Gegentheil beweisen. O! liebe Frau Page, geben Sie mir einen guten Rath.

zu Windsor.

Frau Page. Wovon ist denn die Rede, Schatz?

Frau Ford. O Schatz, wenn es sich nicht an eine Kleinigkeit stieße, so könnt' ich recht zu Ehren kommen.

Frau Page. Schade um die Kleinigkeit, Schatz; nimm immer die Ehre fürlieb. Was ist es denn? Die Kleinigkeiten beyseite; was ist es?

Frau Ford. Wollt' ich nur auf einen ewigen Augenblick zur Hölle fahren; so könnt' ich zur Rittersfrau werden.

Frau Page. Was? -- Du lügst! -- Ritter Alix Ford! -- Dergleichen Ritter werden bald abgehackt; *) und darum solltest du deinen Namen und Stand nicht verändern.

Frau Ford. Es ist klar, wie der Tag. -- hier, lies nur -- lies -- sieh, wie ich in den Ritterstand kommen könnte. -- Ich werde nun so viel schlechter von fetten Mannsleuten denken, so lang ich noch ein Auge habe, der Mannsleute Gestalt zu unter-

---

*) Auch hier scheint mir von allen mühsamen Erklärungen und Muthmaßungen der Ausleger, Johnsons Vorschlag, these knights *we'll* hack zu lesen, die natürlichste zu seyn; der Ausdruck bezöge sich dann auf die Gewohnheit, den Afterrittern ihre Sporen abzuhacken.

scheiden; und doch wollt' er nicht schwören; lobte die weibliche Bescheidenheit; und sprach so anständig, mit solcher Verachtung von aller Unanständigkeit, daß ich hätte darauf schwören wollen, er dächte so, wie er redte. Aber seine Reden und Gedanken haben eben so wenig Zusammenhang, als der hunderte Psalm mit der Weise eines Gassenhauers. Was zum Henker war es für ein Sturm, der diesen Wallfisch, mit so mancher Tonne Trahn in seinem Bauch, ans Ufer von Windsor warf? Wie soll ich mich rächen? Ich glaube, der beste Weg wäre, ihn mit eitel Hoffnung hinzuhalten, bis das verwünschte Feuer seiner bösen Lust ihn in seinem eignen Fette zerschmelzt hätte. . . Haben Sie wohl je dergleichen gehört?

Frau Page. Ein Brief wie der andre, nur die Namen Page und Ford sind verschieden. Zu deinem großen Troste bey diesen äußerst schlechten Meynungen von uns, ist hier der Zwillingsbruder deines Briefes; aber laß den deinigen zuerst erben, denn der meinige soll es, auf meine Ehre, niemals. Ich wette, er hat ein ganzes Tausend von diesen Briefen, in welchen für die Namen weißer Platz gelassen ist; er hat ihrer wohl noch mehr; und dieſe ſind von der zweyten Auflage. Er wird ſie ganz gewiß drucken laſſen; denn es iſt ihm einerley, was er unter die Preſſe bringt, da er uns beyde darunter bringen wollte. Lieber wollt' ich eine Rieſinn ſeyn, und unter dem Berge Pelion liegen. Wahrhaftig, ich will immer eher zwanzig leichtfertige Turteltauben ausfindig machen, als eine züchtige Mannsperſon.

Frau Ford. Seht doch, das iſt ja eben der Brief, eben die Hand, eben die Worte; was muß er von uns denken?

Frau Page. Ja, das weis ich nicht; es bringt mich faſt dahin, mit meiner eignen Ehrlichkeit zu hadern. Ich muß mich für eine Perſon halten, die ich gar noch nicht kenne; denn wüßte er nicht irgend einen Flecken an mir, von dem ich ſelbſt noch nicht weis, ſo würd' er bey mir niemals mit dieſer Wuth an Bord geſtiegen ſeyn.

Frau Ford. An Bord ſteigen, nennen Sie das? – Ich weis gewiß, ich will ihn immer über dem Verdeck halten.

Frau Page. Das will ich auch. Kömmt er mir je unter meine Schutzbretter, ſo will ich nie wieder zur See gehen. Wir müſſen uns an ihm rächen; wir müssen ihn zu einer Zusammenkunft bestellen, ihm einen Anschein der Gewährung seiner Bitte geben, und ihn mit lauter Lockspeise und Aufschub so lange hinhalten, bis er seine Pferde beym Gastwirth zum Hosenbande versetzt hat.

Frau Ford. O! ich werde mich zu allen Streichen willig finden lassen, die man ihm nur immer spielen kann, und die nur unsrer Tugend und Ehre nicht nachtheilig sind. O! wenn mein Mann diesen Brief sehen sollte! Er würde seiner Eifersucht ewige Nahrung geben.

Frau Page. Sieh, da kömmt er eben her, und mein guter Mann auch. Er ist so entfernt von aller Eifersucht, als ich, ihm dazu Gelegenheit zu geben; und das ist, hoff ich, eine unermeßliche Entfernung.

Frau Ford. Desto glücklicher sind Sie.

Frau Page. Laßt uns einen Rath wider diesen dickwanstigen Ritter halten. Kommen Sie hieher.

(Sie gehen beyseite.)

Dritter Auftritt.

Ford kömmt mit Pistol; Page mit Nym herein.

Ford. Ich hoffe noch immer, daß es nicht an dem ist.

Pistol. Gute Hoffnung in gewissen Fällen ein Windhund, der seiner Beute verfehlt. Sir John steht nach deiner Frau.

Ford. Ey, Herr, meine Frau ist nicht mehr jung.

Pistol. Er wirbt um hoch und niedrig, um reich und arm, um jung und alt, eins mit dem andern, Ford. Er liebt dein Mengelmus von einer Frau, Ford, denk' einmal.

Ford. Liebt meine Frau?

Pistol. Mit einer leberzehrenden Hitze. Komm ihm zuvor; oder gehe, wie Ritter Aktäon, mit Jagdhunden hinter dir her! O! es ist ein verhaßter Name!

Ford. Was für ein Name, Herr?

Pistol. Von Hörnern red' ich. Leben Sie wohl; nehmen Sie sich in Acht, halten Sie die Augen offen, denn bey Nacht schleichen die Diebe umher. Nehmen Sie sich in Acht, ehe der Sommer kömmt, und der Kukuk Jhnen Schrecken einjagt. - - Komm mit; Korporal Nym - - Glaub' ihm, Page, er spricht mit Verstand.

(Pistol geht ab.)

Ford. Ich will Geduld haben. Ich will das schon ausfindig machen.

Nym (zu Page.) Und das ist alles wahr. Ich kann den Humor des Lügens nicht leiden. Er hat mich in einigen Humors beleidigt; ich sollte ihr den humorischen Brief bringen; aber ich habe einen Degen; und der muß mir Dienste thun, wenns die Noth erfodert== Er liebt Ihre Frau; das ist über lang über kurz alles=! Mein Name ist Korporal Nym; was ich sage, will ich gerichtlich bekennen, daß es wahr ist== Mein Name ist Nym, und Falstaff liebt Ihre Frau. Leben Sie wohl. Ich liebe nicht den Humor von Brod und Käse. Leben Sie wohl.

(Er geht ab.)

Page. Den Humor davon, *) sagt er? – Das ist ein Kerl, der den Humor vor Schrecken verrückt machen kann.

Ford. Ich will Falstaff aufsuchen.

---

*) Das Wort Humor kömmt, wie man sieht, in Nym's Reden beständig vor, vermuthlich, weil es zu Shakespear's Zeiten zu häufig gebraucht wurde, und der Dichter diesen Misbrauch lächerlich machen wollte. Steevens führt bey dieser Stelle ein altes Epigramm an, auf einen der seinem Humor die Schuld aller seiner Handlungen, Unordnungen und Thorheiten giebt.

Page. In meinem Leben hab' ich keinen so zerrend und affectirt sprechenden Schurken gehört.

Ford. Find' ich, daß es so ist; gut.

Page. Ich werde solch einem Chineser *) nicht glauben, wenn auch der Stadtpriester ihn als einen aufrichtigen Mann empföhle.

Ford. Es war ein guter, vernünftiger Kerl! – Gut.

Vierter Auftritt.
Die Vorigen. Frau Page und Frau Ford treten hervor.

Page. Nun, bist du hier, Grete?

Frau Page. Wo gehst du hin, George? – hörst du?

Frau Ford. Was machst du, lieber Franz? Warum so melancholisch?

Ford. Ich melancholisch? – Ich bin nicht melancholisch. – Geh zu Hause, geh.

---

*) *A Cataian*, die alte Benennung der Chineser. Der Grund, warum Pistol hier so genannt wird, ist, nach Steevens wahrscheinlichster Erklärung, die vorzügliche Behendigkeit im Beutelschneiden, welche unter dieser Nation sich finden soll, weil beym Shakespear der Ausdruck *a true Man* fast immer einem Diebe entgegengesetzt wird.

Frau Ford. Ganz gewiß haſt du Grillen in deinem Kopfe? -- Wollen Sie gehen, Frau Page?

Frau Page. Laſſen Sie mich nur-- du kömmſt doch zum Eſſen zu Hauſe, Georg? -- Sieh, wer kömmt da? (Beyſeite zu Fr. Ford.) Die wollen wir zur Botſchafterinn an unſern lumpichten Ritter brauchen.

(Frau Quickly kömmt.)

Frau Ford. Wahrhaftig, ich dachte eben auf ſie. Sie wird ſich gut dazu ſchicken.

Frau Page. Sie kömmt wohl, meine Tochter Anne zu beſuchen?

Quickly. Ja, wirklich. Und was macht denn die liebe Jungfer Anne?

Frau Page. Geh Sie mit uns hinein, und ſeh' es ſelbſt. Wir haben Ihr recht viel zu ſagen; eine Stunde wird kaum reichen.

(Die drey Frauen gehen ab.)

Fünfter Auftritt.
Page. Ford.

Page. Nun, wie thuts, Herr Ford?

Ford. Sie habens gehört, was der Kerl da mir ſagte, nicht wahr?

Page. Ja; und Sie haben doch gehört, was der andre mir sagte?

Ford. Glauben Sie, daß ihnen zu trauen ist?

Page. An Galgen mit den Schurken! = = Ich glaube nicht, daß der Ritter so was vor hat; diese Kerle, die ihm eine Absicht auf unsre Frauen Schuld geben, sind ein Paar von seinen abgedankten Leuten, wahre Spitzbuben, nun sie außer Diensten sind.

Ford. Waren sie seine Bedienten?

Page. Ja freylich waren sie's.

Ford. Mir gefällt das Ding darum noch nicht besser. Liegt er im Gasthofe zum Hosenbande?

Page. Ja wohl, das thut er. Sollt' er seinen Weg zu meiner Frau hingerichtet haben, so wollt' ich sie ihm frank und frey überlassen; und was er mehr von ihr erhält, als Schimpfworte, das will ich alles auf meinen Kopf nehmen.

Ford. Ich setze kein Mistrauen in meine Frau; aber ich möchte sie doch nicht gern zusammen lassen; man kann auch gar zu viel trauen; ich möchte nichts auf meinen Kopf nehmen; ich kann mich nicht so leicht zufrieden geben.

Page. Sieh, da kömmt mein schwärmerischer

Gastwirth zum Hosenbande. Entweder hat er Wein im Kopfe, oder Geld im Beutel, wenn er so lustig aussieht. Wie gehts denn, Herr Gastwirth?

Sechster Auftritt.

Die Vorigen. Der Gastwirth. Schallow.

Gastwirth. Nun, wirds bald, Eisenfresser? Du bist ein ganzer Mann, ein edelgeborner Richter, sag' ich.

Schallow. Ich komme nach, Herr Wirth, ich komme nach. Schönen guten Abend, lieber Herr Page. Herr Page, wollen Sie mit uns gehen? Wir haben einen Spaß vor.

Gastwirth. Sags ihm, edelgeborner Friedensrichter; sags ihm, Eisenfresser.

Schallow. Herr, es soll ein Gefechte vorgehen, zwischen Sir Hugh, dem Walisischen Priester, und Kajus, dem Französischen Doctor.

Ford. Lieber Herr Gastwirth zum Hosenbande, ein Wort!

Gastwirth. Was ist, Eisenfresser?

(Sie gehn ein wenig beyseite.)

Schallow (zu Page.) Wollen Sie mit, und es ansehen? Unser lustige Gastwirth hat ihre Waffen messen müssen, und, ich denke, er hat ihnen ganz verschiedne Plätze angewiesen; denn, glauben Sie mir, ich höre, der Pfarrer versteht keinen Spaß. Hören Sie, ich will Ihnen sagen, worinn unsre Kurzweil bestehen wird.

Gastwirth. Hast du keine Klage wider meinen Ritter, meinen Gastkavalier?

Ford. Nein, wahrhaftig nicht. Aber ich will dir eine Flasche gebrannten Seckt geben, wenn du mir Zugang zu ihm verschafft, und ihm sagst, ich heiße Brook; bloß zum Spaße.

Gastwirth. Da hast du meine Hand darauf. Du sollst Ausgang und Eingang bey ihm haben; ist dir das genug? Und dein Name soll Brook seyn. Es ist ein lustiger Ritter. Wollen wir gehn, ihr Herren?

Schallow. Nur immer frisch, Herr Wirth.

Page. Ich habe gehört, der Franzos versteh' sich sehr gut auf sein Rapier.

Schallow. Ach, Herr! ich hätte Ihnen noch mehr erzählen können. Zu diesen Zeiten steht man in einer Distanz, macht Schritte, Stokkado's, und der Himmel weis, was sonst. Aufs Herz kömmts an, Herr Page; hier, hier muß es richtig seyn. Ich habe Zeiten erlebt, wo ich mit meinem langen Degen vier große, lange Kerle wie Ratzen hätte hüpfen lassen.

Gastwirth. Lustig, Leute, lustig; wollen wir uns fortmachen?

Page. Nur immer zu. Ich möchte sie lieber schelten als sich schlagen hören.

(Der Gastwirth, Schallow und Page gehn ab.)

Ford. Obgleich Page ein sorgloser Narr ist, und sich so feste auf die Treue seiner Frau verläßt; so kann ich doch die Sache nicht so leicht aus dem Kopfe kriegen. Sie war in Page's Hause in seiner Gesellschaft; und was sie da gemacht haben, das weis ich nicht. Wohl, ich will es weiter untersuchen; und will nun auf eine unbekannte und verstellte Art Falstaff ausforschen. Find' ich, daß sie unschuldig ist, so ist meine Mühe nicht verloren; ist sie es nicht, so ist auch dann meine Mühe gut angewandt.

(Geht ab.)

Siebenter Auftritt.

Das Wirthshaus zum Hosenbande.

Falstaff. Pistol.

Falstaff. Ich werde dir keinen Pfenning leihen.

Pistol.

Pistol. Ist doch die Welt meine Auster, die ich mit dem Schwert öffnen werde. Ich will dir von meiner Beute bezahlen.

Falstaff. Nicht einen Pfenning. Ich habe mirs gefallen lassen, Kerl, daß du meinen guten Namen zu Pfande gesetzt hast; ich habe meine guten Freunde geplagt, um dreymalige Frist für dich und deinen Schlafkameraden Nym zu erhalten; sonst hättet ihr, wie ein Paar Affen, durchs Gitter gucken müssen. Ich bin schon zur Hölle dafür verdammt, daß ich braven Leuten und Freunden von mir geschworen habe, ihr wärt gute Soldaten und tüchtige Kerle. Und als Miß Bridget den Handgriff ihres Fächers verlor, versicherte ichs auf meine Ehre, du hättest ihn nicht.

Pistol. Nahmst du nicht dein Theil daran? Bekamst du nicht fünfzehn Pfenninge?

Falstaff. Und das mit Recht, Schurke, mit allem Recht. Denkst du denn, ich werde meine Seele gratis in Gefahr geben? Mit einem Worte, hänge dich nicht mehr so an mir; ich bin ja dein Galgen nicht. -- Geh! -- Ein kurzes Messer und ein Gedränge Volks! -- Hin nach deinem Rittersitze zu Pickthatch *) -- Geh! -- Du willst keinen Brief für mich bestellen, du Schurke? -- Du bestehst auf deine Ehre? -- O! du unbegränzte Niederträchtigkeit, gerade dieß muß ich thun, um meine Ehre aufrecht zu erhalten -- Ich, ich, ich selbst lasse zuweilen die Furcht des Himmels linker Hand liegen, verhülle meine Ehre in mein Bedürfniß, und entschließe mich zu betriegen, hinterm Zaun zu liegen und aufzulauren. Und du Schurke willst noch deine Lumpen, deine Bergkatzenblicke, deine Bierhausredensarten, und deine dreisten, derben Schwüre unter dem Obdach deiner Ehre verschanzen? Das wirst tu nicht, du gewiß nicht!

Pistol. Ich gebe nach; was kannst du weiter von einem Menschen verlangen?

(Robin tritt herein.)

Robin. Sir, es ist ein Frauenzimmer da, das Sie zu sprechen verlangt.

Falstaff. Laß sie herein kommen.

Achter Auftritt.

Die Vorigen. Frau Quickly.

Quickly. Guten Morgen, Herr Ritter.

Falstaff. Guten morgen, meine liebe Frau.

---

*) Ein Platz, wo sich viele Diebe und Beutelschneider aufhielten -- Theobald.

Quickly. Nicht so, wenn ich bitten darf, Herr Ritter.

Falstaff. Nun, meine liebe Jungfer denn.

Quickly. Ich kann schwören, daß ich noch so unschuldig bin, als meine Mutter war in der ersten Stunde, da ich zur Welt kam.

Falstaff. Wer schwört, dem glaub' ich = = Was will Sie von mir?

Quickly. Erlauben Sie mir wohl, Herr Ritter, Ihnen ein paar Worte vorzubringen?

Falstaff. Zweytausend, artiges Frauenzimmer; ich werde dir Gehör geben.

Quickly. Es giebt eine gewisse Frau Ford, Sir = = ich bitte, treten Sie ein wenig weiter hieher = = ich selbst wohne beym Doctor Kajus.

Falstaff. Gut; nur weiter = = Frau Ford, sagt Sie = =

Quickly. Der Herr Ritter haben sehr Recht = = Ich bitte Sie, Herr Ritter, ein wenig weiter hieher.

Falstaff. Ich stehe dafür, es hört uns niemand = = Das sind meine Leute, meine eigne Leute.

Quickly. Sind sie das? = = Der Himmel segne sie, und mache sie zu seinen Dienern!

Falstaff. Nun, Frau Ford = = was soll die denn?

Quickly. O Sir, sie ist ein recht gutes Geschöpf. Himmel! Himmel! der Herr Ritter sind ein loser Mann; nun wohl, Gott verzeih' es Ihnen, und uns allen, darum bitt' ich – –

Falstaff. Nun weiter: Frau Ford – –

Quickly. Je nun, die ganze Sache ist am Ende diese. Sie haben sie in solch Gewirre gebracht, daß es ein Wunder anzusehen ist. Der beste von allen Hofkavaliers, als der Hof zu Windsor war, hätte sie nie in solch Gewirre bringen können. Und doch haben sich Ritter, und Lords und Edelleute, in ihren Kutschen, bey ihr angefunden; ich versichre Ihnen, eine Kutsche nach der andern, ein Brief nach dem andern, ein Geschenk nach dem andern, die so süß, so wohlriechend wären; lauter Bisam; und, ich versichre Ihnen, so glänzend, in Seide und Gold, und in so fesselnden Ausdrücken, in solchem Wein und Zucker, von der besten und schönsten Sorte, daß dadurch jedes weibliche Herz wäre gewonnen worden; und doch, versichr' ich Ihnen, konnten sie nie auch nur einen Augenwink von ihr erhalten – – Mir wurden selbst noch diesen Morgen zwanzig Kronen geboten; aber ich biete auf diese Art allen Kronen Trotz, wenns nicht in allen Ehren geschehen kann.. Ich versichre Ihnen, sie konnten sie niemals so weit bringen, daß sie auch mit dem Vornehmsten unter ihnen, aus einem Becher geschlürft hätte. Und doch haben sich Grafen, ja, was noch mehr ist, Pensionärs, angefunden; aber ich versichre Ihnen, bey ihr ist das alles einerley.

Falstaff. Aber was sagt sie denn von mir? Faßt euch kurz, Frau Merkur.

Quickly. Je nun, sie hat Ihren Brief erhalten, wofür sie Ihnen tausendmal danken läßt; und sie läßt Ihnen wissen, daß ihr Mann zwischen zehn und eilf nicht zu Hause seyn wird.

Falstaff. Zwischen zehn und eilf.

Quickly. Ja, wirklich. Um die Zeit können Sie kommen, sagt sie, und das bewußte Gemählde besehen. Herr Ford, ihr Mann, wird nicht zu Hause seyn. Leider! das liebe Weibchen führt ein schlimmes Leben mit ihm; er ist ein sehr eifersüchtiger Mann. Sie führt ein wahres Polterleben mit ihm, das gute Herzchen.

Falstaff. Zwischen zehn und eilf. Empfehl Sie mich ihr, meine liebe Frau; ich werde nicht ausbleiben.

Quickly. Sehr wohl, sehr wohl. Aber ich habe noch ein andres Gewerbe an den Herrn Ritter. Frau Page läßt sich Ihnen gleichfalls von ganzem Herzen empfehlen; und läßt Ihnen durch mich ins Ohr sagen — sie ist eine eben so tugendhafte, als feine, sittsame Frau, und eine Frau, kann ich Ihnen sagen, die weder Morgen- noch Abendgebet versäumt, so gut als eine in ganz Windsor, wer es auch immer seyn mag — Sie trug mir auf, Ihrer Gnaden zu sagen, ihr Mann sey selten außer Hause, aber sie hofft, es wird sich schon einmal eine gelegne Zeit finden. Ich habe nie eine Frau gekannt, die so verliebt in eine Mannsperson gewesen ist. Wahrhaftig, ich denke, Sie können zaubern — ja wahrlich, das können Sie.

Falstaff. Nicht doch, zaubern kann ich nicht; wenn ich das Anziehende meiner guten Eigenschaften beyseite setze; anders hab ich keine Reize.

Quickly. Der Himmel segne Sie dafür!

Falstaff. Aber sage mir doch, haben denn die Frau Ford und Frau Page es einander gesagt, daß sie in mich verliebt sind?

Quickly. Das wär' ein Spaß, wahrhaftig! — Nein, so dumm, denk' ich, sind sie nicht. — Das

zu Windsor.

wär' ein Streich, wahrhaftig! -- Aber Frau Page läßt Sie bitten, um alles was Ihnen lieb ist, Ihren kleinen Edelknaben zu ihr zu schicken. Ihr Mann hat eine ganz sonderbare Infection gegen den kleinen Edelknaben; und wahrlich, Herr Page ist ein rechtschaffner Mann. Keine Frau in ganz Windsor führt ein besseres Leben, als sie. Er thut was sie will, sagt was sie will, nimmt alles an, bezahlt alles, geht zu Bette, wenn sie Lust hat, steht auf, wenn sie Lust hat; alles geht, wie sie es haben will. Und wahrlich, sie verdient das; denn, wenns irgend eine gute Frau in Windsor giebt, wahrlich, so ist sie eine. Sie müssen Ihren Edelknaben zu ihr schicken; da hilft nichts dafür.

Falstaff. Gut, das will ich thun.

Quickly. Nun ja, thun Sie das. Und sehn Sie, der kann dann zwischen Ihnen beyden ab- und zugehen, und in allen Fällen es machen, daß Sie eins des andern Gedanken erfahren. Und der Knabe muß niemals wissen, was das soll; denn es taugt nichts, wenn Kinder um dergleichen Streiche wissen. Alte Leute, wissen Sie, sind gescheid, wie man sagt, und kennen die Welt.

Falstaff. Leb wohl; meine Empfehlung an beyde – Da hast du meine Börse; ich bleibe noch in deiner Schuld – Bursche, geh mit dieser Frau – Die Neuigkeit bringt mich ganz außer mir!

(Quickly und Robin gehen ab.)

Pistol. Dieß Fahrzeug ist eins von Cupido's Postschiffen – Mehr Segel aufgespannt! – Immer weiter! – Auf zur Schlacht! – Gebt Feuer! – Das Schiff ist meine Beute; oder die See müßte sie alle ersäufen!

(Geht ab)

Falstaff (für sich.) Was sagst du nun, alter Hans? – Immer zu! – Ich will aus deinem alten Körper noch mehr machen, als bisher geschehen ist – Gäst man noch nach dir?! – Willst du itzt, nachdem du so viel Geld ausgegeben hast, auch einmal was verdienen? – Schönen Dank, lieber Körper! – Immerhin mag man sagen, ich mach' es zu grob; das macht nichts, wenns nur mit guter Art geschieht.

Neunter Auftritt.

Falstaff, Bardolph, hernach Ford, verkleidet.

Bardolph. Sir John, es ist ein gewisser Herr Brook unten, der Sie gerne sprechen und kennen lernen möchte, und Ihrer Gnaden einen Morgentrunk Seckt geschickt hat.

Falstaff. Brook heißt er?

Bardolph. Ja, Sir.

Falstaff. Laß ihn herauf kommen. (Bardolph geht ab.) Dergleichen Leute sind mir willkommen *) -- Ha! ha! Frau Ford und Frau Page, hab' ich euch gefangen? -- Immer lustig! Heysa!

(Bardolph und Ford kommen herein.)

Ford. Gott grüß Sie, Sir.

Falstaff. Schönen Dank, Sir. Wollen Sie mich sprechen?

Ford. Ich bin so dreiste, Ihnen ein kleines Anliegen vorzubringen.

Falstaff. Seyn Sie willkommen. Was ist Ihr Begehren? -- Laß uns allein, Kellner.

(Bardolph geht ab.)

Ford. Sir, ich bin ein Mann, der viel Geld durchgebracht hat; mein Name ist Brook.

Falstaff. Lieber Herr Brook, ich wünsche Sie näher kennen zu lernen.

Ford. Lieber Sir John, ich wünsche mir Ihre Bekanntschaft; nicht, um Ihnen zur Last zu fallen;

---

*) Im Original: such *Brooks* are welcome to me, that o'erflow with such liquor; d. i. dergleichen Bäche sind mir willkommen, die von solchen Getränken überfließen. „Denn Brook bedeutet einen Bach.

denn ich muß Ihnen sagen, ich glaube, daß ich besser im Stande bin, Geld auszuleihen, als Sie; und das hat mich gewissermassen dreiste gemacht, Sie so zur Unzeit zu überfallen; denn man sagt: wo Geld vorangeht, da stehen einem alle Wege offen.

Falstaff. Geld ist ein guter Soldat, mein Herr, und kömmt schon durch.

Ford. Freylich wohl; und hier hab' ich einen Sack mit Geld, der mir beschwerlich ist. Wollen Sie mir ihn tragen helfen, Sir John, so nehmen Sie alles, oder die Hälfte, um mir die Last zu erleichtern.

Falstaff. Herr, ich weis nicht, womit ich es verdient habe, Ihr Lastträger zu seyn.

Ford. Ich wills Ihnen sagen, Sir, wenn Sie mir Gehör geben wollen.

Falstaff. Reden Sie, lieber Herr Brook; ich werde mich freuen, wenn ich Ihnen dienen kann.

Ford. Sir, ich höre, Sie sind ein Gelehrter – ich will mich kurz fassen – und Sie sind ein Mann, der mir schon lange bekannt gewesen ist, ob ich gleich nie eine erwünschte Gelegenheit gehabt habe, persönlich mit Ihnen bekannt zu werden. Ich will

Ihnen eine Sache entdecken, wobey ich meine eignen Schwachheiten sehr klar an den Tag legen muß. Aber, Sir John, indem Sie das eine Auge auf meine Thorheiten gerichtet haben, wenn ich Sie Ihnen entfalte, richten Sie das andre auf das Register Ihrer eignen, damit ich mit einem desto leichtern Verweise davon kommen möge, indem Sie es selbst wissen, wie leicht man dergleichen Fehler begehen kann.

Falstaff. Sehr gut, Herr, erzählen Sie nur weiter.

Ford. Es wohnt hier eine Frau in der Stadt; ihres Manns Name ist Ford.

Falstaff. Gut, Herr.

Ford. Ich bin lange in sie verliebt gewesen; und ich versichre Ihnen, ich habe viel auf sie gewandt; bin ihr mit der zärtlichsten Ergebenheit nachgegangen; habe alle Gelegenheiten aufgesucht, mit ihr zusammen zu kommen; habe jeden noch so kleinen Anlaß erkauft, wo ich sie auch nur im Vorbeygehen sehen konnte; habe nicht nur viele Geschenke gekauft, um sie ihr zu geben, sondern auch vielen reichlich gegeben, um zu erfahren, was sie gerne geschenkt haben möchte; kurz, ich habe sie so verfolgt, wie die Liebe mich verfolgt hat, das heißt, auf dem Fittig aller möglichen Gelegenheiten. Aber was auch mein Herz und mein Beutel daran gewandt hat, so weis ich doch gewiß, daß ich keinen Lohn dafür erhalten habe; außer die Erfahrung, die freylich ein köstliches Kleinod ist. Diese hab' ich mit unendlichen Kosten erkauft; und diese hat mich gelehrt zu sagen:

„Die Liebe flieht davon, je mehr man sie verfolgt;

„Sie folgt dem, der sie flieht, und flieht dem, der ihr folgt."

Falstaff. Haben Sie denn von ihr gar kein Versprechen bekommen, erhört zu werden?

Ford. Niemals.

Falstaff. Haben Sie nicht in dieser Absicht in sie gedrungen?

Ford. Niemals.

Falstaff. Von was für Art war denn Ihre Liebe?

Ford. Gleich einem schönen Hause, das auf eines andern Grunde gebaut ist; ich habe also mein Gebäude dadurch verloren, daß ich einen unrechten Platz wählte, es aufzuführen.

Falſtaff. Und warum haben Sie denn nun mir dieſes entdeckt?

Ford. Wenn ich Ihnen das werde geſagt haben, ſo hab' ich Ihnen alles geſagt. Einige Leute ſagen, daß ſie gegen mich zwar ſehr tugendhaft thut, aber bey andern Gelegenheiten in ihrer Luſtigkeit ſo weit geht, daß ſie ſich übler Nachrede Preiß giebt. Nun, Sir John, dieß iſt der Hauptumſtand meines Geſuchs. Sie ſind ein Herr von vortrefflicher Erziehung, von bewundernswürdiger Wohlredenheit, Sie haben überall Zugang, ſind anſehnlich in Ihrem Range und in Ihrer Perſon, ſind überall berühmt wegen Ihrer vielen kriegeriſchen, höfiſchen und gelehrten Verdienſte.

Falſtaff. O mein Herr!

Ford. Glauben Sie mir das; denn es iſt wahr genug. Hier iſt Geld; verwenden Sie's; verwenden Sie noch mehr; verwenden Sie alles, was ich habe; nur ſchenken Sie mir dafür ſo viel von Ihrer Zeit, daß Sie auf die Ehre der Frau Ford einen Liebes-Angriff thun. Brauchen Sie Ihre Kunſt der Ueberredung, gewinnen Sie ſich ihre Gunſt; wenn irgend jemand das kann, ſo können Sie es am erſten.

Falſtaff. Würde denn das für Ihre ſo heftige Zärtlichkeit erwünſcht ſeyn können, wenn ich das erhielte, was Sie gerne genießen möchten? Mich dünkt, Sie rathen ſich ſelbſt ſehr übel.

Ford. O! verſtehen Sie nur meine Abſicht nicht unrecht. Sie iſt durch die Vortrefflichkeit ihrer Ehre ſo geſchert, daß die Thorheit meines Herzens ſich nicht zu zeigen wagt; ſie iſt zu ſtrahlend, als daß man gegen Sie anſehen könnte. Könnt' ich nun, mit irgend einer Entdeckung in der Hand, zu ihr kommen, ſo würden meine Wünſche Beyſpiel und Bewegungsgrund für ſich haben, um ſich ihr zu empfehlen; dann könnt' ich ſie aus der Verſchanzung ihrer Tugend, ihres guten Rufs; ihres ehelichen Gelübdes heraustreiben, und ihr tauſenderley andre Waffen nehmen, die itzt zu mächtig wider mich kämpfen. Was ſagen Sie dazu, Sir John?

Falſtaff. Lieber Herr Brook, ich will erſtlich ſo dreiſte ſeyn, Ihr Geld zu nehmen; ferner geben Sie mir Ihre Hand; und endlich, ſo wahr ich ein Edelmann bin, Sie ſollen, wenn Sie Luſt haben, Ford's Frau genießen.

Ford. O guter Sir!

Falstaff. Herr Brook, ich sag' Ihnen, Sie sollen es.

Ford. Am Gelde, Sir John, am Gelde solls nicht fehlen.

Falstaff. An der Frau Ford, Herr Brook, an der Frau Ford solls nicht fehlen. Sie hat mich, kann ich Ihnen sagen, selbst zu sich bestellt. Eben als Sie zu mir kamen, gieng ihre Gehülfinn, oder Zwischenläuferinn, von mir. Sie hat mich zwischen zehn und eilf zu sich bestellt; denn um die Zeit wird der eifersüchtige, vertrakte Kerl, ihr Mann, nicht da seyn. Kommen Sie diesen Abend zu mir; Sie sollen hören, wie gut es geht.

Ford. Ihre Bekanntschaft ist wahrer Segen für mich. Kennen Sie Ford, Sir?

Falstaff. An Galgen mit dem armen Teufel von Hahnrey! ich kenn' ihn nicht. Aber ich thu' ihm Unrecht, daß ich ihn arm nenne. Man sagt, der eifersüchtige, schurkische Hörnerträger hat ganze Haufen Geld, und deswegen scheint mir seine Frau schön zu seyn. Ich will sie zum Schlüssel des gehörnten Schlingels Geldkasten brauchen; da will ich Aernte halten!

Ford. Ich wollte, Sie kennten Ford, Sir!

damit Sie ihm aus dem Wege gehen möchten, wenn Sie ihn sehen.

Falstaff. Hole der Henker den eingemachten Schurken! Ich will ihn mit einem Blicke vom Verstande bringen; ich will ihn mit meinem Prügel in Respect erhalten; der soll, wie eine Lufterscheinung, über des Hahnreys Hörnern schweben. Herr Brook, Sie werden sehen, wie ich den Tölpel unter mich bringen werde; und Sie sollen mit seiner Frau zu Bette gehen = = Kommen Sie gleich auf den Abend zu mir, Ford ist ein Schlingel; und ich will ihm seinen Titel noch verlängern; du, Herr Brook, sollst ihn als einen Schlingel und Hahnrey kennen = = Komm gleich auf den Abend zu mir.

(Er geht ab.)

Zehnter Auftritt.
Ford allein.

Was für ein verdammter, epikurischer Schurke das ist! Mein Herz möchte vor Ungeduld zerbersten. Wer kann nun sagen, daß ich ohne Ursach eifersüchtig bin? = = Meine Frau hat zu ihm geschickt; die Stunde ist bestimmt; der Kauf geschloß schloſſen. Wer hätte das denken ſollen? = = Seht ihr, es iſt die wahre Hölle, ein falſches Weib zu haben! = = Mein Bette wird entehrt, mein Geldkaſten geplündert, an meinem guten Namen wird genagt werden; und ich muß dann nicht bloß dieſe niederträchtige Beleidigung dulden, ſondern mir mir noch dazu die abſcheulichſten Namen geben laſſen, und das von eben dem, der mir die Beleidigung zugefügt hat. Was für Namen und Benennungen! Amaimon klingt gut; Lucifer, gut; Barbaſon, auch gut; und doch ſind es Beynamen der Teufel, die Namen böſer Geiſter; aber Hahnrey! Hörnerträger! Hahnrey! = = der Teufel ſelbſt hat ſo einen Namen nicht. Page iſt ein Eſel, ein ſorgloſer Eſel; er verläßt ſich auf ſein Weib; er iſt nicht eiferſüchtig. Ich will eher einem Flamänder meine Butter, Pfarrern Hugh, dem Waliſer, meinen Käſe, einem Irländer meine Branntweinsflaſche, und einem Diebe meinen Paßgänger, den Wallach, anvertrauen, als mein Weib ihr ſelbſt. Da wird gleich Complot gemacht, da wird überlegt, da wird ausgeſonnen! = = Und was ſie dann in ihrem Herzen denken das auszuführen iſt, das muß ausgeführt werden, ſollten ihre Herzen auch

(Fünfter Band.)

darüber brechen. Dem Himmel sey Dank für meine Eifersucht! -- Um eilf Uhr ist die bestimmte Stunde! -- Ich will dem Dinge zuvorkommen, meine Frau entdecken, an Falstaff mich rächen, und über Page lachen. Ich will gleich darauf ausgehen -- Lieber drey Stunden zu früh, als eine Minute zu spät! -- Pfui! pfui! pfui -- Hahnrey! Hahnrey! Hahnrey!

(Geht ab.)

Eilfter Auftritt.

Der Thiergarten zu Windsor.

Kajus. Rugby.

Kajus. Hans Rugby!

Rugby. Herr Doctor.

Kajus. Wat is die Klok?

Rugby. Die Stunde ist schon vorbey, Herr Doctor, in welcher Sir Hugh erscheinen wollte.

Kajus. Pardieu, er hat sein Seel gerett, dat er nig is erschien. Er hat luth gebeth sein Bibel, dat er geblieb ist aus. Pardieu, Rugby, er seyn schon todt, wenn er wär kommen.

Rugby. Er ist klug, Herr Doctor; er wußte wohl, Sie würden ihn umbringen, wenn er käme.

Kajus. Pardieu, die Hering nig ist so todt, als wir woll mak ihm. Nimm da dein Rapier, Hans, ik dir zeige werd, wie ik will töd ihn.

Rugby. Lieber Herr Doctor, ich kann nicht fechten.

Kajus. Schurk = = á, nimm dein Rapier.

Rugby. Halten Sie ein; da kommen Leute.

Der Gastwirth. Schallow. Slender. Page.

Gastwirth. Gott grüß' dich, eisenfresserischer Doctor.

Schallow. Ihr Diener, Herr Doctor Kajus.

Page. Sieh da, lieber Herr Doctor.

Slender. Guten Morgen, mein Herr.

Kajus. Warum seyd ihr all, eins, swey, trey, vier, gekomm hieher?

Gastwirth. Dich fechten zu sehen, dich stoßen zu sehen, dich traversiren zu sehen, dich hier zu sehen, dich dort zu sehen, dich dein Punto, deine Tour, deinen Revers, deine Distanz, deinen Ausfall machen zu sehen. Ist er todt, mein Aethiopier? Ist er todt, mein Francisco? = = Ha, Eisenfresser? Was macht mein Aesculapius? = = mein

Galenus? -- mein altes Herzchen? -- he? -- ist er tobt, der Eisenfresser von Doktor? -- ist er tobt?

Kajus. Pardieu, es die feigste Memm von Pfaff ist auf der ganz Welt. Hat nicht kezeigt sein Angesicht.

Gastwirth. Du bist ein Kastilischer *) König Uringlas; Hektor von Griechenland, mein Bursche.

Kajus. Ik bitt Sie, mir zu Zeug, daß ik abkewartt, wir sechs oder sieben, zwey, drey Stund auf ihn, und er ist nig gekommen.

Schallow. Er ist der klügste, Herr Doctor. Er ist ein Seelenarzt, und Sie ein Leibesarzt; wenn ihr beyde euch schlagen wolltet, so würdet ihr ganz euern Professionen zuwider handeln. Ist das nicht wahr, Herr Page?

Page. Herr Schallow, Sie sind wohl eher selbst ein großer Fechter gewesen, ob Sie gleich ißo ein Mann des Friedens sind.

Schallow. Sapperment, Herr Page. Ich bin

---

*) *Castalian* wurde zu den damaligen Zeiten, eben so, wie oben *Cataian*, und sonst *Aethiopian*, als ein Schimpfwort gebraucht. -- Steevens. Das erstere hat ohne Zweifel eine Verspottung der Spanier zum Grunde.

itzt zwar alt, und Friedensmann; aber wenn ich einen bloßen Degen sehe, so jukt mir der Finger, eins zu versuchen. Wenn wir gleich Friedensrichter, und Doctors und Priester sind, Herr Page, so haben wir doch noch immer etwas Salz der Jugend in uns. Wir sind auch Menschenkinder, Herr Page.

Page. Das ist wahr, Herr Schallow.

Schallow. Das wird sich allemal so zeigen, Herr Page. Herr Doctor Kajus, ich bin hieher gekommen, um sie nach Hause zu holen. Ich bin ein geschworner Friedensrichter. Sie haben sich als ein kluger Arzt, und Sir Hugh als ein kluger und gelassener Kirchendiener verhalten. Sie müssen mit mir gehen, Herr Doctor.

Gastwirth. Mit Urlaub, Gast Friedensrichter = = Ein Wort, Herr Guckwasser.

Kajus. Guckwasser? = = wat is das?

Gastwirth. Guckwasser *) ist so viel, als Tapferkeit, Eisenfresser.

---

*) Im Englischen *mock-water*. Johnson gesteht, daß er die Beziehung dieses Worts auf den Begriff der Tapferkeit nicht einsieht. Es sollte aber auch wohl keine da seyn.

Kajus. Pardieu, so ab ik so viel Guckwasser, als der Engländer, der schäbicht hündisch Pfaff. Pardieu, wir ihm woll seine Ohr abschneid.

Gastwirth. Er wird dich tüchtig pisacken.

Kajus. Pipisacken? = = Wat heiß das?

Gastwirth. Das heißt, er wird dir Abbitte thun.

Kajus. Pardieu, seht ihrs, er soll mich pisack: denn pardieu, ik wills abe.

Gastwirth. Und ich will ihn dazu auffodern, oder ihn zappeln lassen.

Kajus. Ik dank schön dafür.

Gastwirth. Und noch oben drein, eisenfressern. Aber vorher, Herr Gast, und Herr Page, und Herr Kavaliero Slender, geht durch die Stadt nach Frogmore.

Page. Sir Hugh ist da; nicht wahr?

Gastwirth. Er ist da. Seht zu; wie er bey Laune ist. Ich will den Doctor ins Feld hin bringen; wird das nicht gut seyn?

Schallow. Das wollen wir thun.

Alle. Adieu, lieber Herr Doctor.

(Page, Schallow, und Slender gehen ab.)

Kajus. Pardieu, wir woll umbrink die Prie=

ker; denn er fürspricht für ein Maulaff bey Anne Page.

Gaſtwirth. Er mag ſterben. Aber fürs erſte ſtecke deine Ungeduld in die Scheide; gieße kalt Waſſer auf deine Choleka; gehe mit mir aufs Feld durch Frogmore; ich will dich hinbringen, wo Jungfer Anne Page ſich aufhält, nach einem Landhauſe, wo ein Schmauß gegeben wird, und da ſollſt du um ſie anhalten. Nicht wahr, das gefällt dir?

Kajus. Pardieu, ſchön Dank dafür. Pardieu, ik Sie lieb, und ik Jhn will ſchaff kuthe Kund-leut, die Kraf, die Ritter, die Lords, die Edel-leut, meine Patient.

Gaſtwirth. Dafür will ich denn auch deim Widerſprecher bey Anne Page ſeyn; gefällt dir das?

Kajus. Pardieu, ſehr, ſehr kefällt mirs.

Gaſtwirth. So laß uns fortſchlentern.

Kajus. Komm mir nak, Rugby.

(Sie gehen ab.)

Dritter Aufzug.
Erster Auftritt.

Frogmore, nahe bey Windsor.

Evans. Simpel.

Evans. Ich bitt' euch, lieber Dienstbote des Herrn Slender, und Freund Simpel, eurem Namen nach, auf welcher Seite hin habt ihr euch nach Herrn Kajus umgesehen, der sich einen Doctor der Arzneykunst nennt?

Simpel. Ey Herr Pfarrer, nach Pitty Wary hin, nach dem Park hin, überall hin, nach Windsor hin, und überall hin, nur nicht nach der Stadt hin.

Evans. Ich bitt' euch recht inbrünstiglich, ihr wollet auch dorthin einmal zusehen.

Simpel. Recht wohl, Herr Pfarrer.

Evans. *) Alle gute Geister! wie steigt mir die

---

*) Von hier an ist diese Scene, und der grösste Theil der beyden folgenden in den Schleswigischen Literaturbriefen, B. I. S. 280 ff. so glücklich übersetzt, daß ich sie, mit wenigen Veränderungen, daher entlehnt habe.

Cholera! wie zittert mirs Herzlein! Ich werde froh seyn, wenn er mich betrogen hat = = Wie melancholisch ich bin! = = Ich will seiner Schurkheit die Uringläser an seinem Schelmenschädel entzwey klopfen, wenn ich nur erst dazu eine gute Gelegenheit abseh' = = Alle guten Geister! (Er singt in der Angst.)

    Am seichten Bach, am Wasserfall
    Schlägt munter jede Nachtigall,
    Und weckt mit ihrem Madrigal
    Aus jeder Felsenwand im Thal
    Den Wiederhall, den Wiederhall. *)

„Am seichten„ = = Gott behüt' mich! Ich hab eine große Disposition zu weinen. = = „Schlägt „munter jede Nachtigall.„ = = „Als ich in der „Gartenlaube unter tausend Blumen saße„ = = „Den Wiederhall, den Wiederhall„ = = „Am seichten = =

    Simpel. Dort kömmt er, dorther, Sir Hugh.
    Evans. Er ist willkommen. = = „Am seichten „Bach, am Wasserfall„ = = Der Himmel schütze den Gerechten! = = Was für Waffen hat er?

---

*) Im Original stehen hier vier Zeilen eines sehr naiven Liedes, welches man, nebst einer Antwort darauf, noch ganz besitzt. Im Anhange davon ein mehreres.

Simpel. Keine Waffen, Sir -- Dort kömmt mein Herr, Herr Schallow, und ein andrer Herr, von Frogmore; dort über den Steg, hier von dieser Seite.

Evans. Gebt mir doch meinen Priesterrock! oder haltet ihn lieber unterm Arm.

Zweyter Auftritt.
Page. Schallow. Slender.

Schallow. Sieh da, Herr Pfarrer. Guten Morgen, guter Sir Hugh. Haltet mir einen Spieler von seinen Würfeln, und einen Gelehrten von seinen Büchern ab; und ich werde von Wunder sprechen.

Slender. Ah! süße Anne Page!

Page. Guten Morgen, guter Sir Hugh.

Evans. Gott sey bey euch in Gnaden! -- der Herr segne euch alle!

Schallow. Wie? das Schwert und das Wort? Studirt Ihr beydes, Herr Pfarrer?

Page. Und immer so jugendlich gekleidet, in Wams und Hosen, an diesem rauhen, schnuppichten Tage?

Evans. Es hat Gründe und Ursachen.

Page. Wir sind hergekommen, Ihnen einen guten Dienst zu leisten, Herr Pfarrer.

Evans. Wohl, wohl! worinn besteht er?

Page. Nicht weit von hier ist ein sehr würdiger Herr, der vermuthlich von jemand mag seyn beleidigt worden, und darüber mit seinem Ansehen und seiner Gelassenheit so übel zerfallen ist, als man immer seyn kann.

Schallow. Ich bin nun schon achtzig Jahre alt, und drüber; aber noch nie hab' ich gehört, daß ein Mann von seinem Ansehen, von seiner Gravität und Gelehrsamkeit, sich so weit vergessen hätte.

Evans. Wer ist er denn?

Page. Ich denke, Sie kennen ihn. Herr Doctor Kajus, der berühmte französische Medicus.

Evans. Wächter Israels! und seine heilige Passion meines Herzens! – – Es wäre mir eben so lieb gewesen, wenn Sie mir was von einer guten Schüssel Suppe erzählt hätten.

Page. Wie das?

Evans. Er hat eben so wenig Kenntniß vom Hippokrates und Galen – – und außerdem ist er ein Lumpenhund = = ein so feiger Lumpenhund, als Sie jemals einen mögen gekannt haben.

Page. Was gilts, wir haben den Mann vor uns, der sich mit ihm schlagen sollte!

Slender. O süße Anne Page!

Dritter Auftritt.

Der Gastwirth. Kajus. Rugby.

Schallow. Man sollte es wenigstens aus den Waffen schließen. Haltet sie von einander. Da kömmt Doctor Kajus.

Page. Nicht doch, guter Herr Pfarrer, laßt die Klinge stecken.

Schallow. Und Sie auch, guter Herr Doctor.

Gastwirth. Entwaffnet sie, und laßt sie zur Erklärung kommen. Laßt sie mit heiler Haut auseinander gehen, und lieber unser Englisch *) zerhacken.

Kajus. Ich bitte, laßt mik ein Wort mit euer Ohr spreck. Warum seyd Ihr nit komm aufs Rendezvous?

---

*) Nämlich die Englische Sprache, welche beyde, Evans als ein Waliser, und Kajus als ein Franzos, sehr kauderwelsch reden.

zu Windsor.

Evans. Ich bitt' euch, verliert die Geduld nicht. Um Himmels willen nicht.

Kajus. Pardieu, Ihr seyd der feig Memm, der Poltron, der Hans Hasenpfaff.

Evans. Ich bitt' euch, laßt uns den Spottvögeln hier nicht zum Gelächter werden. Ich bitt' euch in aller Freundschaft und Liebe, und will euch auf eine oder andre Art Satisfaction verschaffen. Ich will euch eure Uringläser an euern schurkigten Schädel schmeißen, daß ihr mir nicht auf den verabredeten Platz gekommen seyd.

Kajus. Diable! – Hans Rugby, mein Gastwirth von der Jarretiere, hab' ik nit gewart nak ihm, ihn zu massakrir? nicht auf die Platz appointirt?

Evans. So gewiß, als ich eine Christenseele im Leibe habe, seht hier, dieß ist der verabredete Platz. Ich nehme hier diesen Herrn Gastwirth zum Hosenbande zum Richter in der Sache.

Gastwirth. Friede, sag' ich, Gallia und Gaul, Franzmann und Walliser, Seelenarzt und Leibesarzt!

Kajus. Ey; dat is sehr kuth, excellent.

Gastwirth. Friede, sag' ich; hört den Herrn

Gaſtwirth zum Hoſenbande! Bin ich ein Polīticus? Bin ich verſchlagen? bin ich ein Máchiavell? Soll ich meinen Doctor verlieren? Nein; er giebt mir die Potionen und Motionen. Soll ich meinen Pfarrer verlieren? meinen Prieſter? meinen Sir Hugh? Nein; er giebt mir die Sprüchwörter und die Nichtswörter. Deine Hand her, Erdenmann; - - ſo! - - Deine Hand her, Himmelsmann! - - ſo! - - Ihr Jungen, ich habe euch durch meine Kunſtgriffe beyde betrogen; ich hab' euch nach zwey verſchiednen Wahlplätzen hingewieſen; eure Herzen ſind noch bey Kräften; eure Haut iſt ganz; laßt itzt heißen Seck den Ausgang des Handels ſeyn. Kommt, legt hier die Schwerter zum Unterpfand hin. Folge mir, wer ein Kind des Friedens iſt! - - Folgt, folgt, folgt!

Schallow. Auf mein Wort, ein vertrackter Wirth! - - Folgt ihm, ihr Herren, folgt ihm.

Slender. O ſüße Anne Page!

(Schallow, Slender, Page, und der Gaſtwirth gehen ab.)

Kajus. Ha! ha! merk ik das? - - habt ihr keſpielt die Narr mit uns? - - ha! ha!

Evans. Das iſt ſchön; er hat uns zu ſeinem Geſpötte gemacht. Ich bitt' Euch, laßt uns gute

Freunde seyn; und laßt uns unsre Hirnschädeln zusammenstoßen, um uns an diesem häßlichen, schäbichten Kerl, dem Gastwirth zum Hosenbande, zu rächen.

Kajus. Parbieu, von ganzem Herz; er mik versprak mik hinsuführ, wo sik aufhält Anna Page; parbieu, er auk mik hat betrog.

Evans. Schon gut; ich will ihm den Kopf schon zurechte setzen — Kommt nur mit mir.

(Sie gehen ab.)

Vierter Auftritt.

Frau Page. Robin; hernach Ford.

Die Straße in Windsor.

Frau Page. Nur immer vorwärts, kleiner Junker. Du warst sonst immer gewohnt, ein Nachfolger zu seyn; aber itzt bist du ein Vorläufer. Was gefällt dir besser, meine Augen zu leiten, oder deine Augen auf die Fersen deines Herrn zu richten?

Robin. Ich mag, wahrhaftig, lieber vor Ihnen hergehen, wie ein Mann, als ihm, wie ein Zwerg, nachfolgen.

Frau Page. O! du bist ein schmeichelerischer Knabe; ich sehe du willst itzt ein Hofmann seyn.

Ford (im Hereintreten.) Willkommen, Frau Page; wo gehen Sie hin?

Frau Page. Ich will eben Ihre Frau besuchen, Herr Ford. Ist sie zu Hause?

Ford. O ja; und so müßig, daß sie, aus Mangel an Gesellschaft nichts anzufangen weis. Ich glaube, wenn eure Männer todt wären, so würdet ihr beyde euch verheyrathen.

Frau Page. Ganz gewiß; an zwey andre Männer.

Ford. Wo haben Sie denn diesen hübschen Wetterhahn her?

Frau Page. Ich kanns wahrhaftig nicht sagen wie der heißt, von dem ihn mein Mann bekommen hat. Wie heißt dein Ritter, guter Freund?

Robin. Sir John Falstaff.

Ford. Sir John Falstaff?

Frau Page. Ja, ja, ganz recht. Ich kann mich niemals auf seinen Namen besinnen. Er und mein Mann sind so vertraute Freunde! = = Ist Ihre Frau wirklich zu Hause?

Ford. Wirklich ist sie zu Hause.

Frau Page. Mit Ihrer Erlaubniß, Herr Ford = = Ich schmachte vor Verlangen, sie zu sehen.

(Frau Page und Robin gehen ab.)

Fünfter Auftritt.

Ford. Hat Page wohl Gehirn? hat er wohl Augen? hat er wohl Ueberlegung?·· Wahrhaftig, das alles schläft bey ihm; er ist nicht im Stande, es zu brauchen. Der Junge da wird wahrhaftig eben so leicht einen Brief zwanzig Meilen weit bringen, als eine Kanone zwölfmal zwanzigmal ins Weiße trifft. Er giebt der Neigung seiner Frau immer neuen Zusatz; er giebt ihrer Thorheit Bewegung und Vortheil; und nun geht sie hin zu meiner Frau, und Falstaff's Bursche mit ihr. Man kann das schon von weiten sehen, wie das gehen wird!·· und Falstaff's Bursche mit ihr! ein schönes Complot!·· es ist alles angelegt; und unsre empörten Weiber theilen die Verdammniß unter einander. Gut! ich will ihn schon kriegen; und dann will ich meine Frau tüchtig quälen; will den erborgten Schleyer der Sittsamkeit von der so scheinbaren Frau Page abreißen, will Page selbst als einen sichern und gutwilligen Aktäon bekannt machen, und wenn ich nun so stürmisch verfahren, sollen alle meine Nachbaren schreyen: getroffen! getroffen! Die Glocke giebt mir mein Wahrzeichen; und meine Zuversicht befiehlt mir, nachzusuchen; dort werd' ich ganz gewiß Falstaff antreffen. Man wird mich über dieß alles vielmehr loben, als verspotten; denn es ist eben so gewiß, als die Erde fest ist, daß Falstaff da seyn muß. Ich will gehen:

Sechster Auftritt.

Ford. Page. Schallow. Slender. Gastwirth. Evans. Kajus.

Schallow, Page, u. s. f. (zu Ford.) Ha! willkommen, Herr Ford!

Ford. Wahrhaftig, eine tüchtige Bande! Ich habe zu Hause was zu leben, und bitt' euch alle, mit mir zu gehen.

Schallow. Ich muß mirs verbitten, Herr Ford.

Slender. Und ich auch, Herr. Wir haben versprochen, bey der Jungfer Anne zu essen; und ich möchte um alles in der Welt gegen sie mein Wort nicht brechen.

Schallow. Wir haben auf eine Heyrath zwischen Anne Page und meinem Vetter Slender schon lange gelauert, und heute sollen wir unsre Antwort bekommen.

Slender. Ich hoff', ich habe doch Ihre Einwilligung, Vater Page?

Page. Die haben Sie, Herr Slender; ich bin ganz und gar für Sie; aber meine Frau, Herr Doctor, ist ganz und gar für Sie.

Kajus. Ja, pardieu! und das Mädke is verliebt in mik; mein Frau Quickly hats mir kesagt.

Gastwirth. Was sagt Ihr zu dem jungen Herrn Fenton? Er schneidet Kapriolen, er tanzt; er hat junge feurige Augen; er macht Verse; er spricht lauter Sonntagsworte; *) er riecht nach lauter April und May; er wird sie kriegen, er wird sie kriegen; man siehts an seinen Knopfblumen, **) er wird sie kriegen.

---

*) *he speaks holy-day;* von der alten Gewohnheit, die geistlichen und moralischen Schauspiele (*mysteries* und *moralities*) am Sonntage und Feyertagen zu spielen, in denen viel Schwulst und Bombast vorkam. Warburton.

**) Dieß bezieht sich auf eine alte Gewohnheit unter den jungen Leuten auf dem Lande, mit Knopfblumen (*batchelor's buttons*) die sie in der Tasche trugen, die Probe zu machen, ob sie in ihrer Liebe glücklich seyn würden, oder nicht; nachdem sie nämlich wuchsen oder nicht wüchsen. Steevens.

Page. Mit meinem Willen nicht, wahrhaftig nicht. Der junge Mensch hat gar kein Vermögen; er hat mit dem wilden Prinzen und Poins*) Umgang gehabt. Er ist aus einer zu hohen Region; er weis zu viel. Nein, er soll keinen einzigen Knoten seines Glücks mit dem Finger meines Vermögens schürzen. Wenn er sie nehmen will, so mag er sie ohne Aussteuer nehmen; das Vermögen, das ich besitze, wartet auf meine Einwilligung; und meine Einwilligung schlägt diesen Weg nicht ein.

Ford Ich bitt' Euch herzlich, einige von Euch müssen diesen Mittag bey mir essen. Außer einer guten Mahlzeit sollt ihr noch Spaß oben drein haben; ich will euch eine Misgeburt zeigen. Herr Doctor, Sie gehen mit mir; und Sie auch, Herr Page; und Sie auch, Sir Hugh.

Schallow. Nun gut, lebt wohl; wir werden unsre Anwerbung in Herrn Page's Hause desto freyer anbringen können.

---

*) Nämlich mit dem Prinzen Heinrich von Wallis, Heinrich, einem Sohne Heinrichs IV, und Poins, einem wilden Menschen, der, so wie der eben gedachte Prinz, in dem Trauerspiele Heinrich IV. eine Rolle spielt, worinn auch Falstaff wieder vorkommen wird.

Kajus. Geh zu Haus, John Rugby, ich komm' bald nach.

Gastwirth. Gehabt euch wohl, meine Herzchen! Ich will zu meinem hochlöblichen Ritter Falstaff gehen, und Kanariensekt mit ihm trinken.

Ford (beyseite.) Ich denke, ich werde vorher noch einen Tanz mit ihm machen.*) – Wollt ihr mitgehen, ihr lieben Herren?

Alle. Nur immer zu; wir müssen diese Misgeburt sehen!

(Sie gehen ab.)

Siebenter Auftritt.
Ford's Haus.

Frau Ford. Frau Page. Bediente mit einem Waschkorbe. Hernach, Robin.

Frau Ford. He, John! he, Robert!

Frau Page. Hurtig, hurtig! ist der Waschkorb – –

---

*) Das Wortspiel des Originals ließ sich nicht wohl beybehalten. Das Wort *Canary* in der vorhergehenden Rede kann auch die bekannte alte Tanzart, Canarie, bedeuten. Dieß veranlaßt Ford's Anspielung: I think, I shall drink in *Pipe-wine* first with him. Das Wort *Pipe* hat nämlich die zwiefache Bedeutung einer Pfeife und eines Fasses, das auch unter uns beym Oel so heißt.

Frau Ford. Ganz gewiß - - he, Robin, sag'
ich!

Frau Page. Macht fort! macht fort!

Frau Ford. Hier setzt ihn hin.

Frau Page. Geben Sie Ihren Leuten die nöthigen Befehle. Wir müssen geschwinde machen.

Frau Ford. Nun denn, wie ich euch vorhin schon sagte, John und Robert, seyd gleich hier neben an im Brauhause in Bereitschaft; und wenn ich dann geschwind euch rufe, so kommt heraus; und nehmt ohne Verzug und ohne Bedenken diesen Korb hier auf eure Schultern. Wenn ihr das gethan habt, so trabt in aller Eile mit ihm davon, und bringt ihn zu den Bleichern auf der Datchet-Wiese, und da schüttet ihn aus in den sumpfichten Teich nicht weit von der Themse.

Frau Page. Wollt ihr das thun?

Frau Ford. Ich habs ihnen schon nach der Länge und Breite gesagt; sie brauchen keine weitere Nachweisung. Geht nur fort, und kommt, wann ihr gerufen werdet.

(Die Bediente gehen ab.)

Frau Page. Da kömmt der kleine Robin.

Frau Ford. Nun, wie gehts, mein kleiner Falke? Was bringst du gutes Neues?

Robin. Mein Herr, Sir John, ist zur Hinterthüre hier ins Haus gekommen, Frau Ford, und wünscht, Sie zu sprechen.

Frau Page. Du kleiner Affe; bist du uns auch treu gewesen?

Robin. O ja; ich kann darauf schwören, mein Herr weis nichts davon, daß Sie hier sind, und hat mir gedroht, mich in eine immerwährende Freyheit zu versetzen, wenn ich Ihnen was davon sagte; denn er schwört, er würde mich fortjagen, wenn ichs thäte.

Frau Page. Du bist ein guter Junge. Diese deine Verschwiegenheit soll für dich zum Schneider werden, und dir ein neues Wamms und Hosen machen. Ich will hingehen, und mich verstecken.

Frau Ford. Das thun Sie. Geh, und sage deinem Herrn, ich sey allein. Frau Page, nehmen Sie ihr Merkzeichen in Acht.
(Robin geht ab.)

Frau Page. Ich steh' dafür; wenn ich meine Rolle nicht gut spiele, soll man mich auszischen.
(Frau Page geht ab.)

Frau Ford. Wohlan denn; wir wollen mit dieser ungesunden Feuchtigkeit, diesem großen wäßrigen Kürbis, schon fertig werden. Wir wollen ihn Turteltauben von Dohlen unterscheiden lehren.

Achter Auftritt.

Frau Ford. Falstaff.

Falstaff. Hab' ich dich erhascht, mein himmlisches Kleinod? – – Ha! itzt will ich gern sterben; denn nun hab' ich lange genug gelebt. Dieß ist das Ziel meines Ehrgeizes! – – O! über die beglückte Stunde!

Frau Ford. O! lieber Sir John!

Falstaff. Frau Ford, ich kann nichts schönes sagen; ich kann nicht schwatzen, Frau Ford. Itzt werd' ich in meinem Wunsche sündigen. Ich wollte, dein Mann wäre todt; ich will es dem vornehmsten Herrn ins Angesicht sagen, ich wollte dich zu meiner Lady machen.

Frau Ford. Ich, Ihre Lady, Sir John? – – Ach! ich würde eine jämmerliche Lady abgeben!

Falstaff. Laß mir den französischen Hof einmal eine bessere aufweisen! – – Ich sehe, wie dein Auge mit dem Diamant wetteifern würde. Du haſt gerade den rechten Bogenzug der Augbraunen, der ſich zu jedem Kopfputz ſchickt, er mag weit abſtehen, oder eng anſchließen, oder fliegen, oder mit Venetianiſchen Spitzen beſetzt ſeyn.

Frau Ford. Eine bloße Haube von Neſſeltuch, Sir John, ſteht zu meinen Augbraunen am beſten; und auch das nicht einmal ſo recht.

Falſtaff. Du biſt ein Tyrann, daß du ſo ſprichſt. Du würdeſt eine ganz vollſtändige Hofdame abgeben, und der feſte Tritt deines Fußes würde deinem Gange einen herrlichen Takt geben, in einem halbzirklichten Reifrocke. Ich ſehe ſchon, was du ſeyn würdeſt; wäre nur das Schickſal dein Feind nicht; die Natur iſt deine Freundinn; ja, ja, das kannſt du gar nicht verheelen.

Frau Ford. Glauben Sie mir, ich bin zu dergleichen gar nicht gemacht.

Falſtaff. Was machte mich in dich verliebt? Mache daraus ſicher den Schluß, daß du was außerordentliches an dir haben mußt. Höre nur, ich kann dir nicht lange ſchmeicheln, und ſagen, du ſeyſt dieß und das, wie es viele von jenen ſiſpelnden Gecken machen, die wie Frauenzimmer in Mannskleidern kommen, und wie Kreuzbeeren riechen, zur Zeit der Kräuterlese; das kann ich nicht; aber ich liebe dich; keine andre als dich; und du verdienst es.

Frau Ford. Verrathen Sie mich ja nicht, Sir; ich fürchte, Sie sind in die Frau Page verliebt.

Falstaff. Eben so gut könntest du sagen, ich möchte gern auf den Schuldthurm gehen, welcher mir so verhaßt ist, als der Rauch aus einem Kalkofen.

Frau Ford. Nun gut; der Himmel weiß, wie lieb ich Sie habe; und Sie sollen das noch dereinst finden.

Falstaff. Bleiben Sie bey der Gesinnung; ich werd' es zu verdienen suchen.

Frau Ford. O! ich muß Ihnen sagen, daß Sie das schon thun; denn sonst könnte ich diese Gesinnung nicht hegen.

Robin (hinter der Scene.) Frau Ford, Frau Ford, da ist Frau Page vor der Thüre! Sie schwitzt, und bläst, und sieht ganz wild aus, und sagt, daß sie sogleich nothwendig mit Ihnen sprechen müsse.

Falstaff. Sie soll mich nicht sehen; ich will mich hinter den Tapeten verschanzen.

Frau Ford. O! thun Sie das ja; sie ist eine sehr plauderhafte Frau.

(Falstaff versteckt sich.)

Neunter Auftritt.

Frau Ford. Frau Page.

Frau Ford. Nun, was ist? was giebts?

Frau Page. Ach Frau Ford, was haben Sie gemacht? Sie sind auf ewig beschimpft, auf ewig unglücklich und verloren.

Frau Ford. Was giebt es denn, liebe Frau Page?

Frau Page. Ey, ey, das ist artig, Frau Ford, da Sie einen ehrlichen Herrn zum Manne haben, daß Sie ihm dergleichen Anlaß zum Argwohn geben!

Frau Ford. Was für Anlaß zum Argwohn?

Frau Page. Was für Anlaß zum Argwohn? - - Schämen Sie sich! - - Wie hab' ich mich in Ihnen geirrt!

Frau Ford. Nun lieber Gott, was giebts denn?

Frau Page. Ihr Mann, Frau Ford, ist mit

allen Gerichtsdienern aus ganz Windsor ins Haus gekommen, um einen Herrn zu suchen, der, wie er sagt, itzt mit Ihrer Bewilligung hier im Hause ist, um sich seiner Abwesenheit auf eine schlechte Art zu Nutze zu machen. Sie sind verloren.

Frau Ford (leise.) Reden Sie lauter – – (Laut.) Ich hoffe, es ist nicht so.

Frau Page. Gott gebe, daß es nicht so ist, daß Sie so jemand hier haben; aber das ist ganz gewiß, Ihr Mann kömmt mit halb Windsor hinter sich her, um so jemand zu suchen. Ich komme voran, um es Ihnen zu sagen; wenn Sie sich nichts bewußt sind; nun, so freu' ich mich darüber; wenn Sie aber einen guten Freund hier haben, so machen Sie, machen Sie ja, daß er fort kömmt. Seyn Sie nicht bestürzt; nehmen Sie allen Ihren Verstand zusammen; vertheidigen Sie Ihre Ehre, oder geben Sie allem Ihrem guten Leben auf ewig gute Nacht.

Frau Ford. Was soll ich machen? Es ist ein Herr hier, mein sehr werther Freund; und ich fürchte mich nicht so sehr vor meiner eignen Schande, als vor seiner Gefahr. Ich möchte tausend Pfund darum geben, daß er erst aus dem Hause wäre.

Frau Page. Pfui doch, was soll das lange, was Sie möchten oder nicht möchten?.. Ihr Mann wird gleich hier seyn; denken Sie darauf, wie Sie ihn fortschaffen wollen; hier im Hause können Sie ihn nicht verstecken.. O! wie Sie mich betrogen haben!.. Sehn Sie, hier ist ein Waschkorb; wenn er nur irgend von gescheider Statur ist, so kann er da hineinkriechen; und dann werfen Sie schmutziges Leinenzeug über ihn her, als wenn es sollte in die Wäsche geschickt werden; oder es ist doch gerade Bleichenszeit; lassen Sie ihn von ihren beyden Bedienten nach der Dachetswiese bringen.

Frau Ford. Er ist zu dick, um da hineinzukommen; was soll ich machen?

(Falstaff kömmt hervor.)

Falstaff. Laßt sehen! laßt sehen!.. o! laßt mich ihn sehen.. Ich will hinein, ich will hinein.. Folgen Sie dem Rath Ihrer Freundinn.. Ich will hinein.

Frau Page. Wie? Sir John Falstaff?.. Ha! sind das Ihre Briefe, Ritter?

Falstaff. Ich liebe dich.. hilf mir nur weg.. laß mich da hineinkriechen.. ich will niemals..

(Erkriecht in den Korb, sie bedecken ihn mit schmutziger Wäsche.)

Frau Page. Hilf deinen Herrn mit zudecken, Bursche! -- Rufen Sie Ihre Leute, Frau Ford -- Sie heuchlerischer Ritter!

Frau Ford. He! John, Robert, John! kommt, bringt die Wäsche hier weg; geschwinde! -- Wo ist der Tragestock? -- Seht, wie ihr zaudert! -- Bringt das zu der Wäscherinn auf der Datchet-wiese; geschwind, macht fort!

Zehnter Auftritt.

Die Vorigen. Ford. Page. Kajus. Evans.

Ford. Ich bitt' Euch, kommt näher. Bin ich ohne Ursach argwöhnisch, so mögt ihr mich zum Besten haben, und euern Spott mit mir treiben; alsdann verdien' ichs -- Nun! wohin wollt ihr denn das tragen?

Bedienter. Zur Wäscherinn, Herr.

Frau Ford. Nun, was geht denn dich das an, wohin sie's tragen? *) -- (Die Bedienten gehn mit dem Korbe ab.)

---

*) Sie setzt im Englischen hinzu: You were best meddle with *buck-washing*. Dieß letzte Wort, welches das Waschen des Leinenzeuges in heißer Lauge bedeutet, und auch im Deutschen, wenigstens im Niedersächsischen, bücken heißt, ergreift nun ihr aufgebrach-

Ford. „Hört doch, ihr Herren, mir hat diese Nacht was geträumt, ich will euch meinen Traum erzählen. Hier, hier, hier sind meine Schlüssel; geht oben auf meine Zimmer; durchforscht, durchsucht, macht ausfindig, ich wette drauf, wir treiben den Fuchs aus dem Loche. Ich will hier den Weg besetzen. So; itzt fangt an zu suchen.

Page. Lieber Herr Ford, seyn Sie ruhig; Sie thun sich selbst zu sehr zu nahe.

Ford. Freylich, Herr Page. Lustig, ihr Herren; ihr sollt einen rechten Spaß sehen; kommt mit mir, ihr Herren!

Evans. Das ist doch wahrhaftig recht phantastische Laune und Eifersucht!

Kajus. Pardieu, das nick Mod is in Frankrik; man nik is jaloux in Frankrik.

Page. Nun, geht doch mit ihm, ihr Herren; seht doch zu, wie sein Nachsuchen abläuft.

(Er geht ab.)

---

ter Mann, und versteht es für *a buck*, einen Bock, mit dem er den Hauptschmuck gemein zu haben glaubt; er fragt daher: Buck! -- I would, I could wash myself of the buck! -- Buck, buck, buck? ay buck; I warraht you, huck, and of the season too; it shall appear.

Eilfter Auftritt.
Frau Page. Frau Ford.

Frau Page. Ist das Ding nicht doppelt herrlich?

Frau Ford. Ich weis nicht, was mir besser gefällt, daß mein Mann, oder daß Sir John angeführt ist?

Frau Page. Wie ihm wohl muß zu Muthe gewesen seyn, als Ihr Mann fragte, was in dem Korbe wäre!

Frau Ford. Ich fürchte halb und halb, er wird das Waschen nöthig haben; es wird ihm also recht wohl thun, wenn man ihn ins Wasser wirft.

Frau Page. An den Galgen mit dem niederträchtigen Schurken! Ich wollte, daß alle von dem Gelichter in eben der Verlegenheit wären!

Frau Ford. Ich glaube, mein Mann hat einen besondern Argwohn davon, daß Falstaff hier ist. Ich habe ihn noch nie so plump in seiner Eifersucht gesehen, als itzt.

Frau Page. Ich will schon was aussinnen, um das zu erfahren; und wir wollen noch mehr Streiche mit Falstaff ausführen; seine liederliche Seuche wird durch diese Arzney schwerlich schon geheilt werden.

Frau Ford. Sollen wir die närrische alte Vettel, Frau Quickly, an ihn abschicken, uns darüber entschuldigen lassen, daß er ins Wasser geworfen ist, und ihm zum zweytenmal Hoffnung geben, um ihn einer zweyten Bestrafung zu überliefern?

Frau Page. Das wollen wir thun. Wir wollen ihn morgen um acht Uhr herbestellen lassen, um Schadloshaltung zu bekommen.

(Ford, Page, und die übrigen in einiger Entfernung kommen wieder.)

Ford. Ich kann ihn nicht finden. Vielleicht prahlte der Schurke mit Dingen, die er nicht erhalten konnte.

Frau Page. Haben Sie das wohl gehört?

Frau Ford. O ja, ja; stille nur · · Sie gehen hier schön mit mir um, Herr Ford, nicht wahr?

Ford. Freylich, freylich, das thu' ich.

Frau Ford. Der Himmel mache dich besser, als deine Gedanken sind!

Ford. Amen.

Frau Page. Sie thun sich selbst gewaltig unrecht, Herr Ford.

Ford. Ja, ja, ich muß das wohl leiden.

Evans. Wenn hier irgend jemand im Hause

(Fünfter Band.) S

ist, und in den Zimmern, und in den Koffern, und in den Schränken, so vergebe mir der Himmel meine Sünde am jüngsten Gericht!

Kajus. Pardieu, das sag ik auk; es ist niemand da.

Page. Pfui, pfui, Herr Ford, schämen Sie sich nicht? Welcher böse Geist, welcher Teufel bringt Sie auf dergleichen Gedanken? Ich möchte Ihre närrische Laune in diesem Stücke nicht um allen Reichthum des Windsorschlosses haben.

Ford. Das ist mein Fehler, Herr Page; ich leide dafür.

Evans. Sie leiden für ein böses Gewissen. Ihre Frau ist so ehrlich, als Jemandes Frau; wie ich vor fünftausend und fünfhundert oben drein behaupten will.

Kajus. Pardieu, sie is ein ehrlik Frau.

Ford. Nun gut - ich versprach euch eine Mittagsmahlzeit - kommt, geht mit mir in den Thiergarten. Ich bitt' euch, vergebt mir; ich wills euch hernach schon sagen, warum ich so verfahren habe. Auch du, Frau, und Sie, Frau Page, müssen mir vergeben; ich bitte herzlich drum, vergebet mir.

Page. Laßt uns hineingehen, ihr Herren; aber

verlaßt euch auf mich, wir wollen ihn schon anführen. Ich lade euch sämmtlich morgen früh auf ein Frühstück in meinem Hause ein; hernach wollen wir mit einander auf die Vogeljagd gehen; ich habe einen schönen Waldfalken. Wollt ihr das thun?

Ford. Von Herzen gern.

Evans. Wenn einer da ist, so will ich in der Gesellschaft der zweyte seyn.

Kajus. Wenn da is ein oder zwey, so werd ik seyn die dritt.

Ford. Ich bitte, gehen Sie zu, Herr Page.

Evans. Ich bitt' auch auf morgen zu denken an den lausichten Schurken, den Herrn Gastwirth.

Kajus. Das is kuth, pardieu, recht von Herzen gern!

Evans. Ein lausichter Schurke mit seinem Schimpfen und Spottreden!

(Sie gehen ab.)

Zwölfter Auftritt.

Page's Haus.

Fenton. Jungfer Anna Page.

Fenton. Ich seh', ich kann deines Vaters Liebe

nicht gewinnen; verweise mich also nicht weiter an ihn, liebstes Aennchen.

Anne. Aber mein Gott! was soll ich denn machen?

Fenton. Du mußt einmal deinem eignen Willen folgen. Er wendet mir ein, ich sey von zu hoher Geburt, und weil meine Umstände durch vielen Aufwand verletzt worden, so suche ich die Wunde nur durch seinen Reichthum wieder zu heilen. Außerdem legt er mir noch andre Hindernisse in den Weg, beruft sich auf meine ehemaligen Schwärmereyen, auf meine wilden Gesellschaften, und sagt mir, es sey unmöglich, daß ich dich anders lieben könne, als wie ein gutes Einkommen.

Anne. Wer weis, er mag wohl recht haben.

Fenton. Nein, so wahr mir der Himmel künftig beystehen soll! = = Zwar will ich dir gestehen, daß deines Vaters Reichthum der erste Grund war, warum ich mich um dich bewarb, Anne; aber da ich mich um dich bewarb, fand ich, daß du selbst mehr werth bist, als goldne Münzen, oder Summen in versiegelten Beuteln; und es ist dein innerer Reichthum, nach welchem ich itzt trachte.

Anne. Lieber Herr Fenton, suchen Sie doch noch meinen Vater zu gewinnen; suchen Sie das noch immer. Wenn öftere Versuche und die demüthigste Bewerbung es nicht dahin bringen können; nun, alsdann • • Kommen Sie hieher!

(Fenton und Anne gehn auf die Seite.)

Dreyzehnter Auftritt.

Schallow. Slender. Frau Quickly.

Schallow. Fall Sie ihnen in die Rede, Frau Quickly; mein Vetter soll itzt für sich reden.

Slender. Ich werde einen Spieß oder Pfeil auf sie abschießen; der Henker! es will nur gewagt seyn!

Schallow. Sey nicht erschrocken.

Slender. Nein, sie soll mich nicht erschrecken; dafür ist mir nicht bange; aber ich fürchte mich nur.

Quickly. Hören Sie doch, Herr Slender möchte gern ein Wort mit Ihnen sprechen.

Anne. Ich will zu ihm kommen • • Den da hat mir mein Vater ausgesucht. O! welch eine Menge niedriger, häßlicher Fehler sehen bey einem jährlichen Einkommen von dreyhundert Pfund schön aus!

Quickly. Und was macht denn der liebe Herr Fenton? -- Hören Sie doch, ein Wort!

Schallow. Sie kömmt -- auf ihr zu, Vetter! -- O Bursche, du hattest einen Vater!

Slender. Ich hatte einen Vater, Jungfer Anne; mein Oheim kann Ihnen manchen Spaß von ihm erzählen -- Ich bitte Sie, Oheim, erzählen Sie doch Jungfer Annen den Spaß, wie mein Vater zwey Gänse aus einem Stalle stahl, lieber Oheim.

Schallow. Jungfer Anne, mein Vetter ist in Sie verliebt.

Slender. Ja, das bin ich; so sehr als ich in irgend ein Frauenzimmer in Gloucestershire hier verliebt bin!

Schallow. Er wird Sie als eine Edelfrau halten.

Slender. Ja, das werd' ich; sie mag kommen, wie sie will; jedoch unter dem Range eines Junkers.

Schallow. Er wird Ihnen ein Wittwengehalt von hundert und fünfzig Pfund aussetzen.

Anne. Lieber Herr Schallow, lassen Sie ihn doch selbst sein Freywerber seyn.

Schallow. Ja wahrhaftig, dafür dank' ich Ihnen, dafür dank' ich Ihnen. Viel Glück; sie ruft dir, Vetter; ich will euch allein lassen.

Anne. Nun, Herr Slender!

Slender. Nun, liebe Jungfer Anne!

Anne. Was ist Ihr Wille?

Slender. Mein Wille? *) - - Potz tausend, das ist ein artiger Spaß, wahrhaftig! Ich habe mein Testament, dem Himmel sey Dank! noch nicht gemacht; ich bin kein so kränkliches Geschöpf, das bin ich gottlob! nicht.

Anne. Ich meyne, Herr Slender, was wollen Sie von mir haben?

Slender. Wahrhaftig, ich für mein Theil will wenig oder gar nichts von Ihnen haben. Ihr Vater und mein Oheim haben das Ding in Gang gebracht; gehts glücklich, nun gut! gehts nicht, nun, so mags drum seyn! - - Jene können sagen, wie's mit der Sache geht, besser, als ich. Sie können Ihren Vater fragen; da kömmt er eben.

---

*) *Will* heißt der Wille und das Testament, der letzte Wille.

Vierzehnter Auftritt.

Die Vorigen. Page. Frau Page.

Page. Nun, Herr Slender . . hab' ihn hübsch lieb, Tochter Anne! . . Nun, was ist das? Was macht Herr Fenton hier? . . Sie beleidigen mich damit, mein Herr, daß Sie immer so in meinem Hause aus und ein laufen. Ich habs Ihnen ja gesagt, Herr, meine Tochter ist schon versprochen.

Fenton. Nun, lieber Herr Page, seyn Sie nur nicht böse.

Frau Page. Lieber Herr Fenton, kommen Sie nicht mehr zu meinem Kinde.

Page. Sie ist keine Parthie für Sie.

Fenton. Herr Page, wollen Sie mich einen Augenblick anhören?

Page. Nein, lieber Herr Fenton . . Kommen Sie, Herr Schallow; kommen Sie mit herein, Sohn Slender. Da Sie einmal meine Gesinnung wissen, so beleidigen Sie mich, Herr Fenton.

(Page, Schallow und Slender gehen ab.)

Quickly. Reden Sie mit der Frau Page.

Fenton. Liebe Frau Page, da ich Ihre Tochter mit so rechtmäßigen Absichten liebe, so muß ich mit Gewalt, gegen alle Hindernisse und Gegenwehr mit meiner Liebe einzudringen suchen, und mich nicht zurückziehen. Geben Sie mir doch Ihre Einwilligung.

Anne. Liebe Mutter, verheyrathen Sie mich nicht an jenen Gecken.

Frau Page. Das denk' ich auch nicht; ich suche einen bessern Mann für dich.

Quickly. Das ist mein Herr, der Herr Doctor.

Anne. Ach Himmel! ich möchte mich lieber lebendig bis an den Hals eingraben, und mit Steckrüben zu tode werfen lassen!

Frau Page. Mache dir nur keine Unruhe ... Lieber Herr Fenton, ich werde weder für noch wider Sie seyn; ich werde meine Tochter befragen, ob sie Sie lieb hat, und wie ich sie finde, so werde ich gesinnt seyn. Bis dahin leben Sie wohl, mein Herr. Sie muß nothwendig hinein gehen; ihr Vater wird sonst böse.

(Frau Page und Anne gehn ab.)

Fenton. Leben Sie wohl, liebe Frau Page; leb wohl, Aennchen!

Quickly. Das hab' ich nun ausgerichtet.. Ey, sagt' ich, wollen Sie denn Ihr Kind an einen

Narren oder an einen Doctor wegwerfen? Sehn Sie einmal Herrn Fenton an! = = Das hab' ich ausgerichtet.

Fenton. Ich danke dir, und bitte dich, gib doch diesen Abend meinem lieben Aennchen diesen Ring = = Da hast du was für deine Mühe.

(Er geht ab.)

Quickly. Nun, der Himmel lasse dirs wohl gehen! = = Ein recht liebreiches Herz hat er; man möchte für solch ein liebreiches Herz durchs Feuer laufen! Und doch wünscht' ich, daß mein Herr Jungfer Anne bekäme, oder ich wünschte, Herr Slender bekäme sie; oder doch wahrhaftig, ich wünschte, Herr Fenton bekäme sie. Ich will für alle drey thun, was ich kann; denn das hab' ich versprochen; und ich will auch ehrlich Wort halten; fürnehmlich aber für Herrn Fenton = = O! ich habe ja noch ein andres Gewerbe an Sir John Falstaff von meinen beyden Frauen zu bestellen; bald wär ich solch ein Vieh gewesen, und hätt' es vergessen!

(Sie geht ab.)

Fünfzehnter Auftritt.

Der Gasthof zum Hosenbande.

Falstaff. Bardolph.

Falstaff. Bardolph, sag' ich!

Bardolph. Hier, Sir.

Falstaff. Geh, hol' mir ein Quartier Seckt, lege ein Stück geröstet Brod hinein. (Bardolph geht ab.) Mußte mir das noch begegnen, daß man mich in einem Korbe tragen mußte, wie Metzger eine Tracht Kaldaunen, und so in die Themse warf? O! wahrhaftig, wenn man mir je solchen Streich zum zweytenmale spielt, so will ich mir mein Gehirn ausnehmen, und in Butter braten, und es einem Hunde zum Neujahrsgeschenke geben lassen! Die Schurken schmissen mich in die Themse, mit eben der Gleichgültigkeit, womit sie die blinden Jungen einer Hündinn, fünfzehn von einem Wurf, ersäuft hätten; und man kann mirs wohl an meiner Statur ansehen, daß ich eine gewisse Behendigkeit im Untersinken habe; wäre der Grund auch so tief, als die Hölle, so müßt' ich hinunter. Ich wär' ertrunken; aber zum Glücke war das Ufer sandicht und seicht; eine Todesart, die ich verabscheue!

Denn das Wasser schwellt einen auf; und was wär' ich für ein Geschöpf geworden, wenn ich aufgeschwollen wäre! Ich wär' ein Mumiengebirge geworden! (Bardolph kömmt wieder.) Nun, ist der Seckt gebraut?

Bardolph. Frau Quickly ist da, Sir, und will Sie sprechen.

Falstaff. Wohlan! ich will etwas Seckt zu dem Themsewasser schütten; denn mein Bauch ist so kalt, als wenn ich Schneballen wie Pillen verschluckt hätte, um die Nieren abzukühlen. Ruf sie herein.

Bardolph. Kommen Sie herein, Frau.

Sechszehnter Auftritt.

Die Vorigen. Frau Quickly.

Quickly. Mit Ihrer Erlaubniß – – Ich fleh' Sie um Gnade an – – Ich wünsch' Ihrer Gnaden einen guten Morgen.

Falstaff. Nimm die Kelchgläser hier weg. Geh, braue mir eine hübsche feine Flasche Seckt.

Bardolph. Mit Eyern, Sir?

Falstaff. Simpel, ohne Zusatz. Ich will keinen Hünersaamen in meinem Gebräue. – – Nun, was giebts?

Quickly. Ach lieber Sir, ich komme zu Ihrer Gnaden von der Frau Ford.

Falstaff. Von der Frau Ford? *) - - Die hat mir einen schönen Streich gespielt!

Quickly. Ach! daß Gott erbarm! das arme Ding! Dafür kann sie nicht. Sie hat ihre Leute recht hart angelassen; sie haben ihre Sache schlecht gemacht.

Falstaff. Und ich auch, daß ich mich auf das Versprechen eines närrischen Weibes verließ!

Quickly. Und nun, Sir, jammert und wehklagt sie dergestalt darüber, daß es Ihnen das Herz brechen würde, wenn Sie's sehen sollten. Ihr Mann geht diesen Morgen auf den Vogelfang aus; sie wünscht, daß Sie noch einmal, zwischen acht und neun, zu ihr kommen möchten. Ich muß ihr eiligst Bescheid bringen; sie wird Ihnen Schadloshaltung geben, ich steh' Ihnen dafür.

---

*) *Ford* bedeutet im Englischen eigentlich eine Furth, eine seichte Stelle des Wassers; darauf bezieht sich Fallstaff's Antwort im Original: I have had Ford enough; I was thrown into the Ford; I have my belly full of Ford.

Salstaff. Gut, ich will sie besuchen; sag ihr das; und laß sie bedenken, was ein Mensch ist; laß sie seine Schwachheit erwägen, und dann mein Verdienst beurtheilen.

Quickly. Ich wills ihr sagen.

Salstaff. Das thu. Zwischen neun und zehn, sagst du?

Quickly. Zwischen acht und neun, Herr.

Salstaff. Gut; geh nur; ich werde nicht ausbleiben.

Quickly. Leben Sie wohl, Sir.

(Geht ab.)

Salstaff. Mich wundert, daß ich gar nichts von Herrn Brook höre; er ließ mir sagen, ich möchte mich zu Hause halten; sein Gold gefällt mir nicht übel. Oh! da kömmt er.

Siebenzehnter Auftritt.
Salstaff. Ford.

Ford. Gott grüß Sie, Sir.

Salstaff. Nun, Herr Brook, Sie werden gerne wissen wollen, was zwischen mir und Ford's Frau vorgefallen ist?

Ford. Ja, wirklich, Sir John, darum komm' ich her.

Falstaff. Herr Brook, ich will Ihnen nichts vorlügen; ich war zu der bestimmten Stunde in ihrem Hause.

Ford. Und wie giengs denn da, Sir?

Falstaff. Ungemein unglücklich, Herr Brook.

Ford. Wie so, Sir? hatte sie ihren Entschluß verändert?

Falstaff. Nein, Herr Brook; aber der gichtbrüchige Hörnerträger, ihr Mann, Herr Brook, der in einem beständigen Allarm von Eifersucht lebt, kam gleich zu Hause, als wir eben beysammen waren, nachdem wir uns umarmt, geküßt, betheurt, und gleichsam den Prolog zu unsrer Komödie hergesagt hatten; und hinter ihm drein ein ganzes Gelichter von seinen Kameraden, die er in seiner übeln Laune zusammengebracht und herbeygeführt hatte, und die in seinem Hause den Liebhaber seiner Frau aufsuchen sollten.

Ford. Wie? indem Sie noch da waren?

Falstaff. Indem ich noch da war.

Ford. Und suchte er denn nach Ihnen, und konnte Sie nicht finden?

Falstaff. Sie sollen hören. Zum guten Glücke kömmt vorher eine gewisse Frau Page ins Haus, meldet uns Ford's Ankunft, und auf ihre Erfindung, und bey der äußersten Verwirrung der Frau Ford, steckten sie mich in einen Waschkorb.

Ford. In einen Waschkorb?

Falstaff. Ja, in einen Waschkorb; bepackten mich mit schmutzigen Ober- und Unterhemden, Socken, schmutzigen Strümpfen, und schmierigen Tischtüchern. Wahrhaftig, Herr Brook, es war der garstigste Mischmasch von abscheulichem Gestank in dem Korbe, der je ein Nasenloch beleidigte.

Ford. Und wie lange lagen Sie denn drinnen?

Falstaff. O! Sie sollen hören, Herr Brook, was ich ausgestanden habe, um diese Frau zu Ihrem Besten zum Bösen zu verleiten. Da ich so in den Korb hineingesteckt war, wurden ein Paar von Ford's Leuten, seine Taglöhner, von ihrer Frau gerufen, mich unter dem Namen von schmutziger Wäsche auf die Datschetwiese zu tragen; sie nahmen mich auf ihre Schultern, begegneten dem eifersüchtigen Schurken, ihrem Herrn, in der Thür, der sie ein- oder zweymal fragte, was sie da in ihrem Korbe hätten. Ich bebte vor Furcht, der unsinnige Kerl möchte nachsuchen; aber das Schicksal, welches es einmal beschlossen hat,

hat, daß er ein Hahnrey seyn soll, hielt seine Hand zurück. Nun gut; er gieng also weiter, um nachzusuchen; und ich gieng als schwarze Wäsche hinweg. *) Aber geben Sie Acht, wie es weiter gieng, Herr Brook. Ich erlitt den Kampf eines dreyfachen Todes; erstlich, eine unerträgliche Furcht, von einem eifersüchtigen, verfaulten Schöps entdeckt zu werden; dann, gleich einer Spanischen Degenklinge in dem Umfange einer Metze zusammengebogen zu seyn, das Gefäß an die Spitze, den Kopf an den Fuß; und dann, gleich einem starken abgezogenen Wasser, mit stinkendem Zeuge, das in seinem eignen Fette gohr, eingepackt zu seyn! Denken Sie an, ein Mann von so fetten Nieren! **) Bedenken Sie dabey, daß ich eben so wenig Hitze vertragen kann, wie Butter, daß ich in beständigem Ausdünsten und Aufthauen lebe;

---

*) Im Englischen wird mit dem Worte *for* gespielt; On went he for a search, and away went I for foul cloaths.

**) A man of my *Kidney* ist itzt ein gewöhnlicher Ausdruck, der nichts weiter heißen würde, als: ein Mann von meiner Art; allein Fallstaff will mehr damit sagen; und eigentlich heißt a Kidney eine Niere.

es war ein Wunder, daß ich nicht erstickte. Und mitten in diesem Bade, als ich schon über die Hälfte im Fette geschmort war, wie ein holländisches Gericht, in die Themse geworfen, und glühend heiß in dem Wasser wie ein Hufeisen abgekühlt zu werden; denken Sie an; zischend heiß; denken Sie an, Herr Brook!

Ford. In ganzem Ernst, Sir, es thut mir leid, daß Sie das alles um meinetwillen haben aushalten müssen. Ich muß also wohl meine Hoffnung aufgeben; Sie werden sich wohl nicht zum zweytenmal für mich bewerben wollen?

Falstaff. Herr Brook, ich will mich so in den Aetna werfen lassen, wie ich in die Themse geworfen bin, ehe ich die Sache so abbreche. Ihr Mann ist heute früh auf den Vogelfang gegangen; sie hat wiederum zu mir geschickt, daß ich zu ihr kommen soll; zwischen acht und neun ist die Stunde, Herr Brook.

Ford. Es ist schon über acht Uhr, Sir.

Falstaff. Schon?-- Nun, so will ich mich nur gleich auf den Weg machen. Kommen Sie nach Ihrer Bequemlichkeit hernach zu mir; so will ich Ihnen sagen, wie es geht; und das Ende soll dann

damit gekrönt werden, daß Sie ihrer genießen.
Leben Sie wohl. Sie sollen sie haben, Herr Brook;
Herr Brook, Sie sollen Ford zum Hahnrey ma-
chen. (Geht ab.)

Ford. Hum! – ha! – ist das eine Erscheinung?
ist das ein Traum? – Schlaf ich? – Wach auf,
Ford! wach auf, Ford! – Es ist ein Loch in deinem besten Kleide, Freund Ford! – So gehts,
wenn man verheyrathet ist! – So gehts, wenn
man Leinenzeug und Waschkörbe hat! – Gut, ich
will mich für den ausgeben, der ich bin; ich will
itzt den luckern Zeisig ertappen; er ist in meinem
Hause; er kann mir nicht entwischen! das kann er
unmöglich! – Er kann doch nicht in eine Pfen-
ningbüchse kriechen, oder in eine Pfefferbüchse;
aber, wenn ihm der Teufel, der ihn treibt, nicht
zu Hülfe kömmt, so will ich alle unmöglichen
Oerter durchsuchen. Ich kann zwar das nicht vermeiden, was ich einmal bin; aber daß ich bin,
was ich nicht seyn mag, soll mich nicht zahm machen. Wenn ich Hörner habe, die einen toll machen
können, so soll das Sprüchwort an mir wahr
werden, ich will Hörnertoll seyn.*) (Er geht ab.)

---
*) In kein Bild scheint unser Dichter so verliebt

Vierter Aufzug.
Erster Auftritt.

Page's Haus.

Frau Page. Frau Quickly. Wilhelm; hernach Evans.

Frau Page. Sollt' er wohl schon in Ford's Hause seyn? was meynst du?

Quickly. Ganz gewiß ist er itzt schon da, oder wird doch gleich da seyn. Aber, wahrhaftig, er ist ganz rasend toll darüber, daß man ihn ins Wasser geworfen hat. Frau Ford läßt Sie bitten, sogleich zu kommen.

Frau Page. Ich will den Augenblick bey ihr seyn; ich will nur meinen jungen Burschen hier

---

zu seyn, als in das von den Hörnern eines Hahnreyes. Fast überall, wo Lustigkeit erregt werden soll, kommen Anspielungen darauf vor. Da er seine Schauspiele mehr für das Theater als für die Presse schrieb, so sah er sie vielleicht selten wieder durch, und bemerkte diese Wiederholung nicht; oder er fand, daß dieser oft wiederholte Spaß doch immer seine Wirkung that, und hielt also die Aenderung für unnöthig. Johnson.

in die Schule bringen. Sieh, da kömmt sein Schulmeister her; es ist ein Spieltag, wie ich sehe. (Evans kömmt.) Nun, wie ist das, Sir Hugh, ist heute keine Schule?

Evans. Nein; Herr Slender hat den Kindern zum Spielen Urlaub gegeben.

Quickly. Dafür segn' ihn Gott!

Frau Page. Sir Hugh, mein Mann sagt, mein Sohn lerne nicht das geringste aus seinem Buche; thut ihm doch einmal ein Paar Fragen aus seinem Donat.

Evans. Komm her, Wilhelm = = den Kopf in die Höhe! = = komm her!

Frau Page. Lustig, junger Herr, den Kopf in die Höhe! Antworte deinem Schulmeister; sey nicht furchtsam.

Evans. Wilhelm, wie viel Numeros hat ein Nomen?

Wilhelm. Zwey. *)

---

*) Diese ganze Scene ist sehr unbedeutend, von keinem Einfluß in die Handlung des Stücks, und, ich sollte auch denken, nicht sehr ergötzend für den Zuschauer; indeß wußte Shakespear am besten, was gefallen würde. Johnson. = = Das Lächerlichste dieser Scene liegt wohl in den Reden der Quickly, die im Engli

Evans. Was heißt schön, Wilhelm?

Wilhelm. Pulcher.

Evans. Was heißt *Lapis*, Wilhelm?

Wilhelm. Ein Stein.

Evans. Und was heißt nun ein Stein, Wilhelm?

Wilhelm. Ein Kiesel.

Evans. Nicht doch; er heißt *Lapis*. -- Hübsch die Gedanken beysammen!

Wilhelm. *Lapis.*

Evans. Nu, das ist ein guter Wilhelm! Von wem werden die Artikel geliehen, Wilhelm?

Wilhelm. Artikel werden geborgt von den Pronominibus, und werden folgendermaßen declinirt: Singulariter, nominativo, *hic hæc, hoc.*

Evans. *Hic, hæc, hoc;* -- gib hübsch Acht! -- genitivo, *hujus;* nun, wie heißt nun dein Accusativus?

---

schen dem Schulmeister von Zeit zu Zeit in die Rede fällt, die lateinischen Wörter misversteht, und Englische, die ihnen dem Schalle nach gleichen, in ihre Stelle setzt, ganz im Geschmacke der Cyrilla in Gryphens Horribilicribrifax. Allein diese Reden sind nicht zu übersetzen, und der Versuch, sie mit ähnlichen zu vertauschen, müßte immer frostig ausfallen.

Wilhelm. Accusativo, *hinc.*

Evans. O! du mußt dich hübsch besinnen, Kind! -- Accusativo, *hunc, hanc, hoc* -- Wie heißt nun der Vocativus, Wilhelm?

Wilhelm. O, vocativo, O.

Evans. Besinne dich, Wilhelm, vocativo caret. Wie heißt nun der Genitivus Casus Pluralis, Wilhelm?

Wilhelm. Genitivus Casus?

Evans. Ja.

Wilhelm. Genitivo *horum, harum, horum.*

Quickly. Ihr thut sehr übel dran, daß Ihr den Kindern solche Worte beybringt. Er lehrt ihn hicken und hacken; *) das wird er zeitig genug von selbst thun; und *horum* zu rufen; pfui! schämt euch!

Evans. Frau, bist du verrückt? -- du bist das närrischte Geschöpf von allen Christenmenschen, die ich kenne.

Frau Page. Schweig Sie doch stille, Frau Quickly.

―――――――――――――――
*) Diese Wörter und einige in Evan's folgenden Reden im Original vorkommende Ausdrücke haben nicht die züchtigsten Nebenbegriffe. Hierinn mochte indeß besonders das Ergötzende der Scene für den großen Haufen liegen.

Evans. Sage mir nun, Wilhelm, wie die Pronomina declinirt werden?

Wilhelm. Mein Treu, das hab' ich vergessen.

Evans. Es heißt, qui, quæ, quod; das mußt du nicht vergessen. - - Geh nur hin, und spiele; geh nur.

Frau Page. Er weis doch mehr, als ich gedacht habe.

Evans. Er hat einen ganz anschlägigen Kopf. Leben Sie wohl, Frau Page.

Frau Page. Adieu, lieber Sir Hugh. Geh nach Hause, Junge. Fort; wir verweilen uns zu lange.

Zweyter Auftritt.
Ford's Haus.

Falstaff. Frau Ford; hernach Frau Page.

Falstaff. Frau Ford, Ihr Kummer hat mein Leiden aufgezehrt. Ich sehe, Sie sind sehr gefällig in Ihrer Liebe, und ich will aufs genaueste, auf ein Haar, dafür erkenntlich seyn, nicht bloß, Frau Ford, in der gemeinen Pflicht der Liebe, sondern in allen Zierrathen, Verschönerungen und

Cärimonien derselben. Aber sind Sie itzt vor Ihrem Manne völlig sicher?

Frau Ford. Er ist auf den Vogelfang, liebster Sir John.

Frau Page (hinter der Scene). Holla, Gevatterinn Ford, holla!

Frau Ford. Gehn Sie in die Kammer, Sir John. (Falstaff geht ab.)

Frau Page. Nun, wie stehts, liebes Kind? wer ist hier, außer Ihnen, noch im Hause?

Frau Ford. Kein Mensch, als meine Leute.

Frau Page. In der That?

Frau Ford. Ganz gewiß nicht .. (Beyseite.) Reden Sie lauter!

Frau Page. Wahrhaftig, das freut mich recht, daß Sie niemand hier haben.

Frau Ford. Wie so?

Frau Page. Ey, Frau Ford, Ihr Mann hat wieder seine alten Schrollen; er hat da solch einen Lärmen mit meinem Manne, schmählt auf alle verheyrathete Männer, flucht so auf alle Evenstöchter, wie sie auch aussehen mögen, giebt sich dabey solche Püffe an die Stirne, und schreyt:

Wachst hervor! wachst hervor!-- daß mir alle Naserey, die ich jemals gesehen habe, Sanftmuth, Höflichkeit und Geduld gegen diese Wuth zu seyn schien, worinn er sich itzt befindet. Ich bin froh, daß der dicke Ritter nicht hier ist.

Frau Ford. Wie? spricht er etwa von ihm?

Frau Page. Von niemand, als von ihm. Er schwört, er sey das letztemal, als er ihn aufsuchen wollte, in einem Korbe weggebracht, versichert meinen Mann, itzt sey er hier, und hat ihn und seine übrige Gesellschaft von ihrer Jagdparthie abgehalten, um einen zweyten Versuch seines Argwohns anzustellen. Aber ich bin froh, daß der Ritter nicht hier ist; itzt soll er seine eigne Thorheit gewahr werden.

Frau Ford. Wie nahe ist er denn schon, Frau Page?

Frau Page. Gleich hier am Ende der Gasse, er muß den Augenblick hier seyn.

Frau Ford. Ich bin verloren; der Ritter ist hier.

Frau Page. Nun, so wirst du aufs äußerste beschimpft, und ihm ist sein Tod gewiß. Was du für eine Frau bist!-- Fort mit ihm! fort mit ihm! Lieber Schimpf, als Mord!

Frau Ford. Wo soll er hin? -- Wie soll ich ihn fortschaffen? -- Soll ich ihn wieder in den Korb stecken?

Dritter Auftritt.

Die Vorigen. Falstaff.

Falstaff. Nein; ich will nicht wieder in den Korb. Kann ich nicht aus dem Hause, ehe er kömmt?

Frau Page. Ach! daß Gott erbarm! -- Drey von Ford's Brüdern haben die Thüre, mit Pistolen in der Hand, besetzt; daß keiner heraus soll; sonst könnten Sie sich noch davon schleichen, eh' er käme. -- Aber was machen Sie denn hier?

Falstaff. Was soll ich anfangen? -- Ich will in den Schornstein hinauf kriechen.

Frau Ford. Da pflegen sie immer ihre Vogelflinten hindurch zu schießen. Kriechen Sie ins Ofenloch.

Falstaff. Wo ist es?

Frau Ford. Er wird auch da suchen; auf mein Wort. Weder Kleiderschrank, noch Koffer, noch Kiste, Lade, Brunnen und Keller ist sicher vor ihm; alle dergleichen Plätze schweben ihm immer in Gedanken, und er geht gleich von selbst dahin. Hier im Hause können Sie sich nirgend verstecken.

Falstaff. So will ich hinaus gehen.

Frau. Ford. Wenn Sie in Ihrer eignen Gestalt hinaus gehen, so sind Sie des Todes, Sir John; Sie müssen verkleidet aus dem Hause gehen. Wie könnten wir ihn wohl verkleiden?

Frau Page. Ach lieber Gott! das weiß ich nicht. Kein Frauenrock wird weit genug für ihn seyn; sonst könnt' er einen Hut aufsetzen, ein Backentuch und ein Schnupftuch umbinden, und so davon gehen.

Falstaff. Liebster Schatz, denke doch was aus; lieber alles gewagt, als Mord und Todschlag!

Frau Ford. Die Muhme meiner Magd, die dicke Frau aus Brainford, hat oben einen langen Rock.

Frau Page. Ja, wahrhaftig, der wird ihm passen, sie ist eben so dick, wie er; und ist auch noch ihre Pelzmütze, und ihr Tuch. Laufen Sie hinauf, Sir John.

Frau Ford. Gehn Sie, gehn Sie, liebster Sir John; Frau Page und ich wollen etwas Leinen für Ihren Kopf aufsuchen.

Frau Page. Geschwind, geschwind! wir wollen gleich kommen, und Sie ankleiden. Ziehn Sie nur unterdeß den Rock an. (Falstaff geht ab.)

Frau Ford. Ich wollte, daß ihm mein Mann in diesem Aufzug begegnete; er kann die alte Frau aus Brainford nicht ausstehen; er schwört, sie sey eine Hexe, hat ihr mein Haus verboten, und Schläge gedroht.

Frau Page. Der Himmel leite ihn zu deines Mannes Prügel; und der Teufel leite seinen Prügel hernach!

Frau Ford. Aber kömmt mein Mann im Ernste?

Frau Page. Ja freylich kömmt er, und spricht noch dazu von dem Korbe; wie er das muß erfahren haben?

Frau Ford. Das wollen wir schon heraus bringen. Denn ich will meine Leute bestellen, daß sie den Korb wieder hinaus tragen, und ihm damit, so wie neulich, in der Thür begegnen sollen.

Frau Page. Ja; aber er muß den Augenblick hier seyn. Komm, wir wollen ihn ankleiden, wie die Hexe von Brainford.

Frau Ford. Ich will nur erst meinen Leuten Bescheid sagen, was sie mit dem Korbe machen sollen. Geh nur hinauf; ich will gleich Leinenzeug für ihn bringen.

Frau Page. An den Galgen mit dem liederchen Schurken; wir können ihn nicht genug miß-
handeln!

Durch unser Beyspiel leucht' es allen ein:
Ein Weib kann lustig, und doch ehrlich seyn.
Spaß ist nicht Ernst; wohl sprach ein weiser Mund:
Das stillste Wasser hat den tiefsten Grund.

Frau Ford. Kommt, Leute, nehmt den Korb
wieder auf die Schultern; euer Herr ist nicht weit
mehr vom Hause; wenn er euch heißt, ihn nieder-
zusetzen, so thuts. Geschwinde, macht fort!

(Frau Page und Frau Ford gehen ab; es kommen
zwey Bediente mit dem Korbe.)

1. Bedienter. Komm, komm, heb' ihn auf!

2. Bedienter. Der Himmel gebe, daß der Ritter nicht wieder drinn stecke!

1. Bedienter. Das hoff' ich nicht; lieber wollt'
ich eben so viel Bley tragen.

Vierter Auftritt.

Ford. Schallow. Page. Kajus. Evans.

Ford. Nun gut; wenns aber wahr ist, Herr
Page, auf was für Art können Sie mich denn
wieder klug machen? -- Setz den Korb nieder,
Schurke! -- Rufe doch einer meine Frau! -- Ja

einem Korbe! -- O! ihr kupplerischen Schlingel! Man hat ein Complot, eine Parthey, ein Verständniß, eine Verschwörung gegen mich gemacht; nun soll der Teufel beschämt werden! -- Holla, Frau, sag' ich, komm, komm her! Sieh doch einmal, was für artige Wasche du auf die Bleiche schickst!

Page. O! das geht zu weit, Herr Ford! -- Sie müssen nicht länger so frey herum gehen; man muß Sie anbinden.

Evans. O! das ist wahre Tollheit! toll, wie ein toller Hund!

(Frau Ford kömmt.)

Schallow. In der That, Herr Ford, das ist nicht gut gethan, in der That nicht.

Ford. Das sag' ich auch, Herr. Kommen Sie doch her, Frau Ford! -- Frau Ford, die ehrliche Frau, die sittsame Frau, das tugendhafte Geschöpf, das den eifersüchtigen Narren zum Manne hat! -- Ich bin ohne Grund argwöhnisch; nicht wahr, Madam?

Frau Ford. Das weis der Himmel, daß Sie das sind, wenn Sie mich wegen einiger Untreue in Verdacht haben.

Ford. Gut gesagt, eiserne Stirn! halt das nur

länger aus! – Kommt hervor, guter Freund!
(Er zieht das Zeug aus dem Korbe heraus.)

Page. Das geht zu weit.

Frau Ford. Schämst du dich denn nicht? Laß doch die Wäsche in Ruhe.

Ford. Gleich werd' ich dich finden.

Evans. Das ist wider alle Vernunft. Wollen Sie sich denn mit Ihrer Frauen Wäsche abgeben? Lassen Sie uns gehen.

Ford. Mach den Korb leer, sag' ich.

Frau Ford. Nun, Mann, nun –

Ford. Herr Page, so wahr ich lebe, es ist gestern jemand in diesem Korbe aus meinem Hause hinaus getragen; warum könnt' er nicht wiederum drinnen stecken? In meinem Hause ist er ganz gewiß; meine Kundschaft ist sicher; meine Eifersucht hat guten Grund; zieht mir alle die Wäsche heraus!

Frau Ford. Findest du jemand drinn, so sollst du ihn todt machen, wie einen Floh.

Page. Hier ist kein Mensch.

Schallow. Auf mein Gewissen, Herr Ford, das ist nicht hübsch; das macht Ihnen keine Ehre.

Evans. Herr Ford, Sie müssen beten, und
nicht

nicht den fleischlichen Eingebungen Ihres Herzens
Gehör geben. Das heißt Eifersucht!

Ford. Nun gut; hier ist der nicht, den ich suche.

Page. Nein; und sonst nirgends, als in Ihrem Gehirne.

Ford. Helft mir nur dießmal mein Haus durchsuchen; find' ich nicht, was ich suche, so macht mit mir, was ihr wollt; laßt mich auf immer euer Tischgespötte werden; laßt die Leute sagen: so eifersüchtig, wie Ford, der in einer hohlen Wallnuß den Galan seiner Frau suchte. Thut mir nur noch einmal den Gefallen; nur noch einmal geht mit mir aufs Suchen aus.

Frau Ford. Holla! Frau Page! kommen Sie doch mit der alten Frau herunter; mein Mann will hinauf aufs Zimmer.

Ford. Alte Frau? - - Was ist das für eine alte Frau?

Frau Ford. Ach! meiner Magd Muhme aus Brainford.

Ford. Eine Hexe! eine Vettel! eine alte spitzbübische Vettel! - - Hab' ich ihr nicht mein Haus verboten? Sie hat gewiß Gewerbe zu bestellen; nicht wahr? Wir sind arme einfältige Männer; wir wissen nicht was unter dem Vorwande, gut

Glück zu sagen, alles vorgeht. Sie giebt sich mit Zaubereyen, mit Zeichendeuten, mit Händebesehen ab; und dergleichen Schelmstreiche gehen über unsern Horizont; wir wissen von nichts. Komm herunter, du Hexe! Du Zigeunerinn, komm herunter, sag' ich!

Frau Ford. O! lieber, süßer Mann! = = Ach liebe Herren, laßt ihn doch die alte Frau nicht schlagen!

Fünfter Auftritt.

Die Vorigen. Falstaff in Frauenskleidern.
Frau Page.

Frau Page. Kommt, Mutter, kommt; gebt mir die Hand.

Ford. Ich will sie bemuttern! = = Fort aus meinem Hause, du Hexe! (Er schlägt ihn.) Du Vettel, du Lumpenpack, du Meerkatze! du nichtswürdiges Mensch! fort! fort, hinaus! = = Ich will dich beschwören, ich will dich gut Glück sagen lehren!

(Falstaff geht ab.)

Frau Page. Schämen Sie sich denn nicht? Ich glaube, Sie haben das arme Weib zu tode geprügelt.

Frau Ford. Ja, das wird er noch thun. ...
Das wird dir einen schönen Ruf geben!

Ford. An den Galgen mit der Hexe!

Evans. Bey Ja und bey Nein, ich glaube, das alte Weib ist wirklich eine Hexe; ich kanns nicht leiden, wenn eine Frau einen großen Bart hat; ich entdeckte einen großen Bart unter ihrem Backentuch.

Ford. Wollt ihr mitgehen, ihr Herren? Ich bitt' euch, kommt mit; seht nur einmal zu, wie meine Eifersucht ablaufen wird. Wenn ich so belle, ohne auf der Spur zu seyn, so traut mir niemals wieder, wenn ich den Mund aufthue.

Page. Wir wollen doch seiner närrischen Grille noch etwas weiter nachgehen. Kommt, ihr Herren.

(Sie gehen ab.)

Frau Page. Wahrhaftig, er hat ihn ganz erbärmlich geprügelt.

Frau Ford. Nein das that er wahrhaftig nicht; mich dünkt, er hat ihn ganz erbarmungslos geprügelt.

Frau Page. Der Prügel soll geweiht, und über den Altar gehängt werden; er hat ein sehr verdienstliches Werk gethan.

Frau Ford. Was meynen Sie? Können wir wohl, als ehrliche Frauen, und mit gutem Gewissen, ihn noch weiter mit unsrer Rache verfolgen?

Frau Page. Der Geist der Liederlichkeit ist ganz gewiß aus ihm heraus gebannt; wenn ihn der Teufel nicht ganz in Kost und Lohn hat, mit Handgeld und Reukauf, so denk' ich, er wird uns auf diese Art niemals wieder zu verführen suchen.

Frau Ford. Wollen wir's unsern Männern sagen! wie wir mit ihm umgegangen sind?

Frau Page. O! ja freylich; wär' es auch nur, um Ihrem Manne seine Fratzen aus dem Kopfe zu bringen. Wenn sie es übers Herz bringen können, daß der arme, liederliche, dicke Ritter noch weiter geplagt werden soll, so wollen wir noch ferner die Werkzeuge dazu seyn.

Frau Ford. Ich bin gut dafür, sie werden verlangen, daß er öffentlich beschimpft werden soll; und mich dünkt, der Spaß würde nie zu Ende seyn, wenn er nicht öffentlich beschimpft würde.

Frau Page. Komm zur Schmiede mit diesem

Anschlag; wir wollen ihm seine Form geben; ich lasse die Sache nicht gerne kalt werden.

(Sie gehen ab.)

Sechster Auftritt.

Der Gasthof zum Hosenbande.

Gastwirth. Bardolph.

Bardolph. Herr, der Fremde aus Deutschland verlangt drey von Ihren Pferden; der Herzog selbst wird morgen am Hofe seyn, und sie wollen ihm entgegen reiten.

Gastwirth. Was für ein Herzog sollte das seyn, der so insgeheim ankömmt? Ich höre nicht von ihm bey Hofe; ich will selbst mit den Leuten reden; sie sprechen doch Englisch?

Bardolph. Herr, ich will sie zu Ihnen rufen.

Gastwirth. Sie sollen meine Pferde haben; aber sie sollen mir tüchtig dafür bezahlen; sie sollen dafür bluten. Mein Haus ist eine ganze Woche hindurch zu ihren Diensten gewesen; ich habe meine andern Gäste um ihrentwillen abgewiesen; sie müssen dran glauben; ich will sie bluten lassen; komm nur.

(Sie gehen ab.)

Siebenter Auftritt.

Ford's Haus.

Page. Ford. Frau Page. Frau Ford.
Evans.

Evans. Es ist wahrhaftig eine von den rechtschaffensten Frauen, die ich jemals gesehen habe.

Page. Hat er euch denn diese beyden Briefe zu gleicher Zeit geschickt?

Frau Page. In der nämlichen Viertelstunde.

Ford. Vergib mir, Frau. Künftig kannst du machen, was du willst; ich will eher die Sonne wegen Frostes in Verdacht haben, als dich wegen Ausschweifung; deine Ehre steht itzt bey dem, der noch eben erst ein Ketzer war, so fest, wie der Glaube.

Page. Schon gut, schon gut; nichts weiter. Treibe deine Unterwerfung nicht eben so weit, wie deine Beleidigung. Aber laß uns den Spaß nun weiter treiben; unsre Frauen müssen, um ihn öffentlich zum Gelächter aufzustellen, diesen alten dicken Kerl noch einmal hieher bestellen, damit wir ihn ertappen, und dafür abstrafen können.

Ford. Am besten geht das auf die Art, die sie in Vorschlag brachten.

Page. Wie? daß sie ihm sagen ließen, er solle sich um Mitternacht im Thiergarten einfinden? – Pfui, pfui; er wird mein Tage nicht kommen.

Evans. Ihr sagt, er sey ins Wasser geworfen, und als ein altes Weib jämmerlich abgeprügelt; mich dünkt, das müßte ihn doch wohl abschrecken, nicht zu kommen; mich dünkt, sein Fleisch ist gezüchtigt, er wird nun keine Lüste mehr haben.

Page. Das denk' ich auch.

Frau Ford. Denkt nur drauf, wie ihr ihm begegnen wollt, wenn er kömmt; und laßt uns beyde drauf denken, ihn hieher zu bringen.

Frau Page. Man hat ein altes Mährchen, daß Herne, der Jäger, der wohl eher hier im Windsorwalde Förster war, den ganzen Winter hindurch bey stiller Mitternacht rund um eine Eiche herum geht, mit gräßlichen Hörnern, daß er dann den Baum verdorren macht, das Vieh ansteckt, die Milch der Kühe in Blut verwandelt, und auf die schrecklichste und gräßlichste Art mit einer Kette rasselt. Ihr habt von solch einem Gespenste gehört, und wißt, daß die abergläubischen Alten mit ihren müßigen Köpfen dieß Mährchen von Herne dem Jäger für Wahrheit annahmen, und es so auf unsre Zeiten brachten.

Page. Freylich, es giebt noch viele; die sich fürchten, mitten in der Nacht diesen Eichbaum Hernes vorbey zu gehen. Aber wozu soll das?

Frau Ford. Seht, das ist der Streich, den wir vorhaben; wir wollen Falstaff bey diesem Eichbaum zu uns bestellen; er soll auf freyem Felde zu uns kommen, wie Herne verkleidet, mit gräßlichen Hörnern auf dem Kopfe.

Page. Gut; da wird er ganz gewiß kommen. Und wenn ihr ihn nun in diesem Aufzuge hieher gebracht habt, was sollen wir da mit ihm machen? was habt ihr verabredet?

Frau Page. Darauf haben wir gleichfalls gedacht, und zwar so. Aennchen, meine Tochter, und mein kleiner Sohn, und noch drey oder vier von ihrer Größe, wollen wir wie Kobolte, Nachtgeister und Feen verkleiden, mit Kränzen von Wachslichtern auf dem Kopfe, und Klappern in der Hand. Auf einmal, wenn Falstaff, sie, und ich eben zusammengekommen sind, müssen sie plötzlich aus einer Sägegrube *) mit irgend einem tol-

---

*) *A saw-pit* ist eine Grube, über welche ein Baum oder Holzbalken gelegt, um von einem, der über dem Holze, und einem andern, der unten in der Grube steht, durchgesägt zu werden.

len Liebe hervorstürzen; so bald wir sie gewahr werden, wollen wir beyde, in großer Bestürzung, davon fliehen; darauf müssen sie ihn alle rund herum im Kraise umzingeln, und nach Art der Feen den unsaubern Ritter zerkneipen, und ihn fragen, wie er sichs untersteht, zur Stunde des Feenumgangs ihre so geheiligten Pfade in unheiliger Gestalt zu betreten?

Frau Ford. Und so lange, bis er die Wahrheit gesteht, müssen die vermeynten Feen ihn nach der Reyhe kneipen, und mit ihren Wachslichtern brennen.

Frau Page. Wenn er bekannt hat, so wollen wir alle hervorkommen, dem Gespenste seine Hörner abnehmen, und ihn nach Windsor hinein nach Hause spotten.

Ford. Die Kinder müssen dazu sehr gut abgerichtet werden, sonst werden sie das mein Tage nicht machen.

Evans. Ich will die Kinder schon lehren, was sich gehört; ich will auch wie ein Hans Aff mit dabey seyn – und den Ritter mit meinem Wachslichte brennen.

Ford. Das wird vortrefflich gehen. Ich will ihnen Masken kaufen.

Frau Page. Mein Aennchen soll die Königinn aller Feen seyn, hübsch angekleidet, in einem weißen Kleide.

Page. Das Seidenzeug dazu will ich kaufen; (beyseite.) und dann soll Schlender unterdeß mein Aennchen wegstehlen, und sie zu Eaton heyrathen. (Laut.) Nun, schickt nur gleich zu Falstaff.

Ford. Ja; und dann will ich noch wieder als Brook zu ihm gehen; er wird mir sein ganzes Vorhaben erzählen; er wird ganz gewiß kommen.

Frau Page. Dafür seyd unbesorgt. Geht nur hin, und schafft uns die Sachen an, die wir zu unsern Feenhistorien nöthig haben.

Evans. Laßt uns darauf ausgehen; es ist ein herrliches Vergnügen, und sehr ehrliche Schelmstreiche.

(Page, Ford und Evans gehn ab.)

Frau Page. Nun, Frau Ford, schicken Sie die Quickly zum Sir John, um zu erfahren, wie er gesinnt ist. (Frau Ford geht ab.) Ich will zu dem Doctor gehn; er hat meine Einwilligung, und kein andrer, als er, mein Aennchen zu heyrathen. Schlender steht sich zwar ganz gut; aber er ist ein dummer Schöps; und doch gefällt er meinem Manne vor allen am besten. Der Doctor hat viel

Geld, und seine Freunde gelten sehr viel bey Hofe; er, kein andrer, als er, soll sie haben, wenn gleich zwanzigtausend Vornehmere um sie anhielten.

(Sie geht ab.)

Achter Auftritt.
Der Gasthof zum Hosenbande.
Gastwirth. Simpel.

Gastwirth. Was willst du haben, Bauer? was willst du, Dickhaut? Sprich, thu's Maul auf, laß hören; g'schwind, kurz, schnell, fort!

Simpel. Ach, Herr, ich habe was an Sir John Falstaff von Herrn Slender zu bestellen.

Gastwirth. Dort ist sein Zimmer, sein Haus, sein Schloß, sein großes Bett und kleines Bett.*) Es ist rund herum die Historie vom verlornen Sohn drauf gemahlt, frisch und nagelneu. Geh, poch an, und rufe; er wird wie ein Antropophaginianer mit dir reden; poch an, sag' ich.

Simpel. Es ist eine alte, dicke Frau auf sein

---

*) *his standing bed*, and *truckle-bed*; „sein großes, stehendes Bette, und sein Schiebbette. „Das letzte wurde unter das erstre geschoben; jenes war für den Herrn, dieses für den Bedienten. Johnson.

Zimmer gegangen; ich will so frey seyn, zu warten, Herr, biß sie herunter kömmt; ich habe mit ihr zu reden, in der That.

Gastwirth. Ha! eine dicke Frau? -- der Ritter könnte bestohlen werden; ich will rufen. He! eisenfresserscher Ritter! vierschrötiger Sir John! sprich aus deiner militärischen Lunge! bist du da? Dein Gastwirth, dein Ephester ruft dich.

Salstaff (von oben.) Was giebts, Herr Wirth?

Gastwirth. Hier ist ein böhmischer Tartar, der darauf harrt, daß dein dickes Weib herunterkommen soll. Laß sie herunterkommen, Eisenfresser, laß sie herunterkommen! Meine Zimmer müssen in Ehren gehalten werden. Pfui! solche geheime Streiche? Pfui!

(Falstaff kömmt.)

Salstaff. Erst eben, lieber Wirth, war ein altes dickes Weib bey mir; aber es ist schon fort.

Simpel. Sagen Sie mir doch, Herr, war es nicht die weise Frau aus Brainford?

Salstaff. Ja freylich war sie's. Du Muschelschaale, *) was willst du von ihr haben?

---

*) So nennt er ihn vermuthlich, weil er das Maul aufsperrt. Johnson.

Simpel. Mein Herr, Sir, mein Herr Slender hat mich ihr nachgeschickt, da er sie über die Straße gehen sah, um zu erfahren, Sir, ob ein gewisser Nym, Sir, der ihn um eine Kette betrog, die Kette hat, oder nicht.

Salstaff. Ich habe mit der alten Frau davon geredet.

Simpel. Und was sagt sie denn, lieber Sir?

Salstaff. Ja, sie sagt, daß eben derselbe Kerl, der Herrn Slender um seine Kette betrog, ihn auch darum prellte.

Simpel. Ich wollt', ich hätte die alte Frau selbst sprechen können; ich hätte noch über andre Dinge von ihm mit ihr zu reden gehabt.

Salstaff. Und wovon denn? Laß hören.

Gastwirth. Ja, sag her; geschwinde!

Simpel. Ich kann sie nicht entdecken, Sir.

Salstaff. Entdecke sie, oder du bist des Todes!

Simpel. Nun, Sir, es war nichts weiter, als wegen Jungfer Anne Page; zu wissen, ob es meines Herrn Glück wäre, sie zu bekommen oder nicht.

Salstaff. Freylich, es ist sein Glück.

Simpel. Was denn, Sir?

Salstaff. Sie zu bekommen, oder nicht. Geh, sag ihm, das alte Weib habe mirs so gesagt.

Simpel. Darf ich so dreiste seyn, das zu sagen, Sir?

Salstaff. Ja, Freund, so dreiste du willst.

Simpel. Ich dank' Ihrer Gnaden: mein Herr wird sehr froh über diese Zeitungen seyn.

(Simpel geht ab.)

Gastwirth. Du bist gelehrt, du bist gelehrt, Sir John; ist denn wirklich eine weise Frau bey dir gewesen?

Salstaff. Ja freylich ist sie das, Herr Wirth: eine Frau, die mir mehr gescheides beygebracht hat, als ich jemals in meinem Leben gelernt habe; und noch dazu hab' ich dafür nichts bezahlt, sondern wurde für mein Lernen oben drein bezahlt.

Neunter Auftritt.

Die Vorigen. Bardolph.

Bardolph. Daß Gott erbarm! Herr, hier ist Spitzbüberey, lauter Spitzbüberey!

Gastwirth. Wo sind meine Pferde? – – Laß mich nichts unrechtes von ihnen hören, Schurke!

Bardolph. Mit den Spitzbuben davon gelaufen! Denn ſogleich, als ich jenſeits Eaton war, warf mich einer von ihnen rücklings ab, in einen Sumpf voller Koth, und da gaben ſie den Pferden die Sporen, und ſo davon, wie drey deutſche Teufel, drey Doctor Fauſte.

Gaſtwirth. Sie wollen nur dem Herzog entgegen reiten, Schurke, ſage nicht, daß ſie davon gelaufen ſind; die Deutſchen ſind ehrliche Leute.

(Evans kömmt.)

Evans. Wo iſt der Herr Gaſtwirth?

Gaſtwirth. Was giebts denn, Sir?

Evans. Nehmen Sie Ihr Eigenthum in Acht; es iſt einer von meinen guten Freunden zur Stadt gekommen, der ſagt mir, es gebe drey ſpitzbübiſche Deutſche, die alle Gaſtwirthe zu Reading, zu Maidenhead, zu Colebrook, um Pferde und Geld betrogen hätten. Ich ſag' Ihnen das aus guter Meynung, ſehn Sie. Sie ſind ein geſcheider Mann, und voller Späſſe und Schwänke; und es wäre nicht erlaubt, wenn Sie betrogen würden. Gehaben Sie ſich wohl.

(Geht ab; Kajus kömmt.)

Kajus. Wo is Herr Wirth de Jarretierre?

Gaſtwirth. Hier, Herr Doctor in Verwirrung und lauter unſchlüſſigem Dilemma.

Kajus. Ick nick sagen kann, ob so is; aber mir is kesag, dat Sie mack ein groß Präparation für ein Hersog von Allemagne; auf mein Ehr, es weis nicks der Hof davon, daß komme will ein Hersog. Icks Ihnen sag aus Freundschaft. Adieu.

(Geht ab.)

Gastwirth. Schrey! mach Lärmen, Schurke! fort! steht mir bey Ritter, ich bin ein geschlagner Mann. Lauf, renn, schrey, laß die Sturmglocke läuten, Schurke! Ein geschlagner Mann bin ich.

(Geht ab.)

Salstaff. Ich wollte, die ganze Welt würde betrogen; denn mich hat man betrogen, und geprügelt noch oben drein. Wenn das dem Hofe zu Ohren kommen sollte, wie ich bin verwandelt worden, und wie meine Verwandlung abgewaschen und abgeprügelt ist, da würden sie mich aus meinem Fett heraus schmelzen, einen Tropfen nach dem andern, und Fischerstiefel mit mir bestreichen. Ja, wahrhaftig, sie würden mich mit ihren feinen Witzeleyen peitschen, bis ich zusammengestrumpft wäre wie eine gedörrte Birne. Ich habe doch kein Glück noch Stern gehabt, seitdem ich beym Primero *) einen falschen Schwur that! Wahrhaftig,

---

*) Ein Kartenspiel ── Johnson.

hätt' ich nur langen Athem genug, um zu beten, so wollt' ich Buße thun.

Zehnter Auftritt.

Falstaff. Frau Quickly.

Falstaff. Nun, von wem kömmst du?

Quickly. Ey lieber Gott, von den beyden Partheyen.

Falstaff. Der Teufel hole die eine Parthey, und seine Großmutter die zweyte; so sind sie beyde berathen. Ich hab' um ihrentwillen mehr erlitten, mehr, als der schurkische Unbestand der menschlichen Kräfte auszuhalten vermag.

Quickly. Haben sie denn nicht auch gelitten? Ja wahrhaftig, besonders Eine von ihnen. Frau Ford, die gute Frau, ist so braun und blau geschlagen, daß man keinen weißen Flecken an ihr sehen kann.

Falstaff. Was braun und blau? – Mir selbst sind alle Farben des Regenbogens auf den Leib geprügelt, und bald wär' ich gar als die Hexe von Brainford festgenommen; aber die bewundernswürdige Geschicklichkeit meines Witzes, womit ich die Geberden eines alten verzagten Weibes nachmachte, rettete mich; sonst hätte der Schurke von Häscher mich als eine Hexe in den Block gesteckt.

Quickly. Sir, lassen Sie mich in Ihrem Zimmer mit Ihnen sprechen; Sie sollen hören, wie die Sachen stehen, und sollen sich wahrhaftig drüber freuen. Hier ist ein Brief, der Ihnen schon etwas sagen wird. Ihr armen Kinder, wie viel Müh es kostet, euch zusammen zu bringen! Einer von euch muß wahrlich kein guter Christ seyn, weils euch immer so in die Queere geht.

Falstaff. Komm mit auf mein Zimmer.

(Sie gehen ab.)

Eilfter Auftritt.

Fenton. Der Gastwirth.

Gastwirth. Lassen Sie mich gehen, Herr Fenton; ich bin ganz mismüthig; ich will alles abgeben.

Fenton. Aber höre mich nur an; hilf mir in meinem Vorhaben, so will ich dir, auf meine Ehre, hundert Pfund im Golde mehr geben, als dein ganzer Verlust beträgt.

Gastwirth. Ich will Sie anhören, Herr Fenton, und wenigstens Ihren guten Rath annehmen.

Fenton. Ich habe dirs von Zeit zu Zeit gesagt, wie sehr ich in die schöne Anne Page verliebt bin, die auch ihrer Seits, in so weit sie selbst für sich wählen darf, meine Liebe nach Wunsch erwiedert hat. Ich hab' einen Brief von ihr, über dessen Innhalt du dich wundern wirst. Der Spaß, den man vorhat, ist mit meiner Angelegenheit so verwebt, daß eins nicht ohne das andre auszuführen steht. Dem dicken Ritter John steht eine große Scene bevor; ich will dir hier den ganzen ausführlichen Plan des Spasses zeigen. (Er zeigt ihm einen Brief.) Höre, lieber Wirth, diese Nacht, zwischen Zwölf und Eins muß mein liebes Aennchen bey Herne's Eichbaum die Feenköniginn vorstellen; in dieser Verkleidung, wobey noch allerley muthwilliger Spaß vorgehen soll, hat ihr Vater ihr geheißen, mit Slender zu entwischen, und sich sogleich zu Eaton mit ihm zu verheyrathen; sie hat darein gewilligt. Ihre Mutter hingegen, die noch immer dieser Heyrath durchaus zuwider, und für Doctor Kajus steif und fest eingenommen ist, hat es angestellt, daß er gleichfalls sie wegschnappen soll, indeß alles mit andern Possen beschäftigt ist, und daß er sie in der Dechaney, wo schon ein Priester auf sie wartet, sich sogleich soll antrauen lassen. Sie hat gethan, als wenn sie auch in diesen Anschlag ihrer Mutter willigte, und dem Doctor ihr Wort gegeben. So stehen nun die Sachen. Ihr Vater hat die Absicht, sie soll ganz weiß gekleidet seyn, und in dieser Kleidung soll Slender, so bald er seine Gelegenheit absieht, sie bey der Hand nehmen, und mit sich hinweg führen; ihre Mutter ist Willens, um sie dem Doctor desto sicherer in die Hände zu spielen, weil doch alle vermummt und maskirt seyn müssen, daß sie ganz grün gekleidet seyn soll, in einem leichten, fliegenden Gewande, mit hängenden Bändern, die ihr um den Kopf flattern; und wenn der Doctor seinen Vortheil wahrnimmt, so soll er sie in die Hand kneipen, und auf dieß Zeichen hat das Mädchen versprochen, mit ihm davon zu gehen.

Gastwirth. Und wen denkt sie denn anzuführen, Vater oder Mutter?

Fenton. Alle beyde, lieber Wirth; mit mir will sie davon gehen. Und darauf kömmts nun an, daß du den Priester bestellst, daß er mich in der Kirche zwischen Zwölf und Eins erwarte, und uns auf die gehörige Art und Weise zusammen gebe.

Gastwirth. Gut; seyd nur vorsichtig mit euerm Anschlage; ich will zum Priester hingehen. Bringen Sie nur die Braut; am Pfarrer solls nicht fehlen.

Fenton. So werd' ich dir auf ewig verbunden seyn, und dir noch oben drein ein Geschenk zur Belohnung geben.

(Sie gehen ab.)

Zwölfter Auftritt.

Falstaff. Frau Quickly. Hernach Ford.

Falstaff. Plaudre morgen mehr; geh nur; ich werde Wort halten. Das ist nun das drittemal; ich hoffe, die ungeraden Zahlen sind die glücklichsten. Geh nur fort. Man sagt, die ungerade Zahl ist eine heilige Zahl, bey der Geburt im menschlichen Leben, und im Sterben. Geh nur.

Quickly. Ich will Ihnen eine Kette besorgen, und mein möglichstes thun, um Ihnen ein Paar Hörner zu schaffen.

(Geht ab)

Falstaff. Geh nur, sag' ich, die Zeit verläuft. Halt dich hier nicht lange auf – – (Ford kömmt.) Sieh da, Herr Brook! – – Herr Brook, das Ding muß diese Nacht gehen, oder niemals. Seyn Sie nur um Mitternacht im Thiergarten, bey Hern's Eichbaum, da sollen Sie Wunder sehen.

Ford. Sind Sie denn gestern nicht zu ihr gegangen, Sir? Sie sagten ja, Sie hättens verabredet.

Falstaff. Freylich gieng ich zu ihr, Herr Brook, wie Sie mich hier sehen, als ein armer alter Kerl; aber, Herr Brook! ich kam als ein armes altes Weib von ihr wieder. Der vertrackte Schurke, Ford, ihr Mann, ist von dem verschlagensten tollen Teufel der Eifersucht besessen, Herr Brook, der jemals einem den Kopf verrückt hat. Ich will Ihnen sagen, er prügelte mich jämmerlich, in der Gestalt eines Weibes; denn in der Gestalt eines Mannes, Herr Brook, fürcht' ich mich selbst vor Goliath mit dem Weberbaum nicht; denn ich weis auch wohl, daß das menschliche Leben nur eine Weberspul ist. Ich habe nicht viel Zeit; gehn Sie nur mit mir, Herr Brook, ich will Ihnen alles sagen. Seitdem ich Gänse gerupft, die Schule versäumt, und den Kräusel gepeischt habe, wußt' ich nicht mehr, was Prügel hießen, als neulich erst. Gehn Sie mit mir; ich will Ihnen närrisches Zeug von dem Schurken Ford erzählen.

an dem ich mich diese Nacht rächen, und dessen Frau ich Ihnen in die Arme liefern will. Kommen Sie nur mit; wir haben närrisches Zeug vor, Herr Brook; kommen Sie nur.

(Sie gehn ab.)

Fünfter Aufzug.

Erster Auftritt.

Der Thiergarten bey Windsor.

Page. Schallow. Slender.

Page. Immer lustig! Wir wollen uns im Schloß, graben verstecken, bis wir das Licht unsrer Feen gewahr werden. Vergiß meine Tochter nicht, Sohn Slender.

Slender. Nein, wahrhaftig nicht. Ich habe mit ihr Abrede genommen; wir haben ein Merk-wort, woran wir einander kennen können. Ich komme zu der, die weiß gekleidet ist, und sage: Mum! sie ruft dann: Husch! und dabey kennen wir einander.

Schallow. Das ist recht gut; aber was brauchts dein Mum, oder ihr Husch? Das weiße Kleid wird sie dir schon genug kenntlich machen. Es hat schon zehn geschlagen.

Page. Die Nacht ist finster; Licht und Gespenster werden sich gut darinn ausnehmen. Der Himmel gebe sein Gedeihn zu unserm Spaß! Keiner hat Böses im Sinn, als der Teufel; und den werden wir an seinen Hörnern kennen. Laßt uns beyseite gehen; kommt mit mir.

(Sie gehen ab.)

Zweyter Auftritt.
Frau Page. Frau Ford. Kajus.

Frau Page. Herr Doctor, meine Tochter ist grün gekleidet; wenn Sie Ihre Gelegenheit absehen, so nehmen Sie sie bey der Hand, gleich weg mit ihr zur Dechaney, und da thun Sie's in aller Geschwindigkeit ab. Gehn Sie nur voran in den Thiergarten; wir beyde müssen beysammen bleiben.

Kajus. Ik weis nun was ik hab su thun. Adieu.

(Geht ab.)

Frau Page. Leben Sie wohl, Herr Doctor. Mein Mann kann sich nicht so sehr darüber freuen, daß Falstaff angeführt wird, als er sich darüber ärgern wird, wenn der Doctor meine Tochter geheyrathet hat. Aber das thut nichts. Besser ein wenig Schelten, als eine Menge Herzeleid.

Frau Ford. Wo ist denn nun Aennchen, und ihr Feengefolge, und der Wallisische Teufel Evans?

Frau Page. Sie stecken alle in einer Grube dichte bey Herne's Eichbaum, mit verfinsterten Lichtern, die sie, sobald Falstaff und wir zusammen sind, auf einmal in der Nacht werden leuchten lassen.

Frau Ford. Das muß ihn nothwendig in Schrecken setzen.

Frau Page. Wird er nicht erschreckt, so wird er ausgelacht; und wird er erschreckt, so wird er um so viel mehr ausgelacht.

Frau Ford. Wir wollen recht an ihm zu Verräthern werden.

Frau Page. An solchen liederlichen Vögeln begeht man keine Verrätherey, wenn man sie auch verräth.

Frau Ford. Die Zeit kömmt heran. Lustig, an den Eichbaum, an den Eichbaum!

(Sie gehn ab.)

Evans und die Feen.

Evans. Trip, trap, ihr Feen, nehmt eure Rollen wohl in Acht. Seyd ja dreiste. Folgt mir in die Grube, und wenn ich die Merkzeichen gebe, so thut, was ich euch heiße. Kommt, kommt; trip, trap!

(Sie gehen ab.)

Dritter Auftritt.

Falstaff, mit einem Rehkopfe.

Falstaff. Die Glock' in Windsor hat zwölfe geschlagen; die Minute kömmt heran; itzt stehen mir die Götter von hitzigem Geblüte bey! Bedenke, Jupiter, daß du um deiner Europa willen zum Stier wurdest; Die Liebe setzte dir Hörner auf. O! über die Gewalt der Liebe, die, in gewisser Absicht, ein Vieh zum Menschen, in andrer Absicht den Menschen zum Vieh macht! So warst du, Jupiter, auch ein Schwan, aus Liebe zur Leda. O! allmächtige Liebe! Wie ähnlich sah der Gott einer Gans! Eine Sünde, die du zuerst in Gestalt eines Viehes begangen hast = = o Jupiter! eine viehische Sünde in der Gestalt eines Vogels! = bedenke das, Jupiter! eine niederträchtige Sünde! Wenn Götter so hitziges Blut haben, was sollen armselige Menschen anfangen? Ich bin hier itzt ein Windsorhirsch, und der fetteste, denk' ich, im ganzen Holze. Gib mir eine kühle Brunstzeit, o Jupiter! sonst kann mir Niemand es übel nehmen, wenn mein Talg von mir geht. Wer ist da? Meine Hündinn?

(Frau Ford und Frau Page kommen.)

Frau Ford. Sir John! = = bist du da, mein liebes Thierchen?

Falstaff. Meine Hündinn mit dem schwarzen Schweife! = = Itzt mag der Himmel Kartoffeln regnen; itzt mag er im gräßlichsten Tone donnern, Zuckerzwiebacke hageln, und Disteln schneyen; itzt mag der rasendste Sturm aufkommen; hier ist mein Obdach.

Frau Ford. Frau Page ist hier bey mir, mein Schatz.

Falstaff. Theilt mich wie einen Präsenthirsch, für jede eine Keule; meine Seiten will ich für mich behalten, meine Schulterstücke für den Wärter dieses Thiergartens, und meine Hörner vermach' ich euren Männern. Bin ich ein Weidmann? he? = = sprech' ich wie Herne, der Jäger? = = =

Nun ist doch einmal Cupido ein Bube, der Gewissen hat; er giebt Schadloshaltung. So wahr ich ein ehrlicher Geist bin, seyd willkommen.

(Man hört drinnen ein Geräusch.)

Frau Page. Ach Himmel! welch Getöse!

Frau Ford. Gott vergeb' uns unsre Sünden!

Salstaff. Was muß das seyn?

Frau Ford und Frau Page. Fort! fort!

(Sie laufen weg.)

Salstaff. Ich glaube, der Teufel will mich nicht verdammt haben, damit das Oel, das ich in mir habe, nicht die Hölle in Brand stecken möge; sonst würd' er mir nicht immer so in die Queere kommen!

Vierter Auftritt.

Sir Hugh, wie ein Satyr. Quickly, und andre, wie Feen gekleidet, mit Fackeln.

Quickly. Ihr schwarzen, grauen, grünen, weißen Feen,

Ihr Mondscheinschwärmer, Schatten finstrer Nacht,

Ihr angenommne Kinder des Geschicks,

Nehmt eure Pflichten, euer Amt in Acht!

Hogoblin, Herold, heiß die Feen schweigen.

zu Windsor.

Evans. Hört eure Namen, Elfe! -- Luftgetöse,
Sey still! -- Du, Grille, flieg in die Kamine
Von Windsor, wo du ungeschürtes Feuer
Und ungekehrte Heerde siehst, da kneipe
Die Mägde blau, wie Heidelbeeren; denn
Die Feenköniginn haßt allen Schmutz.

Falstaff. Das sind Feen. Wer mit ihnen spricht,
soll sterben müssen. Ich will mich hinlegen, und
die Augen zuthun. Kein Mensch darf ihren Arbeiten zusehen. (Er legt sich auf das Gesichte nieder.)

Evans. Wo ist denn Ped? -- Geh hin, und findest du
Ein Mädchen, das vorm Schlafengehn dreymal
Gebetet hat, so halte die Organen
Von ihrer Phantasey im Zügel; laß
Sie so gesund, wie sorgenlose Kindheit,
In Ruhe schlummern; aber die, die schlafen,
Und nicht vorher an ihre Sünden denken,
Die kneip an Arm und Bein, und auf dem Rücken,
An ihren Schultern, Seiten und am Schienbein.

Quickly. Umher! umher! -- stört Windsors Schloß von außen
Und innen durch; streut gutes Glück, ihr Alpe,
Durch jegliches geweihte Zimmer, daß es

Ohn Schaden bleibe bis zum jüngsten Tag;
Ziert die Besitzerinn, wie sie es ziert!
Die Ordenssitze putzt mit edlem Balsam
Und kostbarn Blumen auf; und jegliches
Der Ritterkleider, jeder Helm sey stets
Geschmückt mit ehrenvollen Wappen. Seht,
Ihr Feen der Flur, ihr singt in einem Kreise,
Der von dem Kreis des blauen Hosenbandes
Ein Bild ist; und es müsse dieser Kreis,
Den euer Fußtritt zeichnet, fruchtbarer
Und frischer grünen, als das andre Feld!
Und *Hony soit Qui Mal y Pense*, schreibt
Mit grünem Schmelz, und schön durchflochtnen
         blauen
Und weißen Blumen, Saphirn gleich und Perlen
In reicher Stickerey, geschnallet unter
Der Kniebeug' edler Ritter; Feen schreiben
Mit Blumen nur. Geht weg! Vertheilt euch!--doch
Bis Ein Uhr, laßt uns den gewohnten Tanz
Um Hern's des Jägers Eiche nicht vergessen.
 Evans. Schließt Hand in Hand, und stellet
         euch in Ordnung;
Und zwanzig Feuerwürmchen sollen unsre
Laternen seyn, wenn wir den Baum umtanzen.

Doch halt! ich wittre Jemand der Bewohner
Der Mittelwelt. *)

Falstaff. Der Himmel bewahre mich vor dem
Walliser Kobolt, daß er mich nicht in ein Stück
Käse verwandle!

Evans. Du Ungeziefer, schon in der Geburt
verachtet!

Quickly. Rührt mir seine Fingerspitzen
Mit Probefeuer; ist er keusch, so steigt
Die Flamme niederwärts, und schmerzt ihn nicht.
Doch thuts ihm weh, so ist es sündlichs Fleisch
Des bösen Herzens.

Evans. Macht die Feuerprobe!

(Sie brennen ihn mit ihren Fackeln, und kneipen ihn.)

Laßt sehn, brennt dieser Klotz?

Falstaff. Oh! oh! oh!

Quickly. Verderbt! verderbt! mit böser Lust
befleckt!
Umringt ihn, Feen, singt ein spöttisch Lied!
Bey jedem Sprunge kneipt ihn nach der Reihe.

---

*) Man glaubt von den Geistern, daß sie in der Luft,
und von den Feen, daß sie unter der Erde ihren Auf=
enthalt haben; die Menschen sind also in der Mittel=
welt. Johnson.

Evans. Ihm geschieht schon recht, wahrhaftig; er ist voller Liederlichkeit und Gottlosigkeit.

Lied.

Pfui der sünd'gen Phantasey!
Pfui der Lust und Buhlerey!
Lust ist Glut
In dem Blut,
Von unkeuschem Trieb entzündet,
Die im Herzen Nahrung findet;
Ihre Flamme steigt mit Macht,
Von Gedanken angefacht.
Kneipt ihn, Feen, nach der Reih,
Kneipt ihn für die Buhlerey!
Kneipt ihn, und brennt ihn, und laßt ihn sich drehn,
Bis Fackeln, Stern', und Mond ausgehn.

(Während dieses Liedes kneipen sie ihn. Doctor Kajus kömmt von der einen Seite, und stiehlt einen grünen Knaben weg; Slender von der andern Seite, und geht mit einem weiß gekleideten Knaben davon. Fenton kömmt, und schleicht sich mit Anne Page weg. Man hört ein Jagdgeschrey. Alle die Feen laufen davon. Falstaff wirft seinen Rehkopf weg, und steht auf.)

Fünfter Auftritt.
Page, Ford, und die übrigen, die Falstaff feste halten.

Page. Nein, du sollst nicht davon; itzt denk'
ich,

zu Windsor.

ich, haben wir dich ertappt. Kann dir sonst Niemand helfen, als Herne, der Jäger?

Frau Page. Laßt uns itzt gehen; treibt den Spaß nicht weiter. Nun, lieber Sir John, wie gefallen Ihnen die Frauen in Windsor? Seht ihr diese Hörner wohl, Männer? schickt sich dieser schöne Zierrath nicht besser für den Wald, als für die Stadt?

Ford. Nun, Sir, wer ist nun Hahnrey? Herr Brook, Falstaff ist ein Schurke, ein hahnreyischer Schurke; hier sind seine Hörner, Herr Brook. Er hat von dem, was Ford gehörte, nichts genossen, als seinen Waschkorb; seinen Prügel, und zwanzig Pfund am Gelde, die an Herrn Brook bezahlt werden müssen; seine Pferde sind dafür in Beschlag genommen, Herr Brook.

Frau Ford. Sir John, es ist uns recht unglücklich gegangen; wir konnten niemals zusammen kommen. Ich will Sie nie wieder zu meinem Liebhaber annehmen; aber mein Thierchen *) sollen Sie immer heißen.

Falstaff. Ich fange an zu merken, daß man einen Esel aus mir gemacht hat.

---
*) Wiederum ein Spiel mit *deer* und *dear*.

Ford. Freylich, und einen Ochsen dazu; von beyden liegt der Beweis am Tage.

Falstaff. Und das sind keine wirkliche Feen?= = Es fiel mir drey= oder viermal ein, daß es wohl keine Feen seyn möchten; und doch machte mein böses Gewissen, die plötzliche Bestürzung, worein ich gerieth, daß ich diesen großen Betrug für baar Geld nahm, und sie, allem gesunden Menschenverstande zum Trotz, für wirkliche Feen hielt. Da sehe man, wie aus dem Verstande ein Hans Aff werden kann, wenns mit dem Herzen nicht richtig ist.

Evans. Sir John Falstaff, werdet gottsfürchtig, und meidet die bösen Lüste, so kneipen euch die Feen nicht.

Ford. Wohl gesagt, Fee Hugh.

Evans. Und Sie, meiden Sie ihre Eifersucht, darum bitt' ich.

Ford. Ich will meine Frau nicht eher wieder in Verdacht haben, bis du im Stande bist, dich auf gut Englisch *) um sie zu bewerben.

---

*) Evans redet durchgehends im Walliser Dialecte; ein Umstand, der seinen Reden im Original, vollends für das Englische Publicum, einen sehr lächerlichen Anstrich giebt, der aber in der Uebersetzung nicht Statt fand, und sich nicht etwa durch eine kauderwelsche Sprache ersetzen ließ. Auch die Sticheleyen auf Irland und dessen Producte gehören dahin.

zu Windsor.

Falstaff. Hab' ich denn mein Gehirn in der Sonne gehabt, und es getrocknet, daß es nicht so viel vermag, einen so groben Betrug, wie dieser ist, zu verhindern? Muß ich mich auch noch von einer Wallisischen Ziege placken lassen? Soll ich einen Hahnenkamm von Fries haben? Das fehlte noch, daß ich an einem Stücke gerösteten Käse erstickte!

Evans. Käs' ist nicht gut dazu, Butter zu geben; Ihr Bauch ist lauter Butter.

Falstaff. Mußt' ich das erleben, mich von einem Kerl hudeln zu lassen, der das Englische radebricht? Das ist genug, um alle böse Lust und alles Nachtschwärmen im ganzen Reiche in Verfall zu bringen.

Frau Page. Ey, Sir John, glauben Sie denn, wenn wir auch alle Tugend aus unsern Herzen über Hals und Kopf hinaus geworfen, und uns ohne Bedenken der Hölle Preiß gegeben hätten, daß iemals der Teufel selbst Sie für uns hätte reizend machen können?

Ford. Ha! solch einen dicken Pudding? solch einen Wollsack?

Frau Page. Einen ausgestopften Kerl?

Page. Alt, kalt, verdorrt, von außen und innen unausstehlich?

Ford. Und so verläumderisch, wie der Satan?

Page. Und so arm, wie Hiob?

Ford. Und so gottlos, wie Hiobs Weib?

Evans. Und solch einen Liebhaber von Ehebruch, von Saufgelagen, von Sekt, und Weinen, und Methen, und hitzigen Getränken, und Fluchen und Schwören, und Wischewasche?

Falstaff. Nun wohl; ich bin itzt das Ziel eures Spottes; ihr seyd itzt oben drauf; ich bin ganz gedemüthigt; ich bin nicht im Stande dem Walliser-Flanell da zu antworten; die Dummheit selbst rupft mich, und stolzirt mit meinen Federn. Macht mit mir, was ihr wollt.

Ford. Hören Sie doch, Ritter, wir wollen Sie nach Windsor zu einem gewissen Herrn Brook bringen, den Sie um sein Geld geprellt haben, dessen Kuppler Sie seyn sollten. Ich denke, mehr als alles, was Sie ausgestanden haben, wird es Quaal und Marter für Sie seyn, das Geld wieder zu bezahlen.

Frau Ford. Nun, lieber Mann, laß es damit gut seyn; laß die Summe schwinden, so sind wir alle wieder Freunde.

Ford. Gut, da ist meine Hand; am Ende ist alles vergeben.

Page. Nun, sey nur lustig, Ritter; du sollst diesen Abend eine gute Weinsuppe in meinem Hause essen, und da sollst du über meine Frau lachen, die itzt über dich lacht. *) Sag ihr, Herr Slender habe ihre Tochter geheyrathet.

Frau Page (beyseite.) Das geben die Doctors und Gelehrten noch nicht zu. Ist Anne Page meine Tochter, so ist sie nunmehr Frau Doctorinn Kajus.

Sechster Auftritt.
Die Vorigen. Slender.

Slender. He! holla! he! Vater Page!

Page. Was ist? Sohn, was ist? bist du schon fertig?

Slender. Fertig? Die besten Leute in Gloucestershire sollen was davon hören; oder ich will mich hängen lassen.

Page. Was ist denn, Sohn?

Slender. Da kam ich hin nach Eaton, um Jungfer Anne Page zu heyrathen, und sie war ein großer Lümmel von Jungen. Wär's nicht in

---

*) Die beyden Intrignen sind vortrefflich mit einander verbunden, und der Uebergang zu der Auflösung der zweyten geschieht in dieser Rede sehr glücklich. Johnson.

der Kirche gewesen, ich hätt' ihn wollen abschmieren, oder er mich. Wenn ich nicht geglaubt habe, es sey Anne Page, so will ich nicht ehrlich seyn; und es ist ein Postjunge.

Page. Nun, wahrhaftig, so hast du dich vergriffen.

Slender. Was brauchen Sie mir das lange zu sagen. Freylich vergriff ich mich, als ich einen Jungen statt eines Mädchens nahm. Hätt' ich ihn geheyrathet, mit allem seinem Weiberputz hätt' ich ihn doch nicht haben mögen.

Page. Nun, daran ist deine eigne Thorheit Schuld. Sagt' ich dir nicht, wie du meine Tochter an ihren Kleidern kennen solltest?

Slender. Ich gieng zu der im weißen Kleide, und rief Mum, und sie rief Husch, wie Anne und ich verabredet hatten; und doch war es nicht Anne, sondern ein Postjunge.

Evans. Ach Jemine! Herr Slender, könnt Ihr denn nicht Knaben sehen, ohne euch an ihnen zu vergreifen?

Page. O! ich bin ganz voll Aerger. Was soll ich anfangen?

Frau Page. Lieber Görgel, sey nur nicht böse. Ich erfuhr deinen Anschlag, kleidete meine Tochter in grün, und itzt ist sie mit dem Doctor in der Dechaney, und wird da mit ihm verheyrathet.

Siebenter Auftritt.

Die Vorigen. Kajus. Hernach Fenton und Anne Page.

Kajus. Wo is denn Mamsell Page? Pardieu, ick bin keprellt; ich hab keheyrath ein garçon, ein Jungen, ein Bauerjung, pardieu; es nick Mamsell Page; pardieu, ick bin keprellt!

Frau Page. Wie? nahmen Sie denn nicht die im Grün?

Kajus. Ja, pardieu, und das is ein Jung; pardieu, ick will ganz Windsor mack rebellisch.

Ford. Das ist doch sonderbar! – – Wer hat denn nun das rechte Aennchen gekriegt?

Page. Mir wird ganz schwül ums Herz. Da kömmt Herr Fenton! – – Nun, was giebts, Herr Fenton?

Anne. Vergebung, lieber Vater; liebe Mutter, Vergebung!

Page. Nun, Jungfer, wie kams denn, daß du nicht mit Herrn Slender giengst?

Frau Page. Warum giengst du nicht mit dem Herrn Doctor, Mädchen?

Fenton. Ihr macht sie ganz bestürzt; hört nur den ganzen Zusammenhang. Ihr wolltet sie auf die schimpflichste Art verheyrathen; es wäre gar keine Gleichheit der Liebe dabey gewesen. Ihr müßt wissen, sie und ich waren schon längst versprochen, und

Y 4

nun sind wir so fest mit einander verbunden, daß nichts uns zu trennen vermag. Der Fehltritt, den sie gethan hat, ist heilig; und dieser Betrug verliert den Namen einer Arglist, des Ungehorsams, oder der Pflichtvergessenheit, weil sie dadurch tausend üble, verwünschte Stunden vermeidet, welche ihr eine gezwungene Heyrath zugezogen hätte.

Ford. Steht nicht so betroffen da; hier ist nichts weiter zu machen. In Liebessachen ist allemal der Himmel mit im Spiel; Länder kauft man für Geld, aber Weiber verkauft das Schicksal.

Falstaff. Ich bin froh, daß euer Pfeil mich doch nur gestreift hat, ob ihr gleich einen ganz besondern Standort gewählt habt, um mich zu treffen.

Page. Ja, was ist zu machen? -- Fenton, der Himmel gebe dir viel Freude! Was nicht zu ändern steht, darein muß man sich schicken.

Evans. Ich will auf eurer Hochzeit gleichfalls tanzen, und Pflaumen essen.

Falstaff. Wenn in der Nacht die Hunde umher laufen, so wird alles Wild gejagt.

Frau Page. Wohlan denn, ich will nicht länger darüber murren. Fenton, der Himmel gebe dir recht viel vergnügte Tage! -- Lieber Mann, laß uns sämmtlich nach Hause gehen, und über diesen Spaß beym ländlichen Feuer lachen, Sir John, und alle übrigen.

Ford. Meinetwegen-- Sir John, Herrn Brook werden Sie dennoch Wort halten; denn er wird diese Nacht bey der Frau Ford schlafen.

(Sie gehen alle ab.)

Kritischer Anhang
zum
Fünften Bande
des
Deutschen Shakespear.

I.

Ueber
den Heil. Dreykönigsabend
oder
Was ihr wollt.

Eine Novelle des Bandello *), deren Innhalt einige Aehnlichkeit mit dem ernsthaftern Theile dieses Lustspiels hat, scheint, in irgend einer Englischen Uebersetzung **), den Dichter auf die Idee

---

*) Sowohl Capell, als Miß Lenox, welche diese Erzählung, der Länge nach, übersetzt hat, führt sie als die 36ste Novelle des zweyten Theils an. Die Ausgaben des Bandello gehen in der Folge der Novellen von einander ab. In derjenigen, die ich vor mir habe, (Venezia, 1566. 4.) ist sie die zwanzigste des zweyten Bandes.

**) Vermuthlich nicht unmittelbar aus dem Bandello, sondern aus den Histoires tragiques, extraictes des œuvres Italiennes de *Bandel*, & mises en langue Françoise, les six premières, par *Pierre Boisteau*, les douze suivans, par *François de Belleforest*, 1560. 12. Diese Sammlung ist, wie Capell bemerkt, eine der vornehmsten Quellen, woraus Painter seinen *Palace of Pleasure* compilirte, und woraus auch vermuthlich anders

desselben gebracht zu haben, wenigstens muß man sie, wie Capell sagt, so lange für die Quelle dieses Stücks annehmen, bis sich irgend eine Englische Erzählung findet, die vielleicht auf der im Bandello gebaut ist, aber doch der Shakespearschen Komödie näher kömmt. Die wesentlichsten Umstände jener Erzählung sind folgende:

Als die Stadt Rom im Jahre 1527 von den Spaniern und Deutschen erobert ward, befand sich unter den Einwohnern, die man itzt zu Gefangenen machte, ein reicher Kaufmann, Namens Umbrogio, der zwey Kinder, einen Sohn und eine Tochter hatte, beyde so ausnehmend schön, und einander so vollkommen ähnlich, daß sie, wenn man sie beyde als Knaben oder Mädchen kleidete; von ihrem Vater selbst nicht konnten unterschieden werden. Dieser wandte alles mögliche auf ihre Erziehung. Zur Zeit der gedachten Eroberung waren sie

---

ihre Erzählungen schöpften. Sie ist in verschiednen Bänden fortgesetzt, deren Anzahl auch Capell nicht genau anzugeben weis. Ich habe davon den ersten, zweyten, dritten, vierten und siebenten Band in Händen, die sich in der Herzoglich-Wolfenbüttelschen Bibliothek befinden. Belleforest hat nicht bloß übersetzt, sondern manches von dem seinigen hinzugethan.

oder Was ihr wollt.

ungefähr funfzehn Jahre alt. Paolo – – so hieß der Knabe – – ward von einem Deutschen zum Gefangenen gemacht, der ihn liebgewann, und wie sein eignes Kind hielt. Seine Zwillingsschwester, Nicuola, fiel zween Spanischen Soldaten in die Hände, die ihr, in der Hoffnung eines ansehnlichen Lösegeldes, aufs beste begegneten. Ambrogio entgieng der Gefangenschaft, und entzog einen großen Theil seiner Reichthümer, die er unter der Erde verborgen hatte, den Händen der Feinde, denen er alles übrige, was in seinem Hause war, zum Raube lassen mußte. Sein unermüdetes Nachforschen nach seinen Kindern gelang ihm endlich zur Hälfte. Er fand seine Tochter, und löste sie aus; seinen Sohn konnte er nicht ausfindig machen, und fieng daher an, ihn todt zu glauben. Dieser Gedanke beunruhigte ihn immer mehr; er verließ Rom, zog in seine Geburtsstadt, Est, und legte die Kaufmannschaft völlig nieder. Hier wohnte ein reicher Kaufmann, Lanzetti, der erst neulich seine Frau verloren hatte, sich in Nicuola sterblich verliebte, und bey ihrem Vater um sie anhielt. Ambrogio sah die Ungleichheit dieser Heyrath und die wahrscheinlichen traurigen Folgen derselben gar wohl ein; indeß wollte er den alten Liebhaber nicht geradezu abweisen, sondern sagte ihm, er könnte Nicuola nicht eher von sich laßen, bis er ihren Bruder wieder gefunden hätte, welches er noch immer hoffte. Nicuola's Schönheit machte indeß immerfort neue Eroberungen; den stärksten Eindruck machte sie auf das Herz eines jungen reichen Edelmanns, Lattanzio Puccini, und die Erklärungen seiner Liebe blieben nicht unerwiedert. Indeß hatten sie sich bisher nur sehen können, ohne einander zu sprechen. Ambrogio mußte itzt, seiner Handlungsgeschäfte wegen, eine Reise nach Rom thun; um seine Tochter nicht allein zurückzulaßen, brachte er sie nach Fabriano, zu einem seiner Verwandten. Diese Abwesenheit heilte Lattanzio's Leidenschaft, die bald auf einen neuen Gegenstand, auf die schöne Katella, eine Tochter des Lanzetti, gerichtet wurde. Nicuola hingegen war über die Trennung von ihrem Geliebten äußerst niedergeschlagen, und verfiel in die tiefste Schwermuth. Sie kam endlich mit ihrem Vater voll freudiger Erwartungen nach Esi zurück, wo sie, zu ihrem größten Erstaunen die neue Liebe Lattanzio's erfuhr. Ambrogio sah sich zu einer zweyten Reise nach Rom genöthigt, und da seine Tochter nicht wieder nach Fabriano wollte, so that er sie so lange in ein Kloster, worinn eine von ihren Nichten, Ramilla, sich aufhielt. Die üppige und nichts weniger als fromme Lebensart der Nonnen dieses Klosters mißfiel ihr sehr. Lattanzio kam zuweilen in dieß Kloster, um Bestellungen von allerley Handarbeit und Wäsche zu thun, welche er bey den Nonnen machen ließ. Nicuola hörte oft seinen Gesprächen mit ihrer Nichte, Ramilla, heimlich zu. Er erzählte ihr einmal mit vieler Betrübniß, daß ihm ein junger Edelknabe abgestorben sey, der ihm sehr lieb und nothwendig gewesen war. Dieß brachte Nicuola auf den Einfall, Mannskleider anzulegen, und als Edelknabe in Lattanzio's Dienste zu gehen, wozu ihr ihre Wärterinn behülflich war. Sie kam also wirklich, unter dem Namen Romulo, in das Haus ihres ehemaligen Liebhabers. Seine itzige Geliebte, Ratella, ist gegen alle seine Bewerbungen unempfindlich, indeß hält sie ihn doch mit Hoffnungen hin. Er fiel darauf, seinen Edelknaben zu ihr zu schicken, um für ihn zu sprechen, und ihr Herz zur Gegenliebe zu bewegen. Nicuola brauchte viel Ueberwindung, um diesen Auftrag auszurichten; doch entschloß sie sich endlich dazu. Der verstellte Edelknabe machte sogleich auf Ratella's Herz die lebhaftesten Eindrücke, die sie nicht ganz verbergen konnte. Um so viel weniger achtete sie auf den Fürspruch, den er für die Liebe seines Herrn that.

Paolo's Schicksal war unterdeß folgendes: Sein Herr starb unterwegs, und hatte ihn zum Erben seines ganzen Vermögens eingesetzt. In diesen glücklichen Umständen gieng er nach Rom, und von da nach Est, um seinen Vater aufzusuchen: Er gieng Ratella's Fenster vorbey; sie sah ihn für Romulo an; und er wurde von ihrer Schönheit gerührt. Unterdeß kam Ambrogio zurück. Nicuola ward ihn auf der Straße gewahr, und lief voller Schrecken und Verlegenheit zu ihrer Wärterinn. Diese rieth ihr, geschwinde ihr Frauenzimmerkleidung anzulegen, gieng unterdeß selbst zu dem Alten, erzählte ihm das lobenswürdige Betragen seiner Tochter im Kloster, und übernahm es, sie den folgenden Tag wieder zu ihm zu führen. Unterdeß wartete Lattanzio voller Ungeduld und Unruhe auf seinen Edelknaben; er suchte ihn den folgenden Morgen überall auf, fragte einen jeden nach ihm, und man wies ihn in das Haus der Wärterinn, wo

man

man einen Menschen hatte hinein gehen sehen, der so aussah, wie er ihn beschrieb. Hier läßt er sich mit der Alten in eine Unterredung ein, die alles nach und nach zur Entwickelung bringt. Sie giebt ihm zu verstehen, daß Nicuola ihn noch liebt, und er versichert ihr, in diesem Falle, seine völlige Gegenliebe. Sie kömmt herbey; Lattanzio erfährt alles, und wird über die Treue und das ganze Verhalten seiner vorigen Geliebten äußerst beschämt; sie geloben einander ewige Liebe.

Katella sieht indeß Paolo noch immer für Romulo an; jener liebt sie, und wird durch dieses Misverständniß ihrer Gegenliebe gar bald gewähret. Sie werden von dem alten Lanzetti überrascht, der sichs nicht ausreden lassen will, daß Paolo keine andre Person ist, als Nicuola in Mannskleidern.

Ambrogio willigt in die Heyrath seiner Tochter, und gleich darauf erfreut ihn die Ankunft seines Sohns. Lanzetti kömmt dazu; geräth in Erstaunen; kömmt aus seinem Irrthum; und läßt sich zur Einwilligung in Paolo's Heyrath mit seiner Tochter gleichfalls bereden.„

Unstreitig ist zwischen dem Innhalte dieser Erzählung und des Schauspiels, Was ihr wollt, eine sehr sichtbare Aehnlichkeit; und es läßt sich daher mit weit größerm Rechte vermuthen, daß der Dichter seinen Stoff aus jener hergenommen habe, als aus dem Plautus, in dessen Lustspielen freylich die Irrungen, welche durch eine außerordentliche Gleichheit zweyer Personen veranlaßt werden, mehrmals vorkommen, besonders in den Menechmen und im Amphitryo*). Wenn man auch auf die Unbekanntschaft unsers Dichters mit der klassischen Literatur nicht sehen will, so ist doch die Verwandschaft zwischen der angeführten Erzählung und dem gegenwärtigen Schauspiele, weit auffallender, als jene noch sehr allgemeine Nachahmung. Sebastian und Viola in dem Schauspiele sind mit Paolo und Nicuola in der Erzählung einerley. Beyde werden durch Unglücksfälle von einander getrennt; jene durch einen Schiffbruch, diese bey einer Belagerung. Viola geht, als Edelknabe verkleidet, in des Herzogs, Nicuola, auf eben die Art, in Lattenzio's Dienste. Beyde erhalten den Auftrag, sich für ihre

---

*) Die Meynung, daß dieß Schauspiel daher entlehnt sey, äußert Langbanie in seinem Account of the Dramatic poets and their writings, und der Verfasser des Companion to the Play-house, unter diesem Artikel.

Herren um die Gunst ihrer Geliebten zu bewerben; und diese letztern verlieben sich in beyde. Auch der Ausgang ist der nämliche. Die verkleideten Frauenzimmer heyrathen ihre ehemaligen Liebhaber, und ihre Brüder heyrathen die Frauenzimmer, welche sich in sie verliebten.

Verschiedne Umstände gehen indeß in der Fabel des Schauspiels von der Erzählung merklich ab; und sie sind es, die es wahrscheinlich machen, daß der Stoff dieser Novelle vielleicht von einem andern Erzähler anders behandelt und folglich nicht die unmittelbare Quelle des Schauspieldichters gewesen sey. Denn fast läßt sich sagen, daß Shakespear verschiedne Umstände und Motiven der Handlung schwerlich geändert haben würde, wenn er diese Erzählung, wie sie beym Bandello steht, vor sich gehabt hätte; weil jene Umstände und Motiven wirklich besser, zusammenhängender und natürlicher zu seyn scheinen.

Man wird leicht erwarten, daß Miß Lenox bey dieser Vergleichung abermals durchgehends zum Vortheil des Erzählers und zum Nachtheil des Dichters zu Werk gehen werde. Sie verfährt auch hier, wie allemal, partheyisch und übertrieben; allein in manchen Stücken wird ihr dießmal auch der wärmste Bewundrer Shakespears Recht geben müssen.

Es ist befremdend, daß Viola, als Edelknabe verkleidet, in des Herzogs Dienste geht, den sie vorher noch nicht gekannt hat; hingegen ist es weit wahrscheinlicher, wenn Nicuola, von der Heftigkeit ihrer Liebe getrieben, diesen Schritt wagt, bey ihrem erkalteten Liebhaber in Diensten geht, um seine neue Liebe zu hemmen, und die alte wieder anzufachen. Liebe, Eifersucht und Verzweifelung sind hier sehr wahrscheinliche Triebfedern; allein Viola's Liebe nimmt erst mit ihrer Verkleidung, und noch eher den Anfang, als sie den Gegenstand derselben auch nur gesehen hat.

Olivia's Charakter ließe sich weit eher vertheidigen; es fehlt ihm nicht an Consistenz. Die Laune, mit welcher sie ihren Bruder auf eine so eingezogene Art betraurt, mit welcher sie sich die Narrheiten des Rüpels gefallen läßt, mit welcher sie endlich so schnell ihre Liebe auf den vermeynten Edelknaben des Herzogs wirft; diese Laune verträgt sich sehr wohl mit den guten und liebenswürdigen Eigenschaften, die außerdem von ihr gerühmt werden. Und warum sollte dieser Unbestand, dieser schnelle, leichtsinnige Uebergang in ihrer Denkungsart nicht dem ungeachtet ein Zug seyn können, den der Dichter aus dem herrschenden Charakter des weiblichen Geschlechts entlehnte? In der Novelle sind die Charaktere mehr angedeutet, als ausgezeichnet; und wem kann es einfallen, so bald von Schilderung der Charaktere die Rede ist, einen Bandello und Shakespear nur mit einander zu vergleichen, geschweige denn, jenem vor diesem den Vorzug zu geben.

Es ist allerdings weit natürlicher, daß Lattanzio in der Erzählung seine ehemalige Geliebte heyrathet, nachdem er sie und so ausnehmende Beweise ihrer Treue erkannt hat; als daß, in dem Schauspiele, der Herzog sich mit Viola vermählt, einer ihm vorhin ganz fremden Person, und daß er in einem Augenblicke von der heftigsten Leidenschaft für Olivia zu dieser Liebe übergeht. Denn die Ursachen, die er anführt, sind wohl nicht hinreichend, ein solches Verfahren zu rechtfertigen.

II.
Ueber die lustigen Weiber zu Windsor.

Es ist eine gewöhnliche Tradition! *) daß Shakespear dieß Lustspiel auf Befehl der Königinn Elisabeth geschrieben habe, die mit Falstaff's Rolle in den zwey Theilen Heinrichs IV. so zufrieden war, daß sie dieselbe noch in einem dritten Schauspiele angebracht, und ihn in einen Liebeshandel verwickelt zu sehen wünschte. Mehr als Tradition ist diese Anecdote nicht. Darinn sind indeß die Kunstrichter einig, und es fällt Jedem in die Augen, daß Falstaffs Charakter, so hervorstechend und eigenthümlich er auch in diesem Lustspiele erscheint, dennoch hier bey weitem nicht so meisterhaft ins Licht gesetzt ist, als in dem gedachten Trauerspiel.

Ein magrer und unvollkommner Entwurf dieses Schauspiels wurde schon im Jahre 1602 gedruckt;

---

*) S. *Rowe's* Account of the Life of Shakespeare.-- *Cibber's* Lives of the Poets &c. Vol. I, p. 133.-- *Biographia Britt.* Vol. VI. p. 3632.

bald hernach ward es von dem Dichter ganz neu umgearbeitet; jedoch schwerlich eher, als im oder nach dem Jahre 1607; *) der erste Abdruck des Stücks, wie es itzt ist, findet sich erst in der Folioausgabe von 1623.

Als eine Quelle des Innhalts nennt Farmer eine alte Geschichte, *The Lovers of Pisa*, in einem alten Buche, das den Titel hat: *Tarleton's Newes out of Purgatorie*. Weiter giebt er aber auch keine Nachricht davon.

In dem Pecorone des Giovanni Fiorentino **) steht eine Erzählung, deren Innhalt mit der Hauptintrigue der lustigen Weiber zu Windsor viel Aehnliches hat; und es wird desto wahrscheinlicher, daß Shakespear dieselbe genutzt habe, da sie sich auch, nach Capell's und Steevens Zeugnisse, in einer alten Englischen Brochüre findet, die den Titel hat: *The fortunate, the deceived, and the unfortunate Lovers*. Von dieser Erzählung sind die wesentlichen Umstände folgende:

―――――――――――――――――

*) Mehrers hievon s. in Warton's und Farmer's Anmerkungen zu diesem Stücke, im Anhange zu der neusten Johnsonschen Ausgabe.

**) Ed. di Trevigi, 1601. 8. fol. 7. Glorn. I. Nov. 2.

„ Von zwey Brüdern, die zu Bologna studirten, wurde der eine, Bucciolo, mit seinem Cursus zuerst fertig, und da er aus Freundschaft für seinen Bruder noch so lange dort blieb, bis auch dieser abreisen konnte, so wünschte er in dieser Zwischenzeit noch etwas zu lernen, und fiel auf die Kunst zu lieben, worinn er sich von seinem Lehrer Unterricht ausbat. Dieser schickt ihn auf den Jahrmarkt, um sich unter der Menge der dort versammelten Frauenzimmer eine auszusuchen, die ihm am meisten gefällt; und dieß soll die erste Lection seyn. Nachdem er dieß gethan, eine gewählt, und seinem Lehrer davon Nachricht gegeben hat, heißt ihn dieser, des Tages einigemal vor ihrem Fenster vorüber zu gehen, und ihr seine Zuneigung durch Mienen und Blicke zu verstehen zu geben. Auch diese, als die zweyte, Lection, bringt er in Ausübung. Darauf muß er, auf Anrathen seines Lehrers, eine alte Modekrämerinn aufsuchen, und durch dieselbe seine Liebe der gewählten Person erklären lassen. Dieß geschieht; allein die Alte und ihr Antrag werden mit dem äußersten Unwillen abgewiesen. Bucciolo ist hierüber ganz trostlos; sein Lehrer aber richtet ihn damit auf, daß der Baum nicht auf einen Schlag fällt. Er muß das Haus wieder vorbey gehen, und kaum hat er das gethan, so schickt ihm seine Geliebte ein Mädchen nach, die ihn auf den Abend zu ihr bestellen muß. Bucciolo sagt dieß voll Freuden und Verwunderung seinem Lehrer, der itzt auf den Argwohn geräth, daß diese gefällige Schöne seine eigne Frau seyn werde; indeß läßt er sich davon nichts merken, sondern giebt vielmehr seinem Schüler weitere Anleitung, welchen Weg er am sichersten nehmen müsse, und daß er ihm es vorher sagen soll, wenn er hingeht. Dieß geschieht, und der Lehrer schleicht ihm heimlich nach. Kaum haben die beyden Verliebten eine zärtliche Unterredung am Kaminfeuer angefangen, so wird mit aller Gewalt an die Hausthüre gepocht. Bucciolo muß sich geschwind in einen Berg von Wäsche verkriechen, der unter einem Tische liegt. Der Mann seiner Geliebten kömmt voller Wuth und mit blosem Degen ins Haus, und durchsucht alles. Er glaubt am Ende, da er nichts findet, sich geirrt zu haben, und geht wieder nach seiner Schule zurück. Bucciolo wird nun aus der Wäsche wieder hervorgezogen; die beyden Verliebten setzen sich zu Tische, und bringen die Nacht vergnügt mit einander zu. Bucciolo wird auf den Abend wieder bestellt. Er erzählt seinem Lehrer alles, was vorgegangen ist; dieser erstaunt darüber, und läßt sich des Abends wiederum von ihm vorher sagen, wann er hingehen will. Er folgt ihm auf den Schritt, und kaum ist der Schüler ins Haus, so fängt der Lehrer wieder gewaltig zu pochen an. Die Frau des letztern läßt ihren Liebhaber sich hinter sie stellen, macht ihrem Manne auf, umarmt ihn mit der einen Hand, und führt indeß mit der andern den Bucciolo zur Thür hinaus. Darauf fängt sie an, überlaut zu schreyen, ihr Mann sey verrückt geworden; und alle Nachbarn kommen herbey. Nach vielem Wortwechsel, wobey der Mann immer feste darauf besteht, es sey Jemand in seinem Hause, fängt man endlich die Nachsuchung an. Da sich nichts findet, so wird der arme Mann um so mehr für verrückt gehalten, durchgeprügelt, gebunden, und den Händen des Arzts übergeben, der ihm ein Bette am Feuer machen läßt, und die strengste Diät verordnet. Unter seinen übrigen Freunden besuchte ihn auch Bucciolo, und bezeugt ihm sein Mitleiden; alles, was er ihm darauf antwortet, wird von seiner Frau für Wahnwitz erklärt. Bucciolo geht mit seinem Bruder wieder nach Rom, seiner Vaterstadt zurück."

Beym Straparola *) findet man gleichfalls eine Erzählung, die, den Hauptumständen nach, mit dieser übereinstimmt, nur daß sie in der Bezeichnung der Personen und andern einzelnen Vorfällen davon abgeht. Der Liebhaber ist nämlich ein Portugiesischer Prinz, Nerino, der in der größten Eingezogenheit, ohne ein Frauenzimmer zu sehen, aufgewachsen ist, und nun nach Padua ge-

---

*) Placevoli Notti di Straparola *Venez.* 1567. 8. L. I. Notte IV. Favola 4. – – In der französischen Uebersetzung, die zu Amsterdam 1725 in drey Duodezbänden herausgekommen ist, stehen vor dem ersten Bande kleine historische Nachweisungen, welche der bekannte Dichter Lainez gesammelt hat. Bey der obigen Erzählung giebt er die im Pecorone zur Quelle an, und setzt hinzu, Moliere habe die Idee seiner *Ecole des femmes* aus dieser Novelle genommen. Man sehe auch eine Vergleichung des Molierischen Stücks mit jener Erzählung des Straparola, mit dem *Maitre* en droit von La Fontaine, mit einer Novelle des Scarron, und der Ecole des cocus von Dorimon in dem mit vieler Belesenheit geschriebnen Werke: De l'art de la Comédie, par *Mr. de Cailhava,* T. III. p. 143. L. (Paris, 1772. 4. Voll. 8.

schickt wird. Hier lernt er unter andern einen gewissen Arzt, Raymondo kennen, und erklärt sich gegen ihn, es gebe keine schönere Frauen in der Welt, als seine Mutter, und seine Amme, die einzigen, die er bisher gesehen hat. Raymondo hatte selbst eine sehr schöne Frau; er rühmt ihm dieselbe, ohne zu sagen, daß er ihr Mann ist, und verspricht ihm, daß er sie morgen in der Kirche sehen soll. Er sieht sie einmal über das andre; wird verliebt, und erhält, nach einigem Widerstand der Sprödigkeit, die Gegenliebe seiner Schönen. Er giebt seinem Freunde dem Arzte täglich Nachricht von dem Fortgang seiner Liebe, und von der Art, wie er sich vor dem Manne seiner Geliebten, bey dessen Ueberfällen, zu verbergen gewußt, ohne nur zu argwöhnen, daß der Arzt selbst dieser Mann sey. Er hatte sich nämlich das erstemal hinter die Bettumhänge, das zweytemal in einen Koffer, und das drittemal in einen Schrank versteckt. Dieß letztemal geräth Raymondo, da er nichts findet, dergestalt in Wuth, daß er die Schlafkammer in Brand steckt. Seine Frau thut, als ob ihr an der Rettung des Schrankes am meisten gelegen wäre, und läßt denselben durch vier starke Leute zum

Hause hinaus tragen. Um sich endlich zu rächen, ladet Raymondo den Prinzen zu einem großen Mahl ein, wobey sich alle seine Freunde eingefunden hatten; er macht ihn betrunken, und so treuherzig, daß er seine ganze Liebesgeschichte der Gesellschaft erzählt. Seine Geliebte wird davon durch einen Bedienten benachrichtiget, und schickt ihm in einem Trinkgeschirre den Ring, den er ihr gegeben hat, und der es ihm auf einmal aufklärt, daß sie Raymondo's Frau sey. Um allen übeln Folgen auszuweichen, geht er wenig Tage darauf von Padua weg.

Wenn der Innhalt dieser Erzählungen aller entlehnte Stoff des Shakespearischen Stücks, und das Uebrige lauter Erfindung des Dichters ist, so bleibt demselben ohne Zweifel noch Originalverdienst genug dabey übrig. Alle Kunstrichter erklären es für das vorzüglichste seiner Lustspiele; und man kann es selbst denen zur strengsten Prüfung Preiß geben, die beständig, wenn vom Shakespear die Rede ist, über Regellosigkeit und Verabsäumung der Einheiten schreyen; nicht, als ob nicht auch mehrere Stücke von ihm Einheit des Plans und die glücklichste Ausführung hätten, sondern weil vielleicht in keinem seiner Schauspiele so sehr, als in diesem die meisterhafteste Behandlung aller Intrigue, der genauste Zusammenhang des Hauptinnhalts und der Episoden, mit einem Worte, die sonst nicht jedem sichtbare dramatische Kunst des Dichters, überall in die Augen fällt; der treffendsten Charakterzeichnung, der wirksamsten Benutzung kleiner Nebenvorfälle, und des über alles lebhaften komischen Anstrichs so mannichfaltiger Gruppen nicht zu gedenken. *)

In einer Anmerkung zum ersten Auftritte des dritten Aufzugs verwies ich den Leser, bey Gelegenheit der daselbst vorkommenden Strophe eines Liedes, auf diesen Anhang. Ich war nämlich Willens, eine poetische Uebersetzung dieses schönen Stücks; und der Antwort darauf zu versuchen; allein bey der Unternehmung fand ich größere Schwierigkeiten, als ich vermuthet hatte; und mein Versuch fiel zu unvollkommen aus, zu wenig

---

*) In den Briefen über Merkwürdigkeiten der Literatur (Schlesw. und Leipz. 1767. 8.) werden S. 269. ff. die vornehmsten Situationen dieses Schauspiels sehr gut auseinander gesetzt.

befriedigend für mich selbst, als daß ich es wagen möchte, ihn öffentlich bekannt zu machen. Uebrigens ist es noch sehr zweifelhaft, ob beyde, oder auch nur eins dieser Gedichte wirklich von Shakespear sind; das erste, *The passionate Shepherd to his Love* wird mit vieler Wahrscheinlichkeit dem Marlow, und das zweyte, *The Nymph's Reply*, dem Sir Walter Raleigh zugeschrieben. *)

Die Aenderung, welche John Dennis mit diesem Schauspiele vorgenommen, und unter dem Titel: *The Comical Gallant, with the Amours of Sir John Falstaff,* 1702. 4. herausgegeben hat, ist mir nicht zu Gesichte gekommen; die Englischen Kunstrichter beurtheilen sie nicht sehr günstig. Kenrik's Lustspiel, *Falstaff's Wedding* ist eine Fortsetzung des Trauerspiels Heinrich IV.

---

*) S. die Reliques of anc. Poetry. Vol. I. p. 216. ff.

Ende des fünften Bandes.

www.ingramcontent.com/pod-product-compliance
Lightning Source LLC
Chambersburg PA
CBHW020317240426
43673CB00039B/837